古镇余西
GUZHEN YUXI

千年运盐河畔的『龙城』

沈志冲 编著

苏州大学出版社
Soochow University Press

图书在版编目（CIP）数据

古镇余西 / 沈志冲编著. — 苏州：苏州大学出版社，2020.7
（江海文化丛书 / 姜光斗主编）
ISBN 978-7-5672-3139-9

Ⅰ. ①古… Ⅱ. ①沈… Ⅲ. ①乡镇—介绍—南通 Ⅳ. ①K925.35

中国版本图书馆CIP数据核字（2020）第051117号

书　　名	古镇余西
编 著 者	沈志冲
责任编辑	薛华强
助理编辑	杨宇笛
出版发行	苏州大学出版社
	（苏州市十梓街1号　215006）
印　　刷	南通超力彩色印刷有限公司
开　　本	890 mm×1 240 mm　1/32
印　　张	11
字　　数	215千
版　　次	2020年7月第1版
	2020年7月第1次印刷
书　　号	ISBN 978-7-5672-3139-9
定　　价	45.00元

苏州大学版图书若有印装错误，本社负责调换
苏州大学出版社营销部　电话：0512-65225020
苏州大学出版社网址　http://www.sudapress.com

"江海文化丛书"编辑委员会

主　任：周剑浩
委　员：李明勋　姜光斗　李　炎　季金虎
　　　　施景铃　沈启鹏　周建忠　尤世玮
　　　　徐国祥　胡泓石　沈玉成　黄建辉
　　　　陈国强　赵明远　王加福　房　健

总　编：尤世玮
副总编：沈玉成　胡泓石

"江海文化丛书"总序

李 炎

由南通市江海文化研究会编纂的"江海文化丛书"(以下简称"丛书"),从2007年启动,2010年开始分批出版,兀兀穷年,终有所获。思前想后,感慨良多。

我想,作为公开出版物,这套"丛书"面向的不仅是南通的读者,必然还会有国内其他地区甚至国外的读者。因此,简要地介绍南通市及江海文化的情况,显得十分必要,这样便于了解南通的市情及其江海文化形成的自然环境、社会条件和历史过程;同时,出版这套"丛书"的指导思想、选题原则和编写体例,一定也是广大读者所关心的,因此,介绍有关背景情况,将有助于阅读和使用这套"丛书"。

南通市位于江苏省中东部,濒江(长江)临海(黄海),三面环水,形同半岛;背靠苏北腹地,隔江与上海、苏州相望。南通以其独特的区位优势及人文特点,被列为我国最早对外开放的14个沿海港口城市之一。

南通市所处的这块冲积平原,是由于泥沙的沉积和潮汐的推动而由西北向东南逐步形成的,俗称江海平原,是一片古老而又年轻的土地。境内的海安县沙岗乡青墩新石器文化遗址告诉我们,距今5 600年左右,就有先民在此生息繁衍；而境内启东市的成陆历史仅300多年，设县治不过80余年。在漫长的历史过程中，这里有沧海桑田的变化，有八方移民的杂处；有四季分明、雨水充沛的"天时"，有产盐、植棉的"地利"，更有一代代先民和谐共存、自强不息的"人和"。19世纪末20世纪初，这里成为我国实现早期现代化的重要城市。晚清状元张謇办实业、办教育、办慈善，以先进的理念规划、建设、经营城市，南通走出了一条与我国近代商埠城市和曾被列强所占据的城市迥然不同的发展道路，被誉为"中国近代第一城"。

南通于五代后周显德五年（958）筑城设州治，名通州。北宋时一度（1023—1033）改称崇州，又称崇川。辛亥革命后废州立县，称南通县。1949年2月，改县为市，市、县分治。1983年，南通地区与南通市合并，实行市管县新体制至今。目前，南通市下辖海安、如东二县，如皋、海门、启东三市，崇川、港闸、通州三区和国家级经济技术开发区；占地8001平方千米，常住人口约770万，流动人口约100万。据国家权威部门统计，南通目前的总体实力在全国大中城市（不含台、港、澳地区）中排第26位，在全国地级市中排第8位。多年来，由于各级党委、政府的领导及全市人民的努力，南通获得了"全国文明城市""国家历史文化名城""全国综合治理先进城市""国家卫生城市""国家环保模范城市""国家园林城市"等称号，并有"纺织之乡""建筑之乡""教育之乡""体育之乡""长寿之乡""文博之乡"等美誉。

江海文化是南通市独具特色的地域文化，上下五千年，南北交融，东西结合，具有丰富的历史内涵和深邃的人文精神。同其他地域文化一样，江海文化的形成，不外乎两种主要因素，一是自然环境，二是社会结构。但她与其他地域文化不尽相同之处是：由于南通地区的成陆经过漫长的岁月和不同阶段，因此移民的构成呈现多元性和长期性；客观上又反映了文化来源的多样性以及相互交融的复杂性，因而使得江海文化成为一种动态的存在，是"变"与"不变"的复合体。"变"的表征是时间的流逝，"不变"的表征是空间的凝固；"变"是组成江海文化的各种文化"基因"融合后的发展，"不变"是原有文化"基因"的长期共存和特立独行。对这些特征，这些传统，需要全面认识，因势利导，也需要充分研究和择优继承，从而系统科学地架构起这一地域文化的体系。

正因为江海文化依存于独特的地理、自然环境，蕴含着自身的历史人文内涵，因而她总会通过一定的"载体"体现出来。按照联合国教科文组织的分类，"文化遗产"可分为四类，即自然遗产、文化遗产、自然与文化遗产、非物质文化遗产。而历史文化人物、历史文化事件、历史文化遗址、历史文化艺术等，又是这四类中常见的例证。譬如，我们说南通历代人文荟萃、名贤辈出，可以随口道出骆宾王、范仲淹、王安石、文天祥、郑板桥等历代名人在南通留下的不朽篇章和逸闻轶事；可以随即数出三国名臣吕岱，宋代大儒胡瑗，明代名医陈实功，文学大家冒襄，戏剧泰斗李渔，曲艺祖师柳敬亭，清代扬州八怪之一的李方膺等南通先贤的生平业绩；进入近代，大家对张謇、范伯子、白雅雨、韩紫石等一大批南通优秀儿女更是耳熟能详；至于说现当代的南通籍革命家、科学家、文学家、艺术家以及各行各业的优秀人才，也是不胜枚举。在他们身上，都承载着江海文化的优秀传统和人文精神。同样，其他类型的历史文化也都是认识南通和江海文化的亮点与切入口。

本着"文化为现实服务，而我们的现实是一个长久的现实，因此不能急功近利"的原则，南通市江海文化研究会在成立之初，就将"丛书"的编纂作为自身的一项重要任务。

我们试图通过对江海文化的深入研究，将其中一部分能反映江海文化特征，反映其优秀传统及人文精神的内容和成果，系统整理、编纂出版"江海文化丛书"。这套"丛书"将为南通市政治、经济、社会全面和谐发展提供有力的文化支撑，为将南通建成文化大市和强市夯实基础，同时也为"让南通走向世界，让世界了解南通"做出贡献。

"丛书"的编纂正按照纵向和横向两个方向逐步展开。

纵向——将不同时代南通江海文化发展史上的重要遗址（迹）、重大事件、重要团体、重要人物、重要成果经过精选，确定选题，每一种写一方面具体内容，编纂成册；

横向——从江海文化中提取物质文化或非物质文化的精华，如"地理变迁""自然风貌""特色物产""历代移民""民俗风情""方言俚语""文物名胜""民居建筑""文学艺术"等，分门别类，进行归纳，每一种写一方面的内容，形成系列。

我们力求使这套"丛书"的体例结构基本统一，行文风格大体一致，每册字数基本相当，做到图文并茂，兼有史料性、学术性和可读性。先拿出一个框架设想，通过广泛征求意见，确定选题，再通过自我推荐或选题招标，明确作者和写作要求，不刻意强调总体同时完成，而是成熟一批出版一批，经过若干年努力，基本完成"丛书"的编纂出版计划。有条件时，还可不断补充新的选题。在此基础上，最终完成《南通江海文化通史》《南通江海文化学》等系列著作。

通过编纂"丛书"，我有四点较深的体会：

一是有系统深入的研究基础。我们从这套"丛书"，看到了每一单项内容研究的最新成果，作者都是具有学术素养的资料收集者和研究者；以学术成果支撑"丛书"的编纂，增强了它的科学性和可信度。

二是关键在广大会员的参与。选题的确定，不能光靠研究会领导，发动会员广泛参与、双向互动至关重要。这样不仅能体现选题的多样性，而且由于作者大多出自会员，他们最清楚自己的研究成果及写作能力，充分调动其积极性，可以提高作品的质量及成书的效率。

三是离不开各个方面的支持。这包括出版经费的筹措和出版机构的运作。由于事先我们主动向上级领导汇报，向有关部门宣传，使出版"丛书"的重要性及迫切性得到认可，基本经费得到保证；与此同时，"丛书"的出版得到苏州大学出版社的支持，出版社从领导到编辑，高度重视和大力配合；印刷单位全力以赴，不厌其烦。这大大提高了出版的质量，缩短了出版周期。在此，由衷地向他们表示谢意和敬意！

四是有利于提升研究会的水平。正如有的同志所说，编纂出版"丛书"，虽然有难度，很辛苦，但我们这代人不去做，再过10年、20年，就更没有人去做，就更难做了。我们活在世上，总要做些虽然难但应该做的事，总要为后人留下些有益的精神财富。在这种精神的支撑下，我深信研究会定能不辱使命，把"丛书"的编纂以及其他各项工作做得更好。

研究会的同仁嘱我在"丛书"出版之际写几句话。有感而发，写了以上想法，作为序言。

2010年9月

（作者系南通市江海文化研究会第一届、第二届会长）

目 录

古镇古今（代序） …………………………………… 1
民生境域 …………………………………………… 10
民众人杰 …………………………………………… 47
民居史迹 …………………………………………… 111
民间文苑 …………………………………………… 180
民企商贾 …………………………………………… 258
民俗风情 …………………………………………… 301

代序

古镇古今

　　余西,古称余庆,又名龙城,是一座有1 300多年文字记载的历史古镇。它位于南通市通州区东南部古通吕运河畔,南距苏通大桥30千米,西距兴东国际机场18千米,距宁启高速公路入口8千米,距南通火车站25千米,临近新长铁路、宁启铁路。古镇因盐场的设立而形成,始于唐,兴于宋,盛于明清。历经余庆寨(后周)—余庆场(宋)—余西场(元)—余西镇(清)—余西区(中华人民共和国成立初期)—余西人民公社(1965)—余西乡(1983)—余西社区居民委员会(2000)的发展过程。

　　余西原为黄海之滨斥卤之沙洲,南北朝中期出水,唐末与大陆涨接。隋唐时这里尚是一片汪洋,西南的长江与东北的黄海连在一起,无边无际,它们之间仅凭水的颜色和波涛的大小来区分。这条分界线就在原来的南通至吕四的老通吕公路一带。那时,长江滔滔东流,而黄海汹涌西冲,一冲一流,一涨一退,江海底下便淤积了许多淤泥沉沙,这是后来各沙洲隆起的前提。余西处在黄海与长江的分界处,其分界线就在老通甲路一带。大约从唐朝以后,泥沙陆续成陆。"墩"(如坨墩)、"山"(如余西土山)之类率先浮出海面。后周设余庆寨,属扬州府通州静海镇,与狼山、蔡港、西寨、石港同属静海五要塞。

宋代余西陆地面积进一步增大,盐业发展较快,修筑围海堤,串场运河连通开凿,行政地位提升,促进了当时盐业市镇的出现,如栟茶场、马塘场、丰利场、金沙场、余庆场等。同时朝廷专门设置机构来管理各盐场,如"北宋太平兴国(976—984)年间,通州置义丰监,后改称利丰监,辖西亭、永兴、石港、利和、金沙、余庆等盐场,年产盐48.9万余石"。

南宋咸淳五年(1269),两淮制置使李庭芝主持开挖串场河20千米,始凿由通州城经金沙至余庆场河道,以利盐运,此河为今通吕河之始。运河的开通方便了水上运输,为农田排灌创造了条件,对城镇的发展起到了积极的推动作用。

唐代,二甲镇属余庆场。随着盐业生产规模扩大,元代余庆场一分为三,即余西、余中、余东三场,余西为原余庆场主体。余,饶足;庆,幸福。余庆,即幸福丰饶之意。典出《易·坤》:"积善之家必有余庆,积不善之家必有余殃。"五代后蜀主孟昶有联曰:"新年纳余庆,佳节号长春。"五代时已建为煎盐亭,亭名不详,或许即称"余庆亭"。亭为基层盐务行政机构。北宋初升亭为场,即以余庆为场名,始见于《太平寰宇记》。

元代,各场虽配有专管督制,却不驻场问事,直到明代初年,方在各场设立盐课司署。余西盐课司署始建于明洪武二十五年(1392)。官署的设立,带来了一些配套机构设施,如城隍庙、文武二圣庙,乃至市坊、义冢,等等。有了这些设施才构建起一个市镇的格局。古镇建有四城门,作为界定城镇范围的标志。余西之所以有"龙城"的别名,传说是因古镇的街道与官署布局形似一条龙。

余西古镇的街道呈"工"字形,一条主街贯通全镇,其南端与横向的南街相接,而南街的另一侧则是绕镇而过的运盐河。早年的交通运输依赖水路,所以镇南商铺林立,最为繁荣。镇北的北街与乡野连接,而盐课司署的署衙则建在路北,正对着主街。这种将官衙置于镇外的格局颇让人感到新鲜,因为按照中国城镇的通例,最高行政官的办事处,都选址于该地区的中心部位。或许余西场署的设置,是考虑到当时的地形优势,因为此处除南面外,另三面都有河流环护,对署衙来讲,这既是一道安全防卫的屏障,同时也使署衙与外界隔绝,颇能显示自身的威严。署衙早已不复存在,但署衙前被当地人称为"两龙眼"的东西两口古井,至今保存完好。在接通自来水前,镇上许多人饮用的水均取自这两口井。

余西古镇虽曾建有城隍庙,但并没有专门筑造城壕。它的外围,尤其是南半部,基本依运盐河的河岸划定,只不过西来的盐运河在绕过城隍庙而向东流时,有一支流径直向北,与西、南面的主流一起将此镇半包围,成为天然的护城河。而西边则另有一支流通向镇内,形成了镇内的河汊。主街的中部曾因有支流穿过而架桥,称为"市河桥",后河道因淤塞而被填平,桥也不再存在。在市河桥的北侧,原来跨街建有一座颇具规模的石牌坊,据说是为表彰曹溥孝子而建的。惜在"文革"期间遭到拆毁,只零星地存下一些有着雕刻的构件。在此孝子坊稍往南的街侧,还幸存一座节孝牌坊,保存得相当完好。

余西地区,因与江海关系密切,同时又在不同时期吸收了大量的江南移民,淮吴文化相互交融渗透,形成了余西文化极其鲜明的地方特色:一是"盐味"浓厚,千年古镇余西是沿海有名的盐商重镇,这从地名便可看出,例如,"袁灶",顾名思义,烧盐之灶;"北团镇"之"团",宋、元、明三个朝代,盐业生产实行团煮制度,灶户分散制卤,聚合煮盐之处称"团",亦是煮盐之地。还有运盐河、盐包场、盐车路等地名,无不带有盐文化的烙印。二是水乡特征突出,江海陈迹明显。境内有大小河沟潭湾上千个,坝桥涵闸上千座。特别是江湾、海梢子,无人工斧凿之痕,如弯走的"龙游沟",还有"斜河""海界河""潮沟""港河"等,足见江海之陈迹斑斑。三是独具特色的地域建筑。建筑多设置檐廊或明间凹进形成廊,门窗较大,明间为六扇门,夏季可以完全打开。只有次间窗下为少量的实墙,其余部分均为可启闭的门窗。屋面有轻微的举折(曹禄园故宅),略显轻巧,铺小青瓦,正脊为三线雌毛脊。房屋的外墙面都粉刷白灰,墙面洁白,再以灰色瓦片相衬,很是雅致。正脊大多为泥塑的鳌尖、龙首等,色彩用黑白二色,形式有浮雕、透雕、立体雕,内容多为颂祝吉祥。屋面的黑色蝴蝶瓦具有吴地精致、细腻的特征,檐部不但使用了勾头瓦和滴水瓦,还加上了花边,形成了繁复的独具特色的南通"猫儿头"。门楼有附墙式和独立式两种。几乎不设置门罩,仅在入口设置抱框安装门扇。室内月梁、驼峰等造型粗犷古朴,但雕刻细腻精美。四是古迹保留众多。有古街道、古书院、古牌坊、古手艺、古树、古井等,全镇在1949年前后有大小庙宇、祠堂、道观、香台近百座,单余西镇区就有17座,供奉大小菩萨上千尊。二甲香光寺是通东地区规模较大、颇有影响的寺院。

  余西地区,人杰地灵,人才辈出。古代有著名抗倭民族英雄曹顶,有说书大师柳敬亭(原名曹永昌)、民间智儒曹秀升等;现代有无产阶级老一辈革命家朱理治(朱明勋)、革命前辈马一行等。另外,全国人大常委会副委员长曹建明、原中央社会治安综合治理委员会(现中央政法委员会)副主任兼办公室主任(正部长级)陈冀平、原国土资源部（现自然资源部）副部长曹卫星等均为余西人。

21世纪的二甲镇已成为南通市农村的中心集镇，被评为全国文明卫生城镇、省文化体育先进镇，人们生活全面进入了小康时代。

（沈志冲　曹洪江）

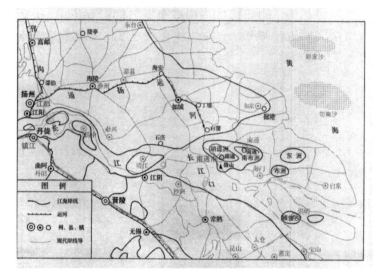

唐代南通市域成陆状况与城镇分布图

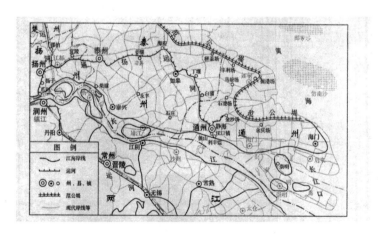

宋代南通市域成陆状况、运河延伸与城镇分布图
(资料来源:《中国历史地图集》,地图出版社,1982)

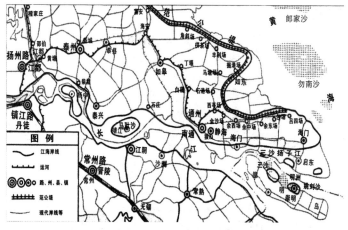

元代南通市域成陆状况、运河延伸与城镇分布图
(资料来源:《中国历史地图集》,地图出版社,1982)

表1 元代南通市域已存在的市镇

(资料来源:地方志)

时间	地区				
	海安	如皋	如东	通州	海门
晋代	海安镇	白蒲镇			
隋唐		丁堰镇 石庄 如城	掘港镇	狼山镇	
五代十国	曲塘			通州城 崇明镇 石港场	东洲镇
宋朝			栟茶场 马塘场 丰利场	金沙场 余庆场 江口镇 利丰监	
元朝		角斜场		古坝场	西亭场 吕四场 秦灶 余东场(余庆场) 余中场 姜灶 余西场 袁灶	包场

7

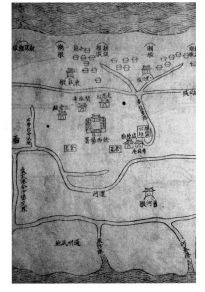

明代余西场图

明代余西场制盐图

(资料来源:《天一阁藏明代方志选刊》)

代序

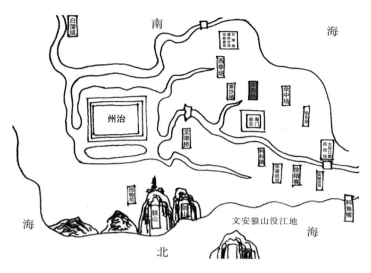

清万历年间南通县地方示意图

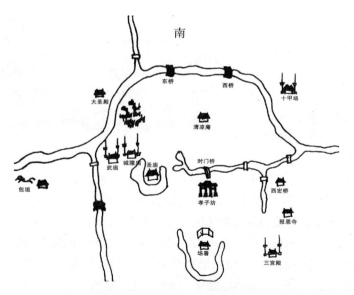

清光绪年间余西场地方示意图

民生境域

古镇的河

运盐河

　　运盐河位于五福居、新市村北侧，西连通扬运河，东至启东吕四。运盐河始凿于南宋。据历代通州志载，咸淳五年（1269），两淮制置使李庭芝，自通扬运河向东"凿河四十里，入金沙、余庆场"。此后，明成化二十年（1484）巡盐御史李暀凿吕四河；明嘉靖十六年（1537），通州同知舒缨自利和镇（位于原袁灶乡南海村）凿运河三十里，连接余西、余中场，达吕四场（此时二甲已成陆）。清同治十二年（1873），知州梁悦馨疏浚通州各场盐河，沟通石港、西亭、金沙、余西、余中、余东、吕四七场。

运盐河

古老的运盐河,承载着南通沿海地区煮盐业的历史,见证了当年盐民生活的艰辛,也关系着历代政府财政收入的重要来源。运盐河上,曾经的"汽油船"东北通至如东的大同镇,西通金沙直至南通城。二甲人民始终把运盐河当作母亲河来保护,并已规划了一条以运盐河为主体的生态旅游线,运河承载着百姓对未来美好生活的向往。古老的运盐河在新的时代里向人们展示着特殊的魅力。　　　　(王士明)

余西护城河

余西为防御战乱,形成了护城河围绕城墙的防御体系。城墙不完整,且城墙之内的街道等自然空间不再和水有太大的关系,东、西、南环城的运盐河既为居民生产生活提供充足的水源,又在镇南呈外凸状走势,便于码头的形成,给居民带来便利的水路交通条件。护城河的支流护衙河位于课盐司署两侧,与护城河一起环绕场署。与护城河一起曲折环绕的还有东南仓沟、西北仓沟。

(周　忠　曹甫成　马锡华)

护城河东南仓沟

龙游沟

据《州乘一览》载,龙游沟在通州余西场的周王坭。明洪武（1368—1398）中叶，周王二族争田，一日雨降，有龙自堤（范公堤）蜿蜒而南，划成水道，界分而争息。周王圩在通州运盐河北原余西乡（今属二甲镇宝云山村）境内。

　　传说龙降时，龙卷风将沙土刮起，老龙在前面游，小龙在后面跟。老龙惦记小龙，不时转头向后张望，一转头一个弯，形成九曲七十二弯（"望娘弯"），粗粗细细，有深有浅，全似龙的游踪。此沟的形态和流向，也符合传说中龙游的踪迹。由于多年积水，水道逐渐变深，自然形成沟，被定名为"龙游沟"（俗称天分河）。

龙游沟

　　龙游沟从海界河（位于二甲镇东南定兴桥）向北到王家桥直至二甲镇东首，再经范公堤向东北延伸到海滩，全长10多千米。经查证，清嘉庆十一年（1806）重修《两淮盐法志》所载余西场图，可以看出这是一条自然形成的沟。以后因围圩造田，龙游沟的宽度一般保持在3米左右，有的河段因无须用水，遂变成浅沟，有的则已淤塞。　　　　　　（曹甫成）

串场河

　　二甲镇通运桥村北界的通吕运河，1958年以前是运盐河的一段。

南宋咸淳五年，两淮制置使李庭芝，为连接各场域河流，筹措开挖串场河。始凿通州城经金沙至庆余场河道，后来海岸线逐渐东移至吕四，河道顺势通至吕四。据《南通县图志》记载，此河"自濠河东南经三元桥，又东经龙津、北瑞芝桥、阚家庵，经西亭、金沙、余西、余中、余东、吕四入海"。朝廷开凿这条河流的主要目的是向西运输食盐，但客观上方便了水上运输，促进了物资交流，而且为农田灌溉创造了有利条件，促进了农业生产的发展。这条运盐河是南通至吕四的一条大动脉，串联了南北自然村的河道，也满足了南通至吕四大部分地区百姓的生活用水需求，起到了排洪除涝的作用。

1959年下半年至1960年春天，南通地区组织海门、南通两个县的近万名民工，开挖了一条东起吕四、西至南通的笔直的通吕运河，长70余千米，宽约40米。1960年8月4日，南通地区降下了历史上最大的暴雨，当日农作物被淹没，但次日积水迅速排入南黄海。通吕运河的开凿起到了预期的抗洪排涝的作用。

当时，笔直的通吕运河与弯曲的运盐河在余西西侧、金余东侧相交，成剪刀口状；东起三甲、西至九甲，成为两河重合地段。1974年，疏通通吕运河时，人们将泥土堆积在河的两岸，因长期受雨水冲刷，积土被逐渐冲入附近河道，古运盐河部分河段被泥土堰塞。

（成玉清）

二甲河

二甲河，在二甲镇成陆时就已存在，以后经历代开挖、疏浚，成了二甲镇境内的主要河道，有着运输、排灌、提供居民生活用水等功能。二甲河北接运盐河，南通海界河，长5千米左右，20世纪初至20世纪30年代，二甲镇粮食业、土布业十分兴旺，这条河上的二甲坝（西坝）一带成了粮食、土布

二甲河

业的集散中心。当时坝上坝下200余名工人成天忙个不停，将粮食过斛装仓，过坝的粮食最多时一天可达二三千石，二甲河一带的粮行有数十家之多。这些粮行主要是收进里下河地区及东台、海安一带的米，同海门、启东等下沙一带的元麦、玉米、蚕豆互相交换，从中间收取佣金。每当夏、秋两熟后，坝头两边的河道里挤满了粮船，北到运盐河上的五福桥，南至关帝庙，长达一二千米，蔚为壮观。

1949年以后，二甲河继续承担着运输的功能，二甲运输社就设在原过坝行处，承担着搬运、装卸的任务，不过运输的物资不限于粮食，还有煤炭、各种建筑材料、人们的日常用品、百货、杂货等，河上还通行过汽油船。20世纪50—70年代，这条河上还有不少"水桥"，供人们淘米、洗菜、洗衣服等。到了80年代，随着工业的发展，河水被污染，加之通了自来水，人们再也不在二甲河上淘米洗菜了。

（王士明）

陈家河

二甲镇菜市场南边有条陈家河。相传在清代同治光绪年间，江苏有个钱粮道台离职后带着家眷回乡。道台原无子嗣，后纳妾三四，方生一子，爱如珍宝。一次，小孩项挂金锁项圈,乘官船出海,适逢海盗劫持。海盗见小儿所戴金锁项圈眼红垂涎,举刀杀了小孩,把金锁项圈抢去。道台在旁心如刀绞。海盗抢劫后,同伙中人说:"陈小四,外面风大,我们撤吧!"话毕即扬帆而去。

　　道台听此海盗姓名,后直奔通州,将此情报送去衙门,要求通缉捉拿海盗。陈小四等海盗闻讯无处藏身,逃到二甲镇,巧遇陈小山。陈小四等以经商之名投靠小山,小山不知究底,以客礼款待。陈小四等一连数日受到小山的款待,以为陈小山为人诚恳老实,便放松了警惕,并对他透露了真情。陈小山好言相抚,并说:"此地安全,避风保险。"就此巧妙地将他们稳住。

　　陈小山看到通缉告示,暗地里派人到通州衙门告密。州官闻告,即派众差役捕快奔赴二甲镇陈家,将海盗一网打尽。据说陈小山受到州官的称赏和信任,陈姓自此威望大振。以后,陈小山大兴土木,砌墙造屋,并把原来的鱼塘挖深拓广。随着鱼塘不断扩大,塘就成了沟;日久天长,沟就开成了河,该河即称为陈家河。

　　近年来,陈家河的流量越来越小。

(王士明)

江沙河

　　江沙河已有近200年的历史。三四百年前,江沙河所在地域濒江近海,受潮水冲击,逐渐积沙成陆。潮性有大有小,冲击力也有大小,故沉积的沙地会有高有低,高的地方就成为陆地,低凹处就成为水道,加之历年下雨尤其是大暴雨形成积水,水道逐渐变深就成了沟,这就是江沙河的雏形。以后,因耕地需引水、排水,又经人工开挖、疏浚,即成为江沙河,全长近10千米。

　　民国九年(1920)时的江沙河,河面宽约6.3米,河深2米左右,河南边的三甲、四甲、五甲一带为低洼地。江沙河现在已全部淤塞,有的河段成了道路,有的河段还盖起了楼房。

(王士明)

南海界河

南海界河东西走向,从定兴桥村蜿蜒向东,直至海门市四甲镇、合兴镇南与常乐、三厂竖河相连,向西从二甲镇袁南村等地与海门市瑞祥、德胜、三星等地交界处穿过,与竖石河相连。据

南海界河

《南通县志》记载,清末民初,邑之辖境东北并海八十余里,西南并江七十余里,南自老洪港向北而东,沿界河就是南通县与海门县的界址之一,南海界河南归海门管辖,北归通州管辖。

南海界河的具体开挖时间无从考证,但二甲镇曾依靠这条连江达海的"黄金水道",生产经营、发展商贸、广接天下客,逐渐成为南北物资集散地。

20世纪五六十年代,道路建设还比较落后,南来北往主要靠汽油船,所以南海界河承担了交通的重任。海门至二甲有固定的班船,通过的船,船头接船尾,有数里长。同时,六甲竖河因直通长江,还承担着灌溉的作用,两岸居民得以旱涝保收。随着交通的发展,南海界河渐渐失去了原有的作用,少有船经过。

(曹甫成)

斜 河

二甲镇区域内有数百条大河小沟,不是南北走向就是东

西流向,独独有一条河从西南流向东北,与东西南北方向均呈45°角。这条河叫作"斜河",位于余北社区居民委员会17居民组(原斜河村6村民小组)境内。河宽20米左右,长仅500多米,西南直通进鲜港,往东北到"香台"(今日的"斗香庙")为止。

斜　河

相传明朝万历年间,一批曹姓、季姓、陈姓、蔡姓的百姓从句容来到这里,他们"插锹为印"(印塘子,即田的分界线),开垦荡田,在斜河两岸首先居住下来。1949年前这里是出了名的穷沟,几十户人家就有18根讨饭棒。

这片荡田大约在五代十国时开始成陆,成陆时斜河是一条海漕沟,也是进鲜港通向黄海的海梢子。1984年大队改村时,命名为"斜河村"。

（陈　进　曹甫成）

腰　河

从余西古镇到东社东北街,有一条河叫腰河。南起余西老粮店,与通扬老运河连通,朝西北到头甲蒋家园;又从蒋家园一直往北,途经余北社区居民委员会(原油坊村)及北潭村(原横板桥村)41、40、39、38组;在37与38组交界处呈"7"字形往西,最后从头甲与二甲界河往北直通东社街。

清朝前期(约1700),东社街初具规模,四方移民开始向余西和东社迁

腰　河

徙定居。为了方便南北来往、物资运输,人工挖掘了这一条从余西到东社、以头甲为中心的水上通道,人们称它为"腰河"。

腰河全长7千米,河宽25—30米,水深3米左右。清道光(1821—1850)年间,移民越来越多,腰河两岸陆续住上了百姓,水上交通逐渐繁忙起来。人们常用小木船、帆板船作交通工具来运输、捕鱼虾、经商、走亲访友、求医寻药等。

直到1959年兴修水利,通吕运河开通,头甲河疏浚,腰河才变成了内河。目前腰河依然存在,村民小组在河里搞分段养殖,使其成为附近有名的养鱼塘。

(成瑞元 王松林)

古运河码头

古二甲运河码头位于二甲镇东侧南岸,建于清末民初。张謇在他的日记中也曾多次提到从南通乘船到五福桥码头,上岸后住二甲镇曹家过夜,第二天上午再坐独轮车回常乐老家之

古运河码头

事。1949年前后,码头有汽油船通往南通、海门、三余、四甲各地。

(曹甫成)

二甲坝头

二甲坝头位于现二甲镇北侧二甲河上,原称为吴家坝,或称为上坝、下坝,亦称为东坝或沙家沟。清代咸丰、同治年间,此坝为土坝,只能供人行走,船只不能往来。当时东

坝属施姓所管，西坝属吴姓，后丁家（丁润斋）为了经商，向吴家租用西坝（二甲坝），后吴氏就将西坝卖给了丁家，彼时因为东坝所在的地方属邵姓，故邵氏对东坝也有权过问。

二甲坝头遗址

清代光绪初年，二甲镇商业逐步兴盛，为使上下坝船只通过，就将坝头拓宽，两边安装绞关。由于两坝分属丁、邵两姓所管，搬运工人常为业务发生争议，后经调解，做了分工：东坝工人用挑箩，西坝工人用麻袋。虽然表面上分了工，实质上并未消弭争议。邵姓与丁姓也多次打官司。后在光绪六年（1880），丁家在州衙内领到一张"虎头牙帖"，凭官府权势占了东坝，由此，东、西坝头遂由丁氏独家经营。丁氏后来还创办了"丁裕兴戤过载船斛行"，简称"裕兴戤过坝行"。

由于西坝上下坝的水位落差较大，上坝通常比下坝高1米左右，稍一干旱，下坝水浅，船只难以通行，影响粮、布等物资集散；加之下坝水滞而臭，不利于老百姓用水。为了调节水位，解决来往物资运输问题，便利下坝老百姓用水，1933年，由"裕兴戤过坝行"行主丁竹坪发起，各粮行集资建起了下坝涵洞。此事有下坝洞口前两根石柱上的字为证：上柱刻有"民国二十二年十月"，下柱刻有"行主建设"的字样。1949年后，该涵洞一直发挥着调节水位的作用。

（曹甫成）

四甲马坝

四甲马坝位于通运桥村68村民组（原马东村12村民组）

内的四甲河上，是当时的一个交通要道。过去有一条由袁灶通往余西的大道，沿港河（竖河）东岸北上，再折向东过四甲马坝，沿四甲河东岸达余西。又因为地势北高南低，遇到潮水与

四甲马坝遗址

大雨，便会北水南涌。为了解决北旱南涝的问题，老百姓便在这里取土打坝。相传大约在清朝雍正年间，四甲河两岸百姓老少咸集，联合打坝。当时河水湍急，难以合龙门。此时一州官巡视到此，遂下马观之，一时心急，脱靴扔向缺口，以助一臂之力。说也奇怪，急流顿止，合了龙门。百姓为感激州官，在"四甲坝"中加了一个"马"字，这就是"四甲马坝"的来历。又传说在清咸丰年间，马坝附近岑家大院有一小伙，生得虎背熊腰，英武非凡，善跑马射箭，为参加武科考试，每日骑马演练，在坝上来回奔驰，有时系马于坝上小憩，这是马坝得名的又一个说法。

当年的四甲马坝，宽10米许，百姓把马坝两头的大道称为"马路"。1974年，村里疏通河道，集中劳力挖开了坝。坝两头是原8大队12生产队，当时社员来往种田不便，全队社员合议，家家户户上阵打坝，筑就了今天的四甲马坝。可惜坝宽只有2米左右，比原来的窄了许多。

（马锡龙　岑渭滨　曹甫成）

曹家坝

通运桥村20村民组内，在潮沟和港河（今叫袁灶竖河）交汇口处有一条大坝，叫作"曹家坝"。坝长26米，宽3米多。坝往南1.5千米有路沿港河直达袁灶港，往北3.5千米沿

港河有大道直通金余镇。

400多年前,一大群曹姓人从句容等地来到这里"开荡"。为了方便袁灶往金沙、金余、余西等地的陆路交通,便在这里打路坝,经后人陆续加修,坝两侧不断用木桩加固,形成了后来的曹家大坝。

曹家坝桥

清朝后期,长江已远离袁灶港,港湾成了"死港"。许多来往袁灶、金余的渔船、货船,其捷径必走曹家坝。于是有人在坝上设"绞关",用绞索牵引船只过坝,并组织一个农民搬运组,负责上下流,收取"搬运费""过坝费"。中华人民共和国成立之初,每小船过坝费3角,大船1元。

1964年,开坝疏通河道,坝改建成了如今的"曹家坝桥"。

(曹甫成)

九甲坝

原九甲坝位于今天的六甲镇村15村民组的通甲公路上。几百年来,民间流传着打坝时民与官相斗的一个故事。据现年98岁村民丁惠民讲,其先祖金三胡子当年参与了打坝。九甲河往南,通往江沙河,地势北高南低,因而南边易涝受灾。为了阻止潮水南侵,大约在清朝乾隆年间,两岸百姓联手打坝。当年九甲坝合龙门时,恰巧有艘官船要过,百姓不依,双方

九甲坝遗址

争执不下。后来由金三胡子开价，曹家祖先曹祥成经手收取过坝费，百姓才帮助官船通过。过了几天，衙门来人把二人抓去。这个"金三胡子开价钱，曹祥成收坝钱"的故事，一直在民间流传。

九甲坝筑后，阻止了来往船只通行，苦了坝南边的老百姓，因为他们都不种稻，稻草要靠北来的船只运送。因此，北边石港等地运来的稻草，就只好在这条坝上卖，坝南的老百姓到坝上购买，这里一度也像集市一样热闹，故而百姓也称九甲坝为"稻草坝"。

通甲公路的前身是一条小路，称作"轧车路"。民国九年（1920），政府将"轧车路"拓宽造马路。造马路前，在九甲坝上造洋桥一座。当年来自南通的汽车从此过桥时，百姓从未见过，男女老少簇拥在路旁观看。因为此桥与乡间小木桥不同，宽阔能通汽车，故称"九甲洋桥"。抗日战争时期，为打击日军，人们拆除了九甲洋桥，后日方又造，反复好几次。1967年，县人民政府在修筑通甲公路时，拆桥打坝，该坝一直沿用至今。

（丁惠民　季江江　曹甫成）

古镇的桥

曹家桥

余西地区河汊纵横，首先到这里开垦的曹氏移民，为了方便交通，必然要打坝造桥。六甲镇村30村民组内有座远近闻名的"曹家桥"。大约在康熙年间，余西"武惠堂"曹姓一分支来到古运盐河南的十甲河西畔安家落户，相传其中就有现年50多岁的村民曹进生的祖先。这支曹姓经过几代繁衍，人丁兴旺，有数十口之多，于是他们分建三个大院：十甲河西畔为"曹家老院",其院东临十甲河,另外三面开挖了圆沟,设朝南"车门"。老院之南建起了"曹家南院"。十甲河东建了"曹家东院"。三个院落呈鼎足之势,为了来往交流与耕种方便,便在住宅旁的十甲河上建东西走向的木桥一座,称为"曹家桥"。与此相仿的还有路中村三甲河上"曹家南桥"与"曹家北桥"。"曹家南桥"是进士门第的33村民组村民曹耀启祖先在道光年间带领群众所建,方便了河两岸村民来往与耕种。"曹家北桥"是32村民组村民曹良贵(现年77岁)的高祖父曹荣祖集建。家住河西的曹荣祖家是农业大户,为了方便到二甲镇赶集,建造了这座木桥。许多老村民依然记得,桥长20来米,5块桥面板,桥面仅2尺宽,走在上面颤颤悠悠,有点可怕。以"曹"字为名的桥坝,自然是曹氏先人所建造。这样称呼的桥坝在余西地区还有不少,比如至今在地图上仍有标识的"曹木匠桥"(位于三甲居五甲河畔)等,在此不一一细述了。

在修桥补路方面,曹氏出了一名有口皆碑的修桥人——曹秉隆。现已到杖朝之年的他,住余西老街,修桥补路已有40个年头。被南通市誉为"当代活雷锋",被通州区评为"通州好人"。40年来,他自备各种修桥补路工具,修桥补路矢志不渝、永无倦意。为修桥补路,换了十几把铁榔头、8把铁锹、7把砖刀、6只拖篮、6对尼龙桶、3部拖车,出资出物近2万元,义务投入5 000多个工日,修过的桥梁上百座次。无论是刺骨寒冬,还是酷暑盛夏,在桥坏路损的地方,人们总可以见到他义务修桥补路的熟悉身影,群众称他是"天上少、地上无,积德的好人"。

(曹甫成)

五福桥

二甲镇五福桥可谓历史悠久,由清代嘉庆年间的板桥到瞿氏修造的木架高桥,再到20世纪70年代的钢筋水泥桥,流传着许多美好的故事，时至今日，仍然被人们口头传颂。张謇先生在他的日记中，也曾多次提到从南通乘船到五福桥，上岸后住二甲镇曹家过夜，第二天上午再坐独轮车回常乐老家之事。

五福桥

清代晚期，原籍苏南常熟"铁琴铜剑楼"的瞿家，举家迁来二甲镇定居经商。先是在二甲镇北运盐河畔经营油坊，发家致富后，大量购买廉价的荡田，经营土业。同时，也兴办了教育、慈善等公益事业。瞿家在当时的余西场范围内，修建了数十座小型桥梁，运盐河上的"五福桥"，便是瞿家重新建造的最大一座木架桥，并取名"五福"。"五福"一词出自《诗经》，是指长寿、富贵、康宁、好德、善终。民间对"五福"也有一说，河北头甲、二甲、三甲、四甲、五甲的人们享受交通之福，称为"五福桥"。

传说，瞿家在修建这座桥时，要造桥工人将桥的北端造得高些，南端造得低些，其用意在于，瞿家在北，居高临下；二甲镇在南，比瞿家要低，寓意瞿家可独享五福风水之运。当时瞿家的一块经营地"上仓"，便在二甲镇北运盐河边的五福桥一带，主要有"顺德药材铺"，还有砖瓦行、石灰行等，仅仅住房就有五百多间，居五福桥众商之首，可谓富甲一方。因此，民间亦有"瞿家五福桥半条街"之说。

20世纪40年代，由于桥北是新四军的活动范围，五福桥的桥板曾一度被日军烧毁，抗日战争胜利后得到修补，中华人民共和国成立后，又得以加固。20世纪70年代，为适应新农村机耕作业，人们在古桥下游50米处修建了一座新的水泥石孔桥，仍取名"五福桥"。

（曹洪江）

定兴桥

定兴桥最早建于清代光绪年间,为一座横跨在老海界河上的木桥,旧址就在现在的定兴桥西侧。100多年前,在龙游沟以西,老海界河以北,有个徽州人程泽光来此开设"鼎隆"油坊。由于河上没有桥,行人往来不便,影响其生意,程老板就出资在油坊左前方河面上架起一座木桥,贯通南北,取名定兴桥。

定兴桥

程老板当年饱受战乱之苦,颠沛流离,至二甲后,方觉稍安,便在此创业。故取桥名时,有所寄托:定,安定,稳定也;兴,创立,兴起也。

后来,有个木行老板为了扩大经营,在竖河东部用石子铺设了南北长200多米的竖街和东西长100多米的横街,此后,这里发展成一个热闹的农村集镇,而定兴桥也成为这个小镇的标志性建筑,人们习惯将这一带叫作定兴桥。

清末民初时,定兴桥小镇很是繁荣,除油坊、木行外,还有张謇设置收购棉花的花行,及饭店、车铺、布店、药店、南北杂货店等,可谓商铺林立,物资丰富,人气极旺。就在30多年前,街道两侧也全是商店,还有唱戏、说书的地方。那时候谁家里有事请客的话,根本不需要去别的地方,就到定兴桥逛一圈,所需物资就都置办齐全了。如今,交通发展,居民外迁,小镇也衰落了。

(曹洪江)

二河桥

古镇余西龙街中段孝子坊前有一木桥叫二河桥,虽然河宽不足6米,桥宽不满8尺,却远近闻名。

相传，早先这里既没有河也没有桥。某一年发生饥荒，京城钦天监夜观天象，发现东南方向有颗克星，二星争辉，系不祥之兆。于是，皇帝下旨命各地详加查访，违者立斩，各州县不敢怠慢。

一天，通州府白知州带领一班衙役来到余西场。在场署歇息后，看见衙门口东西各有一对水井。再沿街朝南一走，不仅街两面就连街巷都铺满块石，觉得不妙。回衙后，与师爷一商量，看出余西原来是一块龙地。衙门三面环河，是龙头；两口对称水井，正是龙眼；铺路石是龙鳞，巷子是龙爪，街南是龙尾。此地风水不破，必定后患无穷。

几天后，衙门口贴出布告，从各地招来民夫，由西向东开河挖沟，挖了整整一天，谁知第二天清晨一看，挖过的地方又都长拢了。白知州觉得奇怪，又命民夫挖了一天，仍是如此。白知州无法可想。师爷献上一计，命民夫收工时，将锹插入泥中，草鞋脱下，挂在锹柄上。这一招果然灵验，第二天发现插锹之处，淌遍鲜血，再也合不拢了，终于挖成了东西一条河。白知州见大功告成，自回通州请功去了，但余西龙街却被分成南北两半，行人来往十分不便，只好在河上造了座木桥。因南有运盐河，此河就称为二河，河上的桥就起名为二河桥。

（马锡华　曹甫成）

东虹桥　西虹桥

明代洪武年间，古镇坊署衙门东西两侧的护城河上各建了一座木桥，西侧名西宏桥，东侧名东宏桥。

东虹桥（新建）

明嘉靖三十六年四月，倭寇从掘港登陆，向通州进发。曹顶率乡兵追倭寇于城北，不幸战死，年仅43岁。

家乡父老乡亲惊悉曹顶为国家捐躯的消息，悲痛不已。在古镇曹氏宗祠内，供奉了他的牌位供族人吊唁祭祀，百姓纷纷自发前往古镇西门的桥头朝西跪拜、焚香烧纸，遥祭家乡这位抗倭英雄。祭拜那日，天降阵雨，雨歇，西天忽现一道彩虹，乡人皆说是曹顶"显灵"，嗣后就把西宏桥改为"西虹桥"，同时东宏桥也就改为"东虹桥"。

（马锡华）

庆余桥

庆余桥因"积善人家庆有余"之句而得名，是余西古镇最古、最大的桥梁之一，俗称东高桥。清末民初由秀才、地方绅士朱溥泉集资筹建。

抗日战争爆发，日军侵占通东重镇余西，除派兵驻守外，还因侵略战争需要，将庆余桥拆毁，改建为水泥桥，并在南北桥头建筑了碉堡，桥上建了挡头，盘查来往行人。这样，庆余桥上可通行汽车运送兵粮、军用物资，下可通行汽艇，成了日军水陆交通军事要道。日军封锁了镇南余西码头，切断了余西由海界河通往青龙港，进而通往上海的商贸通道。于是，余西成了一座死镇，商贾纷纷逃至余西附近的二甲、三余等镇，古镇开始由盛转衰。

解放战争期间，国民党军败退至余西，437团、438团分别驻守在运盐河南北两岸，索军粮，毁桥梁，古镇又遭劫难，庆余桥残破不堪。

中华人民共和国成立后，庆余桥虽几次重修，但已难堪重负，变成了危桥，最后改建成人行铁桥。近几年为了保护、建设、发展古镇，通州区人民政府已决定拨款重建庆余桥。

（马锡华）

望山桥

望山桥原名望仙桥，俗称西高桥。

相传吕洞宾曾来余西，在运盐河南开了一家"口口香"点心店。后因度人未果，反使鸡犬升天，他愤然走到桥上，驾鹤升空离去。群众纷纷奔至桥上观望，发觉此人是神仙，又想起他的店号叫"口口香"，"口口"是"吕"字，"口口香"即"吕仙"，一定是吕洞宾。故此后将西高桥改为"望仙桥"。

西高桥南北为石驳引桥，中间为木结构，是古镇最高的一座桥。据说当年站在此桥上晴天朝西可望见南通狼山，故而又将此桥称为"望山桥"。

解放战争期间，国民党军437团残部在逃离时，将望山桥木结构桥面从南北两头全部锯毁，只剩下两座桥墩直立在岸边。

直至20世纪80年代初，东高桥已成危桥。为了方便群众通行，当地县人民代表提议重建望山桥，县人民政府拨款在原桥以西重建了望山桥。 （马锡华）

庙　桥

二甲庙桥，在关帝庙东北，清光绪初年，由庙内和尚募化建成。系平板桥，无栏杆，木结构，东西走向，长约8米，宽近3米，桥脚有8根，东西两边有砖砌的桥墩。建造之时，桥下只能通行普通船只，后来人们将中间的桥板改为活动桥面，使大型粮船可由二甲坝经此向南前往海门下沙一带。1928年，由三校合并的二甲小学成立，其址即在关帝庙内。为方便学生来往，该桥向南迁移了17米左右，增宽并加栏杆。1943年，人们拆除木结构的老桥，建成拱形砖桥。1949年后，人们又将此桥移至向南30米处。1967年此桥被重建为水泥拱桥。 （曹甫成　裴金钰）

通运桥

古通运桥有大约200年的历史,是清朝嘉庆年间官府所造,桥址在袁灶与金余的中间地段,在如今的通运桥村9村民组内。它横跨30米宽的、南北走向的港河,往西直通姜家庙和进鲜港,是当时的水陆交通要枢。

通运桥

古通运桥是一座拱形五孔大木桥,桥中高于河岸2米许,桥两边有1米高的桥栏,桥宽2.5米左右。桥脚为圆杉木,直径有0.5米。经百年风吹雨打,古通运桥日见老化。中华人民共和国成立初期,古桥下,一批在上海恒丰印染厂打工的住户、农民,由曹可赞发起,合力出资,对桥面、危栏进行了一次维修。

20世纪60年代初,古桥再也不堪重负,水利局将其拆除,来往行人摆渡过河。又过了数年,人们在原桥址南近百米处,另建了现在的这座水泥桥,即通运桥。

(曹洪成　曹甫成)

龚高桥

龚高桥原名龚家桥,位于今通运桥村43村民组内,是横跨三甲大河的一座古木桥。清朝光绪年间,当地龚家出了一位德高望重的人物,名叫龚维良。他在当地创办了一所

龚高桥

龚家私塾（龚家小学的前身），当地贫穷的孩子有了学上，但二甲、头甲的孩子被三甲大河所阻，难遂入学之愿。龚维良走家串户四下募捐，并拿出自己毕生积蓄，建成了三甲河木桥。

木桥由四个木桥墩支撑，跨度25米，桥板面宽1米左右。为了方便来往船只通航，中孔桥面做成活动型。高大货船和有桅杆的船只通过时，可将中孔桥面往两头挪移。这样，既保证了通航，又方便了东边头、二甲的贫苦子弟入学。附近百姓称此桥为"龚家桥"。

老龚家桥经过几十年的风吹雨打，逐渐腐朽，难以负重。20世纪60年代，为方便通行，人们在桥北150米处打坝代桥。1992年因水利建设需要，人们又将堤坝挖通，将其营建为三孔机耕水泥桥。2007年，时任村支部书记的龚孝若出资一万元，村民龚炳康、高仲荣也各捐款一万元改建此桥。镇人民政府组织村民将原来桥面较窄的机耕水泥桥，改建成宽3.6米、长28米的水泥桥。新桥的建成得益于龚孝若、龚炳康、高仲荣三家大力支持，故新桥被命名为"龚高桥"。

（龚乃冲　施殿成　曹甫成）

横板桥

在北潭村37组和38组交界处的横河上原有一座古老的横板桥，建造于清朝嘉庆年间，距今约有200年的历史。

横板桥呈南北走向，长25米，宽2米，桥下有两对桥桩，四根木头桥脚，桥梁由四根圆木组成，桥面铺设横板，人们因此称它为横板桥。南来北往的行人、独轮小木车可同时相向通行。

在腰河两岸河沿，有人行道，是余西到东社的陆上交通要道，其道途经横板桥，平日里南来北往的人甚多，逢年过节、婚丧嫁娶时，更是热闹繁忙。

横板桥几经风雨，曾被多次拆建和修理。抗日战争前，季祝林曾捐资修理过此桥。抗日战争爆发后,为了不让日军、伪军顺利地通行,新四军将桥拆除,行人须乘渡船过河。

海门四甲和余西古镇是日军的驻地,日军时常来往于余西和东社,必经横板桥。1944年7月的一天,日军一行六人至横板桥南端下车,准备乘木渡船过河,被我方武工队战士曹育彬等人一举歼灭。日军为了报复,当天就将渡工戴发育和李戴余抓去,进行严刑拷打,一个月后两渡工才得以逃出虎口隐藏起来。日军又一把火将横板桥北的戴家园十多户人家的四排房子共计22间全部烧光。

中华人民共和国成立后,人们集资重建横板桥。1959年通吕河开通,头甲河疏浚,交通变道,又将横板桥拆除,筑起土坝方便人们通行。

20世纪80年代,大队改村时,余北10大队更名为余北横板桥村。2000年,人们把新建在中心路、头甲河上的水泥桥命名为横板桥。

(成瑞元 陆锦英)

花板桥

中华人民共和国成立前,坨墩村七甲中心河水面开阔,宽10米以上。在往南2.5千米到运盐河、往北2.5千米到"老皇岸"的河中有一座东西

花板桥遗址

走向的木桥,桥面中间有两块刻有美丽花纹的桥板,远近百姓称之为"花板桥"。由于七甲中心河直通老运盐河,桥两边有东西大道,桥往东500米为范公堤的盐车大路,花板桥便成为当时的水陆交通枢纽,闻名周围数十里。相传此桥系余西盐场官方始建,造时没有花纹桥面。

大约在1937年前后,宁波有位米老板,雇了一只载满米

的船,经过此桥下,船上桅杆撞坏了桥面,当地老百姓就把这艘船拦住,要求赔偿。当时船家愿意赔钱或用船上的米做抵押,但当地老百姓一不要钱,二不要米,只要求把此桥修好。船家人生地不熟,在当地找了很多木行都没有买到这样长的桥板木料,无奈之下,急中生智,用篙子量得桥板长度与轮船上的两块船帮挡板相符,当即将其卸下铺上桥面。因这两块船帮挡板上刻有很多花纹,从此行人都叫它"花板桥"。当时花板桥长10米开外,河中有2个桥墩,3块桥板为一档,共铺设9块桥板,每块桥板宽约20厘米,3块桥板并排铺成的桥面有60厘米宽。

在1940年前后,当地百姓看到河水资源丰富,商量打坝养鱼,遂与罱泥工葛金海商定:桥板归其作建房木料,河坝亦由其完成。葛金海经过3年的努力,将坝打成,从此花板桥也消失了。20世纪70年代,冲土造田,七甲中心河被淤泥冲塞,如今也只剩河中一条沟了,但仍依稀可见桥址遗迹。1984年,大队改村,人们记起了它,将余北乡5大队改为"余北乡花板桥村"。

(曹甫成)

小墩桥

离"皇岸"(沈公堤)南1 500米远的坨墩村29村民小组内,原来有块面积约150平方米的高地,相比东北方1 000多米外的四甲"大墩"(坨墩)要小得多,故称为"小墩"。

小墩桥

宋朝初年,"小墩"露出海面,它当时是盐民烧盐的地方,也是盐民避潮的"救命墩"。墩土蛤壳遍地,是当时盐民食用贝类后的遗留物。紧靠"小墩"东边的是一条海梢子湾,为了方便两岸交通来往,古人在其窄处打墩造桥。原来桥墩是泥墩,桥叫"小墩头";后来改为木桥墩,就叫"小墩桥"了。有两根桥脚,3段桥面。每段桥面用3根直径10—13厘米的圆木铺成,桥长9米左右。1968年,桥两头开始打坝,中间只剩5米桥面。2008年旧桥全部拆除,打坝通行。大队改村时,余北乡3大队被命名为"余北乡小墩桥村"。　　　　　(曹甫成)

油坊桥

原来位于头甲河上的一座油坊木桥,叫油榨桥,在今余北社区居民委员会24居民组内,距今有150多年的历史。

清朝咸丰初年,当地居民李洪祥的高祖李广达夫妇,带领三个儿子从

油坊桥遗址

句容来到这里落户。来时丈夫挑一担,一头是部纺车,另一头是被褥、破衣,妻子牵着三个儿子。十几年后,三个儿子长大成人,都是一等一的劳力。全家一合计,决定开办一爿家庭油坊。当时他家盖了一个院子,有15间房屋,其中一半为榨油工房。四周筑围墙,墙内有一块大晒场。围墙朝南开了进出的"车门"。当年前来加工豆油的百姓众多,都要提前订好加工的日子。

为了方便四方顾客,李广达出资在油坊西边的头甲河(现叫东社闸河)上架起一座木桥。木桥就地取材,用大树作桥脚和桥面。桥脚有两对,桥长20米左右,三块桥面,宽约70厘米。当地百姓都叫它"油坊桥"。此桥往南通向余西,往北通向东社,大大方便了来往行人。李家开油坊三代,至1947年停办。油坊桥在1965年被拆除,取而代之的是今日的河坝。　　　　　　　　　　(曹甫成　李洪祥)

古镇的古树

盐课司署东银杏

余西小学花园内古柏

余西中学（大悲殿遗址）内银杏

曹玉昆故宅南银杏

袁南居古树

银杏树

清咸丰年间，太平军与清军发生了战争。因战乱，一批商人纷纷从徽州、湖州、镇江等地逃难至通州，其中至袁灶避居的有一百多人。当中有一位富商熊某为了行善积德，牵头募捐集资建造了三重大殿寺庙一座。门前栽有银杏树一棵，传说是寺院建成后由方丈种植的。

从1958年到1967年，寺庙房子全部拆除，只留下碎砖瓦片，后来在这废墟上扩建了袁灶小学。学校教室楼前一棵古老银杏树尚在，成为"三圣殿"遗址的唯一遗存。据专家讲，这颗银杏树距今有120多年的历史。树高约20米，树围2.65米。

银杏树

银杏树铭牌

罗汉松

种植于袁灶小学内的罗汉松已有400多年的历史。

罗汉松

罗汉松铭牌

紫薇树

种植在袁灶小学内的紫薇树,已经有60多年的历史。

(曹甫成)

紫薇树

紫薇树铭牌

路中村银杏树

路中村原有银杏古树8棵,五甲庙2棵、六甲庙1棵、万寿寺1棵,万寿寺9组(今路中村34村民组)"照山坟"上2棵,现在多数已不存,仅曹海林家1棵与原万寿寺内1棵尚在。

路中村银杏树

第44村民组曹海林家老宅后的竹林中，一棵古银杏树直刺苍穹，常常引得路人驻足相看。该树高约20米，围粗2.2米，有160多年的历史。2010年有人专车来购，开价6万元，曹家未卖。相传清咸丰初年，曹海林曾祖父曹许寿在运盐河南的八甲割牛草，在乱草丛中发现一株一米高的小银杏，便将它挖掘带回家栽在宅后。如今古木参天，枝叶茂盛。　　　（曹甫成）

宝云山村银杏树

位于头甲庙中的古银杏树是由当时庙内主寺徐贵亲手所种，距今已近140年，树高11米，树围1.6米。此树历经晚清以来各重要历史时期，至今仍屹立于天地间，每到春暖花开时，枝繁叶茂；叶落秋到时，硕果累累。（徐美萍）

宝云山村银杏树

北潭村柿树

北潭村第四村民小组季蓉发宅后有一棵柿子树，是季家大院拆除时唯一幸存下来的古树，是季绍康年轻时候亲手所栽，树龄在120年以上。此树直径约80厘米，高5米左右。树虽老但枝繁叶茂，每年硕果累累，果大肉甜，口感极好。

柿　树

（季蓉发　陈元珍）

此外，余西还有不少各个品种的古树名木（表2）。

表2 余西其他古树名木

序号	名称	位置	树龄
1	银杏	精进书院西	300年以上
2	银杏	曹玉昆故宅南	300年以上
3	银杏	余西中学（大悲殿遗址）内	400年以上
4	桂花树	曹秀升故宅院内	100年以上
5	桂花树	陈旭初宅	150年以上
6	桂花树	曹承祖、成奇宅	120年以上
7	罗汉松	余西中学（大悲殿遗址）内	450年以上
8	罗汉松	余西小学内	200年以上
9	蜡梅	新民街曹栋（共两株）	180年以上
10	蜡梅	新民街曹晋书（一株）	180年以上
11	榆树	余西小学西（曹家祠堂遗址前）	100年以上
12	黄杨树	王惠中宅内	100年以上
13	黄杨树	陈旭初宅内	100年以上
14	柿子树	朱理治故居前	100年以上
15	古柏	余西小学花园内	200年以上

（曹甫成）

古镇的墟市

余西

千年古镇余西,雅称"龙城"。余西的地是一块龙地,余西的街是一条龙街,余西的城是一座龙城。

龙街南段

碎石路面

龙街北段

龙街小巷

南　街

东　街

西　街

通海街

　　整个余西古镇，呈现"龙"的格局，极富匠心，蔚为奇观。龙街全长422米，"龙身"俯卧在余西北大街—南大街这一南北中轴线上，铺街的石块就是龙身上的"龙鳞"。位于北大街北头的余西盐课司场署衙门，就是"龙头"，场署衙门地势较高，四周围以高墙，东西北三面有护衙河环护。衙门三楹大门朝南，为"龙嘴"。大门前有八字形照壁作屏障，照壁外有一将军庙为"龙珠"，呈"巨龙锁珠"之势。龙珠可避水火，为龙所吐，是吉祥之物。

　　衙门东西有两口古井，似龙的两只眼睛，称"龙眼井"，至今保存完好。原有的两棵高大的古银杏树为"龙角"。龙头两侧分别有一条长四五百米，宽约一米的路，为"龙须"，路两边河道相夹。

东大街东城门外的"鹤凤桥"（俗称东虹桥），西大街西城门外的"金石桥"（俗称西虹桥），南城门外沿运盐河横街东西相对的"庆余桥"（俗称东高桥）和"望山桥"（俗称西高桥，又名望仙桥），这四座桥为前后左右相互对称的四只"龙脚"，桥墩为"龙爪"。

"龙尾"穿过运盐河，直达"南海"边。古代长江距余西仅3.5千米，古人称之为"南海"，即今通州海门之间的海界河，所以余西龙地有"北海吸水、南海摆尾"之说。

俗话说"风从虎，云从龙"，就是说龙出现时常有祥云相伴，余西古镇及周围的24座寺庙宫观就是缭绕在余西巨龙身上的24朵万年吉祥云。

（曹颢武）

余西古镇上的龙街、古井

利和镇

利和镇在唐代中期（约公元9世纪）已是个很兴旺的市镇，清代康熙之前为通州的大镇之一，与通州端平桥市（今南通市端平桥市场）、平政桥市同享盛名。

利和镇位于今金沙镇东南约10千米的地方，在二甲镇袁灶东南部长江之滨的南海村。由于流沙沉积，长江北岸南移,现南海村已距长江30多千米。南海村南边与海门之间有一条海界河,海界河南岸是水流镇,隔河即袁灶南海村。

那时利和镇与观音山成东西对峙之势,镇区建筑规模宏大,堆土成山,筑庙宇,修祠堂,松柏葱茏,香火鼎盛。建有广惠寺、庆真观等寺庙、道观。广惠寺在唐懿宗咸通年间,由陈宗于初建,沙弥淮海复修。史载,沙弥淮海"走蜀楚闽越间""募木千余章""募装塑金百两"。名匠刘鸾"任斯役",不取酬劳,"塑十八尊者像",寺壁高数丈,其规模,可见一斑。宋代又于镇河北建庆真观。明成化年间镇上始建便谷仓,为藏谷仓廒。嘉靖八年(1529)通州判官史立模为防御倭寇侵犯,于该镇建楼作瞭望报警之用,楼名"怀范"。"范",即宋朝时筑堤捍海的范仲淹,表示"怀贤于既往,防患于未然"。史立模所作的《怀范楼记》,曾对利和镇有这样的介绍:"通州东50里有镇曰'利和',实为米盐鱼稻商贩辏集之区,居民环镇而食者数百余家。"

元代至正年间至清代康熙年间的270多年里,通州地区曾数十次受长江大潮侵蚀,部分土地坍入长江。利和镇也屡受江潮之患。

清康熙二十五年(1686)江潮暴溢,岸坍堤崩,利和镇一下就被汹涌的潮水吞没了。潮后当地百姓勉强重建家园,但十年后,即康熙三十五年(1696)江潮再次疯狂侵袭。传说,那次潮水,漫过了镇区所有的建筑,镇上最古老的一棵杏树,只剩树梢露于水面之上,民房、寺庙全被吞噬,溺死者无数,全镇只留下一个木菩萨。据水流镇的老人说"水流"这个镇名就是让人们记住,过去在这块地方,水流曾冲没掉一个镇,即上面所说的利和镇。

(闻 史)

六甲镇

通甲公路从西往东偏北转弯过袁灶，在二甲镇六甲镇村来了个"S"大弯，就在这个"S"大弯尽头的第2村民组境内，藏着一个有300年历史的小集镇——六甲镇。

六甲镇

几百年前，北通运盐河的六甲大河流经通甲路之北100米处，一个往东90度的拐弯，生出一条向东的横河，与东边五甲界河相连，自古以来这里都是水上要塞，是余西船只航向海门地

六甲坝头

区的水路。大约康熙末年，当地百姓为防潮汛，在拐弯处建起一条拦河大坝，坝宽5米多，长15米左右。这么一来，来往船只过坝要通过绞关牵引。于是有人在坝北陆续建起十五六间"栈房"，供货船屯寄之用，并成立搬运组，有搬运工30来人，专门为过坝船户上下搬运各种货品。

由于过坝船只不断增多，小集镇逐渐形成，来自四面八方的经商者纷纷在此开店做生意，姓氏就有16种。1949年后，六甲镇已具一定规模。一是有一条南北大街，长100米开外，南到今通甲路，北至六甲坝北，宽约5米。二是商品店、食品店、服务行业店铺有十来家。街东朝西门面有曹汉邦开的6间杂货店，曹胜贤的茶馆，有"缸爿"（大饼）店；街西朝东门面有米行、剃头店，吴家酒店2家，吴家小吃店1家，等等。三是有私塾学校。街西吴永福3间瓦房开了私塾,这就是六甲小学前身。另外,街北有十几间栈房,街东不远处有一个大木头行。整个集镇占地面积有10亩之多,当时北到"皇岸",南到海门德胜等地,西到袁灶、进鲜港,东到四甲坝,人们都知道六甲镇。1958年,搞公私合营,六甲镇集市消逝,但其街面仍清晰可见,六甲坝遗址亦一目了然。20世纪80年代,大队改村时,人们将中心大队命名为"六甲镇村"。

(周 忠 曹甫成)

北团镇

古北团镇在如今北潭村8村民组境内。据史料记载,最早记载北团镇的文献是清朝宣统元年《通州水陆道里详图》,其次分别是1923年的《最新南通县全图》、1928年的《通如海三县交通图》,三图均有"北团镇"的标志。宋元明三个朝代,盐业生产实行团煮制度,灶户分散制卤,聚合煮盐之处即称"团"。团地四周围墙,前后两门,一门运卤入团,另一门输盐入仓。清代团煮制度废止后,原以团命名的地方随之易名,因北团镇之北有一潭池,"团"与"潭"的方言音同,故"北团"改名为"北潭"。如从元代称"团"煮盐开始算起,到20世纪60年代废镇,"北团"约有600年的历史了。

据当地村民回忆,古北团镇面积约5亩,民国到1949年左右,有东西与南北两条街,呈"T"形分布,宽4米许,东西长60米左右,南北街稍短,约40米上下。街面系砖石铺成。

古北团镇交通发达,东、西各有南北盐车路一条。西盐车路靠镇颇近,约50米,往南直达余西古镇三门堂傍盐仓。东盐车路离镇稍远,在六甲界内,北通皇岸,南到"余西六甲盐包场"。盐车路是中间一条3米来宽的大道,路两侧是开挖较深的车沟,车沟上没有桥梁及坝头,可能是为了防盗、防走私的缘故。

北团镇人杰地灵,历史上曾经出过两个举人和多个秀才。抗日战争时期,镇上有抗日武工队,街北设有抗日秘密联络点。刘瑞龙在《回忆红十四军》一书中,把北潭列入《红十四军游击区域图》中的游击区。1943年,东社据点的日军为造炮楼,强驱农夫到镇街上拆运十多间店房。20世纪60年代,七甲河疏通,北团镇位于河身之中,加之后来街北的北潭小学拆除,并入余北小学,到此,名盛一时的北团镇彻底无影无踪了。

(曹洪江　曹甫成)

水流镇

水流镇,位于二甲镇六甲镇村10村民组(原5大队1生产队)。

大约在隋唐时代,六甲镇村还是黄海与长江的交汇处,从水流镇旁"海界河"的名称即可知其一二。那时,长江之浪滚滚向东流,黄海之潮滔滔往西涌,江浪海潮相抵,大量泥沙沉淀淤积。五代十国时期,一块沙洲在今六甲镇村10组境内及附近地区隆起,它是此地成陆的先驱。人们发现后,称它为"重阳角"(当时的沙墩呈旗形状)。古人重阳登高之习由来已久,"重阳角"意即高处。现经实地勘测,这一区域明显高于附近。当时这块"重阳角"是渔船靠岸、渔民上岸歇脚的避潮之处。

又过了许多年,长江岸南移,六甲镇村与毗邻的袁南村及海门德胜等处成陆后变为待开垦的处女地,此时,常熟、崇明、句容、金坛等地移民陆续迁入插锹开荡,其率先者在"重阳角"这块高地上定居下来。清康熙三十五年(1696),江潮暴溢,岸坍堤崩。由于在这以前大半个旧海门县已坍入长江,水流镇南边的利和镇已经失去了缓冲地带,一下就被凶猛的潮水吞没。一部分灾民逃到邻近的水流镇落户。定居的人多了，就有了频繁的货物交换，各种服务行业兴起，加上附近的开垦者也前来赶集，小集镇也就渐渐形成。当年，水流镇旁的东西海界河与南北灰沙港河边的渔船、货船鳞次栉比，街上店铺林立，人群熙来攘往，热闹非凡。不过到了清朝后期，海势大幅东移，开垦的江海之滩迅速扩展，特别是随着二甲镇的崛起，水流镇逐步走向了萧条。

　　到1949年后，水流镇还有一点集镇的影子：海界桥北有一爿海门人开的药店，另有一个海门德胜人开的豆腐坊，街上有本镇人赵家与周家分别开办的朝北、朝西的两爿茶馆，还有杂货店、肉店、理发店等。灰沙港桥西还有一个商店和一所私塾学校，学校当时有学生30多人。抗日战争与解放战争时期，水流镇是敌人鞭长莫及之处，游击队与地下党正好在这里设置秘密联络点。

（周　忠　曹　青）

民众人杰

古代名人

孝子夏昞

孝子夏昞,字国辉,明代余西场人。他家数代为石工,与曹顶家为邻。夏昞虽识字不多,但秉性纯厚诚笃,奉养父母以孝闻名。每天晚餐,多以比较浓厚的米酒给父母亲喝,或伴唱小曲儿数段,或引儿女几个在二老旁嬉戏娱乐,家庭和谐幸福。如果二老偶尔有些不悦,他与妻子朱氏,便感到局促不安,恭敬地跪在石阶上,等候二老改容才敢起身退下。

有一次,他母亲卧病在床,想吃水果。当时他家已移居通州南郊。那天夜里,天正下着大雪,家中没有水果。他冒着大雪进城,奔水果店去敲门,店主怕寒不肯起来开门。他在门外哭泣,感动了店主,店主便开门把水果卖给了他。某日,他在山中采石忽然觉得一阵心痛,即刻联想到母亲的疾病或许复发,慌忙回家,母亲的疾病果然十分危险,正等着看他最后一眼。

母亲去世后,他怕父亲独处,誓不出远门,晚上与父同寝，不复入妻室。同寝时抱着父亲的双脚睡，寒冬腊月里，以自己的身体温暖尿壶。如此十多年后父亲方离世，享年94岁。治丧期间，费用短缺，他出售财产以补充短缺。丧葬结束后，他十分虔诚地供奉父亲的灵位，朝夕出入，事无大小，必先上香叩头，然后才外出。遇祭飨时节，终日呜咽，伤感悲怆。遇疾风暴雨，经常步行至父亲的墓地，攀树泫然，几乎与父亲初卒时无异。

当年父亲在世的时候，夏旸的儿子与叔叔因为一件小事而不愉快，被气愤的叔叔殴打致死，他恐怕老父亲伤心，只在私底下含泪，没在老父前说一言，恐老人家为难。他的好名声传的很广，无论认识与不认识的人都在称赞他，并称他的居住地为"旌孝"里。

巡盐御史刘存德，巡视通州，听闻到他的名声，召见了他。御史大人因多年在外宦游，没有在家奉养双亲，很是嗟叹；久久地抓住了他的手，相对流泪；命司衣官，取来衣服一套给他，并且还亲自为他试穿。当时的扬州推官朱篪曾赠他诗扇，认为他可比古之鸿儒。理学名家欧阳瑜在通州任学正时，经常一日数次来到他的庐舍，与他谈心，徘徊不忍离去。在夏旸离世后，督学御史莆田人黄宏毗，请旨下诏通州为他立祠旌表。于明代嘉靖三十六年（1557）奉旨建造了"孝子夏旸祠"。

（曹　婧）

监生曹闳绩

清余西场人。字懋功，监生。平居砥行砺节，于人廉取厚与。曾拾遗金于道，遍访其主。有人止之曰："此为刘某所遗。刘颇富裕，非比穷急者。"卒不肯攘为己有而自玷名节，袖而还刘。某日往苏州，归途中寓福山旅邸候风。值风暴陡作，江中舟覆，救生船得四人，尚有二人未起。绩闻之，捐三十金招渔船往救。翼旦乘早潮去，停午果载两溺者至。获救者叩头谢恩,绩答曰:"此汝辈命该不绝,于我何与?"后游江西,舟行樟树镇,绩失足坠落中流。舟子以篙划水,绩仍得缘篙而上,人谓盛德之报。寿至90。（曹洪江）

武进士魏挹葵

清余西场人。字向中,号松龄。康熙三十六年（1697）武进士。姿貌伟岸,美髭髯,望者服为将才。雅爱笔墨,喜白毫,好名人书法,家有薄田,尽以易之。由此书法名噪一时。晚年重听,自号"龙耳散人"。当时论书法者以"龙耳散人"为最。亦工诗,著有《龙耳散人诗存》。弟挹芹,字乐采,号秋圃,一号鹿野。诸生。亦善诗文,工草书。尤豪于饮,引满一斗,纵横挥洒自如。著有《秋圃诗草》。（曹洪江）

书法家周维藩

清余西场人。字价人。母梦道童负笔入室而生维藩,遂取小字曰"笔生"。爱临晋帖,随拈一物皆作运笔势。历40余年,书入妙品。时以书品易布匹周济寒士。康熙五十七年（1718）冬游邗上,见残雪地有紫光,拨之,得端石砚,质甚细润,肖鹅形,旁铭隶书"右军"二字。诗人沈德潜见而美之,谓"旧物有归,亦由摹古精诚所感",为作《古鹅砚歌》。（曹洪江）

举人谢重莰

清余西场人。字採蟾。乾隆六年（1741）举人。博洽群书,尤工制艺。为人古傲,贫不失志于人。居家勤俭,自负薪米,然犹衣冠不苟,俨然有不为冥冥堕行之意。金沙场人邱生慕其品望,延以馆业。其训海子弟极严,数十年操履端方,不阿于世。后归余庆,卒于家。（曹洪江）

孝子曹溥

曹溥，字敷远，号宏德，清余西场人（武惠堂曹氏迁南通州余西场第十七世族祖）。他是南通家喻户晓的大孝子，光绪《通州直隶州志》卷十三人物志中有传；余西场示意图中，明确标注孝子坊位置，在余西龙街中部跨街而建。嘉庆《曹氏家谱》列传中，除详细记述其孝母外，还记录了官员对其表彰："圣朝以孝治天下，乾隆二十年，蒙督学梦公麟、州守王公继祖给'敦伦风世'匾额，载入盐志；乾隆二十六年，又蒙督学刘公墉、州守张宗衡给'莱衣继美'匾额，加批载入州志，崇祀忠孝祠"。

《曹氏家谱》列传释文："曹溥，字敷远，号宏德，龙升公之子也。公四岁失怙，赖母梁太君教育成人，择配彭氏，公奉太君至孝，就养之下靡不先意承志。公年甫十七，太君遘厉疾卧床七年，四体不能运动，公延医调治，常服参茸未痊。七年之丙日则侍立夜伴寝起，身必亲自扶抱，饮食必亲自调制，亵衣溺器必亲自涤荡，勤勤恳恳未尝废逸，以至家资殆尽，宗族咸悯之，而公毫无愠色，惟期得报罔极之恩为幸。厥后太君殁，公衔哀至诚，衣食棺椁亦得称情中礼，服满之后，每逢忌日，设祭中庭，俯伏号泣，至老弥笃，此所谓孺慕之诚，终身如一日也。伏惟圣朝以孝治天下，乾隆二十年，蒙督学梦公麟、州守王公继祖给'敦伦风世'匾额，载入盐志；乾隆二十六年，又蒙督学刘公墉、州守张宗衡给'莱衣继美'匾额，加批载入州志，崇祀忠孝祠。公生子四，长兰芳，性情恬淡，享年八十有二，恩旌有典。次大龙，天资颖秀，品行端方，早岁游庠，著有诗文行世。三梅玉，职列国学，赋性慷慨，捐粮出粟，凿井施棺，其事彰彰。四杏魁，孝友谦和，沉潜经籍，因亲年高恐妨进取，亦列均总，吁此以观后嗣，可谓繁昌矣，何况绵绵翼翼，生齿正未有艾也，然非敷远公有不匮之行，曷以获斯永锡之庆哉，用是备录之，

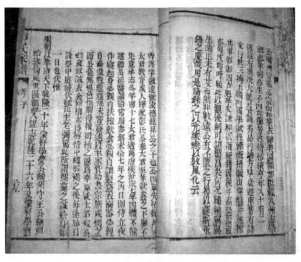

曹氏家谱图

以光家乘,以敦风化云。"

光绪《通州直隶州志》卷十三人物志下孝友传释文:"曹溥字敷远,三龄失怙,闻母述父所嗜,逢讳日必备以祭,年十六,母得瘫痪,扶持左右,不避秽浊,历七年弗懈。"

"敦伦风世""莱衣继美"匾额经多方询访,至今下落不明。"皇清旌表孝子曹溥之坊",20世纪中期遭难,仅存残骸,幸闻地方政府有重建设想,盼望早日动工。至于孝子坊的建造年份、规制等有待进一步考证。

(曹洪江)

李 同

李同(1814—1894),清朝通州余西场举人,因忠孝迂腐,仕途没有进展。但是,每三年必赴京再考。光绪二十年(1894),正值慈禧太后六十岁寿辰,朝廷特开"恩科会试",李同这年80岁,须眉皆白,仍然随儿子、孙子一起赴京博取功名。到试场大门,守卫以为他是送考人,拦住他说:"陪试者不得入内"。李同豪迈而答:"举子三代同科应试。"于是放入考场。皇帝闻之大喜,说:海内升平,四方士子,皆思报效朝廷。即赐余西场举人李同进士及第。颁发了进士朝服顶戴。

李同归乡,大开贺宴,宦官大户盈门,贺礼颇多,泽及子纱。李同坐在街西曹宅古银杏树下,畅述京城盛事,情绪激昂,喜极骤病。朝廷名医也来千方百计救治,但终因李同年迈,回天无术。其家正堂悬匾额,上书"进士及第"泥金楷书,其匾毁于"文革"。

位于龙街西侧的李同故宅

悬挂御赐匾额的门梁　　　　李同故宅大门

(资料来源:《余西古镇汇编》)

隐士诗人曹大同

曹大同是明代嘉靖年间通州余西场人,属武惠堂曹氏迁南通州余西场第十世。生于正德三年(1508),卒于万历九年(1581),享年74岁。字子贞,号于野,又号异庵。岁贡生(每年从各州、府、县选送国子监就读的人),授光禄署丞,因不喜逢迎,未几弃官归。居南通城南,潜心购金石古文诸书名画,致力辑录类书《艺林华烛》,凡百六十卷,可惜稿未刻而散佚,流传下来的只有《曹于野集》抄本(1939年经畲楼石印本)。

曹大同将一生的主要精力用在辑录类书上,诗集有《玉珠楼稿》,可能是他仕宦期间的作品,也已失传。现在看到的这些诗词应是作于中晚年。曹大同是个饱学之士,诗也很有特色,但他的诗名不显,清代沈德潜、周准编的《明诗别裁集》未收其作品,明代陈继儒编的《皇明诗选》,只选了他《登燕子矶》一首,称其诗笔雄健。

和曹大同同龄的湖广按察使俞宪为《曹于野集》作序,其中说到曹大同"家素饶裕,读书城南别墅,建玉芝楼颇胜",说明他不是寒士。但从曹大同的《静胜轩赋》中可以看出,他的晚年生活惨淡贫困,"穷非通其不鄙兮,贱无贵以何忤",就是当时的写照。明嘉靖乙未(1535)进士、官至刑部侍郎的陈尧为《玉芝楼集》作序中称他"不愧山人,山人之文,盖搜奇抉隐,肆力刻精,可名一家者",可见他是厌倦仕宦、骋怀山林的隐士。他有壮志、有才情武略,只是"风云未便",不能仕途腾跃。他曾是个小官,供职的光禄寺掌管宿卫侍从、皇室膳食之事。在这个位置上,他既难酬壮志,又看不惯官场的蜗争蚁斗和奢华靡费。他景仰的是古代的隐士高人。曹大同归隐以后,淡泊自适于田园、林壑、寺庙之间。即使是尧舜,曹大同也不愿做其忠臣顺民,这比对帝王抱有幻想的很多隐士还要清醒些、强硬些。所以曹大同是封建社会中铁骨铮铮的文人，高蹈于消极遁世的一般隐士，而那些半隐半仕或身在山林，心存魏阙的假隐士，更不能望其项背。

作为隐士，曹大同向往的是自由而长生的神仙世界。神仙是道教的产物。明代的皇帝普遍信奉道教，世宗更为笃信，甚至荒废政务，信方士，服丹药，士大夫也纷纷效尤，可谓举朝狂惑。因此，嘉靖四十五年（1566），时任户部主事的海瑞上疏批评世宗迷信道教。曹大同的神仙梦想主要寄托在其诗歌天地中，与服食丹砂、痴迷长生者自有区别。他在《郊居四首》中写道："畸人原野性，鹤氅意仙仙""荜萝从小隐，魂梦游太初"这些都证明他居在山林，梦在仙界，不合于世人。他的《游仙十首》集中地抒发了其高洁胸怀和神仙梦想。他以壮丽奇幻的想象描写仙界景物、神仙、动物以及自己的行为感受，视野极为开阔。

作为隐士，曹大同也有其交往的圈子和敬慕的人物。生活于正德、嘉靖年间的文徵明是当时著名的书画家、"吴中四才子"之一，为人谦和而耿介。时四方慕求诗文书画者接踵于道，他辞受界限极严。有里巷贫民拿着饼饵来求书，他欣然纳之；唐王派人送黄金求画，他坚拒不纳，不见其使，信也不肯启封。宁王朱宸濠慕名相聘，他托病不赴。从七品官做了一年后即栖息林下，做隐士去了。"伊昔嗟歧路，于今就范型。"（《奉赠衡山文丈二十韵》）文徵明对曹大同的影响很大。

陈尧是曹大同的诗友，他为官能体察民情，世称"名臣"。曹大同在赠诗中写道："高谊激颓风，欢觏失升沉。"（《赠陈大参梧冈》）说的是陈尧崇高的情谊荡涤了自己的颓丧之气，欢乐的相遇把升沉得失之心消除了。

虽是隐者，曹大同仍有忧国忧民之热肠。明代中叶，倭寇侵犯东南沿海，甚为猖獗，鞑靼在北方也扰边不休。嘉靖二十六年（1547）倭犯浙东，诗人怒斥当局的腐败无能，又为不能为国杀敌而叹息。南通狼山倭寇被歼,诗人作诗欢呼:"万镞千锋杀气多,鲸鲵初剪海澄波。凯旋马上纷横吹,乐部新翻水调歌。"他喜和儒将交往,曾作诗赠王将军、徐将军、刘督抚、王指挥使等。他最憾恨的是人才良莠的颠倒,他借千里马作喻:"驽骀下乘蒙绣韂,尔辈流落江之浒。……呜呼,天产真才何代无,悲心伏枥悲穷途。"(《题赵子昂画马卷》)"丈夫处世坎坷复如是,拔剑四顾发上指。……君不见汨罗抱石空自沉,楚和双刖罪难任。"(《行路难二首》之二)面对污浊社会,他抒发了"金刚怒目"式的愤懑。诗书万卷饱其学养,山川行旅豁其胸襟,幽居安雅养其情致,曹大同孤傲自负,铁骨铮铮的性格,在同时期的诗人中是少有的,也是难能可贵的。

(徐振辉)

辛亥文人马甸清

马甸清(1890—1914),字又春(村),南通州余西场人。自幼聪颖,年方十二,已修《十三经》。曾入当时的南通县高等小学校,后考入江苏英文专修馆,馆废,转学江苏高等学校。

辛亥革命期间,武昌起义,亲赴武汉,入敢死队。经人荐言当局,任巡记,旋擢都督府秘书。时清军得汉阳,武昌甚危,马先生独无所惧,都督黎元洪因倚之。因先生性格恬淡,不愿宦途,遂辞去官职,黎元洪爱惜其才,欲资助其去美国留学,马先生又力辞。

主笔《中华民国公报》期间,所发言论与黎元洪相左,旋与张振武别组《震旦民报》。又因有人离间,报馆事罢。淹郁汉上,得肺疾而归,民国四年二月八日卒于家,时年24岁。

《中华民国公报》,辛亥革命时期湖北军政机关报,经费由军政府津贴,于1911年10月15日创办,并以孙中山名义发布文告,以扩大革命影响。

《震旦民报》1912年1月由张振武创办。张振武

（1877—1912）湖北竹山人。原名尧鑫，字春山，又字竹山。肄业湖北省立师范，留学日本，加入同盟会。回国后参加共进会，负责财务。1911年参加武昌起义，任军政府军务部副部长，督师与清军激战。汉阳失守后，力主坚守武昌。次年与孙武等在沪组织"民社"，推黎元洪为首领。不久返回湖北设立支部，政见与黎分歧，另组《震旦民报》。不久因黎勾结袁世凯，诱其赴京任总统府顾问而被害。

有关马先生的资料比较缺乏，在民国时期的报刊中，只见乡贤费范九和瞿竞人在文章中提到。2010年暮春，笔者曾专程至余西古镇，拜访了马氏族人、现年86岁退休教师马汉杰先生。据其介绍，马甸清跟马一行（尔骏）同属余西马氏一支，马一行祖父字石村，生二子，长子小春（村）（秀才，乃马一行之父），次子又春（村）（即马甸清）。对马甸清的生平，由于汉杰先生出世较晚，无法提供详尽资料。故而对马先生，只能作简略介绍，有待发现新材料后再补充。

（曹洪江）

辛亥老人施述之

施述之先生，名承谟，字述之。清光绪三年（1877）出生于通州二甲镇。当时的二甲已成为通州的一个重要土布贸易集散地，商品经济较为发达。他的祖辈在清代同治年间是小商贩，他的父亲，开始带领自己的孩子学文练武。他的父亲和大哥是武秀才，二哥是武举人。施述之少时好学，约20岁时考中秀才，以后开馆教学。在此期间，他看到当时的清廷日趋腐败，地主豪绅横行乡里，他性格刚直，便逐渐对封建统治者产生了不满的情绪。

1905年8月20日，中国同盟会在日本东京成立。1907年，施述之入会。同年，他在二甲镇开办了一所小学堂（二甲小学的前身）。

1911年，施述之担任余西市自治议事会副议长。这年，通州商会巧立名目，规定凡织成南通土布一匹，纳收一钱，这使广大贫苦农民肩上的负担更为沉重。施述之多次以笔墨批评商会领导人。因此，激怒了当时南通的"土皇帝"，"土皇帝"借助官府势力，将施述之以"乱党"的罪名"通缉拿办"，于是施述之乔装出通城，经石港亡命上海。

　　施到上海后，为孙中山领导的辛亥革命做通讯联络工作，同时担任了持志大学的国文教员，以维持生计，并经常向国学大师章太炎求教。辛亥革命后，施述之就任江苏省第一届省议员，并和章太炎及何世桢、茅祖权、季方等往来不绝。

　　1912年夏天，当时的南通县议会在旧贡院里（中华人民共和国成立后为南通市公安局）开会，在审核地方财政时，因总商会的经费中有一部分是布厘钱，县议员认为这项收入应列为全县的经费，不应全部拨给商会使用。商会就派了坐办马息深到会声明理由，马态度蛮横，引起议员的不满，当场就被施述之和顾群（平湖人）、李宾（金沙人）等拖出会场，马息深的一只假眼珠子也掉了下来，满场大笑。议长于香谷劝阻无效，立时宣布散会。

　　1913年到1917年，施述之还在上海参加了"二次革命""护国""护法"等运动。在这期间，他曾代表章太炎赴河南开封与督军岳维峻联系建立护国军事宜。他完成章氏所交使命后不久，就任河南省尉氏县知事。

　　1917年至1921年间，施述之经常和季方、何世桢等到当时的国民党上海执行部（环龙路44号）工作，参加部里组织的活动。1927年"四一二"反革命政变后数日，施方白（同盟会员，启东人）被加以"跨党分子"罪名，在上海被捕，施述之、茅祖权等四处营救，使其幸得脱险。

　　1927年冬，施述之出任当时的海门县县长。到任后，就将当地"贩土大王"陆冲鹏、陆械人的爪牙薛荫田拘捕。陆氏兄弟对其恨极，千方百计想撵走施述之。由于施得到当时担任民政厅厅长的茅祖权的支持，因此，尽管陆氏用尽心机，也未能把他撵走。1928年初春，陆氏兄弟由上海回到当时的海门县富安镇，纠集手下一班喽啰，并威胁利诱一群佃户借口赴县请愿，企图捣毁县府，杀死施述之。不料施早有所闻，已在县府周围密布岗哨，戒备森严。一天，陆氏兄弟带领大队人马，由富安镇一直沿公路蜂拥而来，施述之得报，即派少数士兵留守县府，大部分士兵由袁执中（黄埔军校毕业，北伐军营长）率领，向东迎击。陆械人当场就擒，陆冲鹏逃往上海。陆械人被缚解到县，开庭审讯后，即钉镣监押。当地人民无不拍手称快。可是，没几天，驻沪的"东路军前敌总指挥部"派了一个副官，带领武装士兵十余人到海门，要求将陆带往上海。施述之深知该总部之要人与陆关系密切，一旦陆去上海，无异放虎归山，当即备文呈复，以"陆械人触犯刑法，已按司法程序审理，并已呈报高等法院，无法遵办"等词顶了回去。后陆虽经县判处死刑，并没收全部财产，但在陆的上诉审讯终结时，省高等法院竟撤销原判，宣告陆械人无罪，当庭开释，财产原封发还。此案虽然告吹，但施述之不畏强权，仍坚持与恶势力作斗争。

1928年5月，施述之调任当时的南通县县长，在任期内焚毁了黄金荣的门徒陈某运到港口的几十箱鸦片烟土、海洛因等毒品。这年7月，共产党员朱理治同志由上海回到故乡余西，开展革命活动，借宿于余西小学内。当时的国民党县党部一王姓委员到余西办"整党"事务，在朱理治被褥下搜得一纸条，遂罗织罪名，将他逮捕，寄押于县府看守所。施述之虽以县长兼理司法，但只管一般民事、刑事案件，政治案则由军法官审处。施述之与朱的族叔朱溥泉素称同乡莫逆，便通过秘书季汝蔚，对朱常加照拂，使之未遭迫害，并派人教以开脱之计。

那时，国民党县党部蔡国华等党棍，借抵制日货为名，向商民强行敲诈，引起市民的反抗，市民关门罢市，游行示威，并将蔡打伤。施述之对蔡的行为也是极力反对的，因此蔡国华等人就把所有的怨仇集中到施身上，上报省党部，由此施述之就与国民党脱离了关系。

1930年间，施述之赴北平，参加了冯玉祥组织领导的倒蒋活动，未能成事，复回沪上。

1932年至1934年，施述之被当时的江苏省主席叶楚伧任命为省视察。时逢两淮水灾严重，施在视察过程中，察觉到由于地方政府腐败，灾区人民深受其害，就将此情上报省府，查办了一些贪官污吏，但他也因此为一些政客所不容。到了1934年年底，他被迫辞去了视察的职务。

1936年，江苏省政府为了照顾他的生活，给他挂了个海启营业税局局长的职务。

由于施不愿和国民党反动派同流合污，而备受忌恨和排挤，遂于1940年远离政治，客居上海，以读书写字消磨时光。虽然生计日蹙，幸有子女赡养，差可免于冻馁。

1949年5月，上海解放，施述之精神为之一振，应邀参加了上海市政协，并参加了民革上海市委的各项活动和各种会议，致力于国家建设事业。1958年4月，施述之因心脏病猝发，经医治无效，逝于上海市西藏路红十字医院，享年81岁。

（王士明）

晚清民国学者曹文麟

曹文麟（1879—1951），字勋阁，号君觉，清光绪五年（1879）正月初九日生于通州。6岁入塾，光绪二十年（1894）始学于戴镜芙先生门下。同年中日甲午战争爆发，因中国在战争中惨败、被迫签订《马关条约》。曹文麟受此影响，从此多注意新学,留心时务。光绪二十三年,他应院试为通庠秀才。光绪二十七年(1901)赴上海。自戊戌变法以后,阅读西学新知报刊益多,并经常与好友习位思、宋翰飞等讨论,遭到当时守旧人士的嘲讽。光绪二十九年(1903),通州民立师范学校开校,入第一届本科学习,为张謇先生赏识器重。光绪三十年(1904)留学日本,入清华学校。光绪三十二年(1906),入日本大学高等师范部学习。光绪三十四年(1908)回国探亲,为张謇、孙宝书先生挽留,参与创办通海五属公立中学。宣统元年(1909)通海五属公立中学成立后任监学,并参与擘画地方教育事业,兼任巡警教练所及监狱学传习所法学课。宣统三年(1911),辞监学及管理职,任中学国文、伦理、法制、经济课教员。遵张謇先生嘱,兼银行专修学校、商业学校国文课。民国二年(1913),兼女子师范学校国文及法制、经济课。民国三年(1914),辞中学职,任江苏代用师范学校、南通县女子师范学校课教员。民国九年(1920),辞女子师范学校事,专任省代用师范学校课教员。后又兼崇敬中学等校课务,民国二十三年(1934)兼南通中学国文课。民国二十七年(1938)南通沦陷后,毅然赴南通师范海复侨校任课如常,后以年高体衰,闭门家居,抱病著述,1951年因病去世。

曹文麟先生因家学渊源,擅长诗文,是通邑著名的诗人文士,历来被尊为"民国南通四才子"之一(另三人为徐昂、顾怡生、顾贶予)。先生诗文醇丽,积稿甚富,惜多散佚,今留有《觉庵联语乙编》《渡江漫记》《风波侣徂东诗草》(油印本)等。2004年3月,南通市文学艺术界联合会出版了《觉未寮文汇——曹文麟诗文集》上、下册("江海文库"第一辑之一)。

曹文麟先生是一位名闻江淮大地的名师,从1908年起,先后受聘于通海五属公立中学(今南通中学)、巡警教练所、监狱学传习所、银行专修学校、商业学校、江苏代用师范学校（今南通高师）、南通县女子师范学校、崇敬中学、南通学院附属中学、南通学院医科等十余所学校，教授国文、伦理、法制、经济、法学、子学、国文典、国学等课程，为南通教育事业无私奉献20多年，桃李遍江淮。在曹文麟先生的从教生涯中有三件事特别值得重视。

一是协助张謇、孙宝书创办通海五属公立中学。光绪三十年通州师范资遣4名学生留学日本，曹文麟以私费同往。九月入清华学校。光绪三十二年八月入日本大学高等师范部。光绪三十四年六月，曹文麟回南通探亲，被张謇先生、孙宝书先生留办通海五属公立中学。曹文麟毅然决定放弃学业，协助张謇、孙宝书创办通海五属公立中学。

早在光绪三十二年三月二十日，张謇就邀集厅州县官绅讨论建中学事宜。这次会议后，通海五属公立中学的筹建工作就分头开始实施，或勘察校址，或监督筹款，或建筑校舍，或延聘教习……曹文麟则受孙宝书先生委托，到通海各地视察各高等小学课程。据"十月，往如皋、泰兴视察各高等小学课程，时敬民先生为中学监督，以各高等小学生所学或不齐，升中学后须整理也。教育之兴，肇于各地人才，国家未有法令，课程任其意定之，故学科之多寡有殊，进度之浅深各异。十一月，往海门视察，并受州教育会嘱托，考查沿途各初级小学成绩"。当时通海各地高等小学的课程设置、教学进度、教学质量，乃至于学生年龄都差异很大，只有掌握真实情况，方能异中求同，对症下药，使新办的中学能与高小衔接。宣统元年正月，通海五属公立中学招收第一班学生，入校学生计43人。二月十六日（3月7日），正式开学，孙宝书为校长，曹文麟任监学，并讲授国文、伦理、法制、经济课。曹文麟总计为创立时期的南通中学服务7年，为学校规范办学、提高质量殚精竭虑，做出了重要贡献。在此期间，曹文麟还兼任附设于通海五属公立中学的巡警教练所及监狱学传习所法学课教员，国文专修学校管理员，银行专修学校、商业学校国文课教员等职。

民国二年七月，通海五属公立中学改省立，称江苏省立第七中学，学校办学陷入低谷。曹文麟认为公立中学改为省立，已非张謇先生所创事业，不愿留任，遂于民国三年八月辞职。

二是忠实服务母校南通师范。从民国二年起，曹文麟开始兼任张謇与其兄张詧等共同创办的南通县立女子师范学校国文及法制、经济课教员。民国三年八月，曹文麟辞中学职，任江苏代用师范学校及南通县女子师范学校教员。民国九年，辞南通女师事，专任省代用师范学校教员。之后曹文麟虽也兼职他校，但在母校南通师范则一直弦歌不辍。1938年南通沦陷，南通师范东迁通海垦牧公司通师第二附属高等小学校继续办学（史称侨校），曹文麟虽年届花甲，仍不惮辛劳和乡间生活的艰苦，毅然赴海复侨校任课，坚持敌后抗日教育。民国三十年（1941）后以年高体衰，闭门家居。

曹文麟先生为南通师范教育事业服务近20年，为南通基础教育培养了数以千计的精良师资，赢得了学生们的衷心爱戴。

三是无私奉献当时的南通县教育会。曹文麟曾担任过许多社会职务，宣统元年任法部法制馆江南调查局委员，调查民情风俗；宣统三年任通州光复后军政府参议；民国元年（1912）被选为县议会议员，旋由议会选为参事会参议员，同年被选举为国会初选及省会初选之当选人；民国八年（1919）被选举为当时的南通县自治会议员，旋被选举为理事会理事。在众多的社会职务中，曹文麟担任时间最长的，则是当时的南通县教育会副会长。南通县教育会始建于清光绪三十一年（1905）五月，初名通海五属学务公所。两年后，根据清学部《劝学所章程》，学务公所分为劝学所和教育会两机构，教育会始单独设立。先后任江苏学务总会会长和中央教育会会长的张謇，对南通教育会有更多的关心和指导，因此，南通县教育会具有特别的示范性，为全国教育界所注目。民国八年（1919），南通县教育会举行第十二次大会，曹文麟被选为副会长。曹文麟"以生平有为长之戒，辞不应选，久之未获"。次年又被选为副会长。曹文麟"以会之巡回讲习主任俸故薄，建议以两会长每月夫马费银二十圆益之，得孝若同意，宣布于评议会，遂为定案"。民国十年（1921）县教育会第十四次大会选举正副会长，曹文麟当开会之始即宣言谢选。莅临大会的张謇中途退场，曹文麟送张謇出场，张謇边走边谈，说自己的儿子、前教育会会长张孝若将常驻上海，不能再担任教育会会长一职，他已将选票投给顾怡生和曹文麟两位贤弟子，希望顾、曹不要推辞。这次曹文麟还是被选为副会长。民国十七年（1928），被举为县教育会执行委员。曹文麟在调查本地区教育状况，推动小学、通俗教育、民众教育等发展和提高学科教学质量方面都发挥了很大的作用。

曹文麟先生也是一位成果丰硕的知名学者，他的学术研究主要集中在三个领域，一是地方志编纂，二是张謇著述的编辑研究，三是乡邦文史研究。

曹文麟在南通地方志编纂方面的主要成果有三：一是《南通县图志·教育志》；二是《南通地方自治十九年之成绩·乙编教育》；三是《大生纺织公司年鉴》。

曹文麟

民国二年，曹文麟奉"啬庵师令编《县图志·教育志》"，民国四年（1915），《南通县图志·教育志》编成。据孙模先生研究："《南通县图志·教育志》无愧于出自文章名家曹文麟之手，在全志中位居上乘。《南通县图志·教育志》打破'上承前志'的旧规，不再记述光绪元年（1875）以来还存在了20余年的旧教育（光绪元年为前志《通州直隶州志》印行年份），而径直分24目记述张謇等人倡导并创办的各级各类新教育，使读者耳目一新，突出了新教育发展迅猛，显示出磅礴不可阻遏之势。曹文麟在分目记述时有总有分，有重有轻，总者首述教育会（因教育会当时和全南通市教育发展的总体有关，曾一度起着南通教育行政机构的作用），然后再分述各施教单位；着重记张謇兴办教育中有创造者，成绩卓著者，影响全国者，如代用师范学校及其附属小学、博物院、县立第一高等小学、女子师范学校等。而南通已有之初等小学校197所，只设一目，以表述之。曹文麟这样的安排，既反映了张謇等兴办新教育的全貌，又有对重点单位深一步的交代。曹文麟笔下的志文横不缺项，竖不断线，前有因，后有果，发生、发展和现状一目了然，行文流畅、简洁、严谨、朴实，堪称志文的典范。"（孙模《终身与啬师游的曹文麟》，南通市政协学习、文史委员会编《张謇的交往世界》第458—459页，中国文史出版社，2011年1月，第1版）

就在《南通县图志·教育志》分纂告成的同时，曹文麟又受聘担任《南通地方自治十九年之成绩》教育部分的编撰者。

抗日战争胜利后，张謇在南通所创的，受日本法西斯严重摧残的各项事业，在张敬礼先生的主持下有所恢复。民国三十六年（1947）三月，张季直先生事业史编纂处在古西园水木明瑟之斋成立，该名为张敬礼所定，"史"字为曹文麟建议添加的，编纂处决定编纂《大生纺织公司年鉴》，由曹文麟主笔。四月，曹文麟开笔，至五月编及清末，以后由冯静伯、徐一瓢续写，其中冯静伯出力甚多，"夏秋间静伯致力完成之，至勤也"（见《觉未寮自序》）。至民国三十七年（1948）九月，曹文麟又对全稿加以整理。

天地玄黄，世道迭变，此稿竟一直未能正式刊行，稿本由主要执笔者曹文麟保存。1962年，其侄曹从坡（时任南通市副市长）、曹念章将曹文麟遗存的原稿捐献给中共南通市委。1964年又由中共南通市委革命史料编辑室将此稿移交给南通市图书馆保管。延宕至1998年，这部搁置了半个世纪的书稿，方由张謇研究中心、南通市图书馆和南京大学外国学者留学生研修部共同组织，由张敬礼女儿张宁武女士慷慨资助，于江苏人民出版社出版。

《大生纺织公司年鉴》是中国近代第一个较成功的民族资本集团的沧桑录，记录了中国最早的股份制民族工业企业自清光绪二十一年（1895）九月张謇议设纱厂于通州始，至民国三十六年，总计52年的经营历史。

曹文麟先生终身从啬师游，为编辑研究张謇著述做出了重要贡献。民国二十八年暑假，曹文麟住在通师侨校，选取张謇的有关文章并加注，整理为一卷，名为《张啬庵先生文选钞略注》。民国三十五年（1946）冬经进一步增益修订，编成《张啬庵先生文概注》。

从民国三十三年（1944）七月至三十六年十二月，曹文麟又对《张季子九录》进行了校补。校补工作从民国三十三年开始，"七月，始从事重定《九录》，盖沈燕谋所属，将以别储大生纺织厂之赀重印云"。民国三十六年冬校补工作完成，"十二月，校补《九录》竣"。曹文麟的《张季子九录》校补稿成为2012年上海辞书出版社新版《张謇全集》的重要依据。

校补《张季子九录》的后期，民国三十六年三月，曹文麟又编定《啬公实业文钞》，十二月印成。次年十月，曹文麟又重理《实业文钞》之卷首及总目，十二月由南通翰墨林印书局续印并装订。曹文麟认为"《九录》之卷帙繁，其中《实业录》亦及八卷。显其概，则此编是已。"（曹文麟《实业文钞序》，《觉未寮文汇——曹文麟诗文集》第259页）并在《实业文钞跋》中专门反驳了胡适提出的"张謇是一个失败的英雄"的观点。

在《曹氏支谱略》一文中，曹文麟批评了修谱盲目攀附名人的不良现象，批评了家谱不及女子的陋规，大胆提出女子入家谱的鲜明观点，并为曹氏宗族几位特殊的女性著文，如《李母曹太夫人八十寿序》《孙师郑先生〈孙母曹太君孝行诗〉跋》《单曹懿君家传》等，彰显其事迹，体现了男女平等的进步观念。

先生的文章，取法于太史公，又受桐城派影响，深受为张謇先生赏识。其《觉未寮文汇》中的一些篇目更为治南通近代文史者留下了宝贵的资料，如《金沧江先生哀辞》《沈鹿岑先生六十寿序》《拟题沙烈士碑阴》《明万里事迹考略》《李君苦李行述》《崔聘臣先生行状》等，都是不可多得的人物传记。特别是《张退庵先生行状》一文，由于种种原因，张謇先生对于南通近代化的重大贡献，一直湮没不彰。张謇先生之事功维赖该文以传世。

曹文麟先生的其他编著有《范伯子联语注》一卷，《苦行楼诗文联语集》等。此外，民国二十一年六月，曹文麟还与冯静伯（超）合编了《国学常识答问》一书。

（曹炳生）

近代名人

革命家朱理治

清光绪三十三年六月初六（1907年7月25日），朱理治出身于余西古镇的一个中医世家。其曾祖父朱竹斋为清太学生，著名老中医。他的祖父朱煦堂、父亲朱作舟也都是通州著名的老中医。他们医德高尚，医术精湛，热心为病家服务，凡遇没钱看病的穷苦人，概不收取诊金，还常为病家垫付医药费。所以三代行医，只能维持生计，每到年底，往往还要欠债。朱理治从小就生活在乐善好施的清贫家庭，受到潜移默化的影响。

朱理治6岁开始入学，在全国著名的实业家、教育家张謇先生的义子王小楼创办的私塾读书。小楼先生受过正规的师范教育，又深受张謇教育救国思想的影响，既富有传统的文化修养，又有现代的新思维。理治在初小读书阶段，就受到了现代意识的启迪。他10岁时，以优异的成绩从初小毕业。经小楼先生的极力推荐和其族叔的接济，进入通师附小高小班深造。从少年时代起，朱理治逐步有了自信，有了追求，有了志向，懂得了人要活得有意义，就要干一番事业，对社会有所贡献。这一理念的形成，注定了他不平凡的人生。他高小毕业后，进入县立七中（今南通中学）就读。"五卅"运动期间，他与进步学生一道，深入工厂、农村，积极投入爱国主义宣传活动。

1926年，朱理治读高二时，考上了清华大学经济系。期间，为寻求救国真理，阅读了马克思、恩格斯等著作，认识到只有共产主义才能救中国，并立下雄心壮志，为之奋斗到底，贡献自己的一生。1927年4月，正式加入中国共产党，开始从事革命活动。同年8月，担任清华大学党支部书记。10月调任北平西郊区委组织部部长，随后任区委书记。当时因白色恐怖的加剧，北平市委遭到破坏，脱险的部分同志来到清华大学，以西郊区委为基点，组成"北平市委临时工作委员会"，推选他为书记。不久，西郊区委与顺直省委取得联系，组建了北平新市委，但很快又遭到破坏，朱理治也被敌人发觉，并被追捕，1928年春，在同志们掩护下，化装离开了北平，去上海寻找党的上级组织。期间，他抽时间返回家乡余西，一面从事农民运动，发展地下党员，一面继续寻找党组织。由于国民党右派的告密，他于1928年7月在南通县被捕，先后被关在县模范监狱、江宁法院看守所、苏州最高法院看守所。他在狱中联络难友中的党员坚定分子，组成临时党支部，被推选为书记。由于敌人始终找不到他是共产党员的证据，只好以"宣传与三民主义不相容的主义"为罪名，判其二年徒刑，后于1930年4月释放。

出狱后，他很快与党的江苏省委取得联系。1930年7月，他在上海以中英文教员的身份为掩护，发起成立社会科学研究会，担任会长兼党组书记。1931年7月，调至团中央任宣传部秘书兼训练教员。"九一八"事变后，代表团中央参加了上海民众反日救国会，后被调至江苏省委任组织部部长。

1934年3月，他到河北省委工作，先后担任组织部长、代理省委书记、省委副书记兼宣传部部长等职。

1935年7月，他被派往陕北，担任陕北苏区中央局及华北局驻陕甘代表团书记兼陕甘晋省委书记。期间，在扩大红军主力、推动陕北土地革命、发展游击战争等方面，为巩固陕北革命根据地，为党中央和中央红军顺利到达陕北，奠定了重要基础，做出了积极贡献。

1936年8月，他以中共中央驻东北军特派员的身份到西安工作，遵照中共中央逼蒋抗日的总方针，为争取东北军联共抗日做了大量工作，对我党促成西北及全国抗日民族统一战线的形成起了重要作用，他的业绩永垂青史。

1937年5月，党中央任命他为河南省委书记。毛泽东与他做了一次谈话，希望抓紧时机，做好发动抗日游击战争的准备。他带领省委一班人，高举团结抗战的旗帜，坚持独立自主的原则，放手发动群众，开展游击战争，迅速打开了河南抗日斗争的新局面。他以确山竹沟为中心，为中原敌后各抗日根据地培养、输送大批干部，使竹沟成为中原地区发动抗日游击战争的重要战略支点。他在河南工作期间，组织了千千万万的抗日大军，为准备和发动中原抗日游击战争，壮大人民力量，创建豫皖苏、豫鄂边等抗日根据地和新四军豫鄂挺进纵队，竭忠尽智，做出了卓越贡献。

1941年2月，针对国民党军队对陕甘宁边区实行的严厉军事包围和经济封锁，党中央决定任命朱理治为边区银行行长，以克服边区财政困难，抵抗国民党的军事包围。他临危受命，在边行工作虽不到两年，但为边区的经济工作做出了不可磨灭的贡献，得到毛泽东同志的充分肯定。

1945年10月，朱理治被派往东北解放区，先后担任中共洮南地委书记兼军分区政委和中共北满分局秘书长。1946年7月，他先去大连筹集物资、部署军工生产，后赶赴朝鲜平壤，组建中共中央东北局驻朝办事处。他作为驻朝全权代表，在朝鲜两年多时间，领导办事处进行了卓有成效的工作，为粉碎国民党反动派对东北解放区的进攻，夺取解放东北全境的胜利，发挥了重要作用。1948年10月，朱理治从驻朝办事处回国后，历任东北军区后勤部副部长，沈阳特别市军事管制委员会后勤处处长，东北银行总经理兼总会计局局长，东北人民政府经济计划委员会副主任、主任等职。这一时期，由于原来中央西北局的主要领导人高岗又成东北局的主要领导,使他重蹈逆境。特别是朱理治因主张关外货币要与全国货币统一,得罪了企图将东北变成独立王国的高岗,在东北局会议上受到点名批评,又遭到打击。朱理治长时间蒙受冤屈,受到种种原因造成的不公正待遇。他在陕北工作期间受到的不合事实的评价,直到高饶事件发生后,经中央认真审查,才于1959年得到纠正,并通报党内,彻底澄清了这一历史问题。

"文化大革命"期间,朱理治受到"四人帮"的长期迫害,但他对党、对共产主义的信仰坚定不移。粉碎"四人帮"后,1977年春,朱理治被任命为河北省革命委员会副主任。1978年3月,当选第五届全国人大代表、政协第五届全国委员会常委。正当中央决定任用他负责财经工作时,他不幸身患重病,于1978年4月9日在北京逝世,终年71岁。

朱理治逝世后,邓小平、陈云、叶剑英等党和国家领导人送了花圈;胡耀邦、李先念等生前好友参加了他的追悼会。经党中央批准的悼词中指出:"朱理治同志是中国共产党的优秀党员,是中国人民的忠诚战士。""朱理治同志的一生是革命的一生,战斗的一生。"1992年5月5日,原国家主席李先念为《朱理治纪念文集》所作的序言中写道:"朱理治在半个世纪的革命生涯中,历任党、团、军队、政府的许多领导职务,是久经考验的无产阶级革命家,也是党内精通财经工作的专家。""朱理治同志的一生,是追求真理的一生,也是克己奉公、清正廉洁的一生。"以上这些,是对朱理治一生的高度评价,也是对他为革命所做贡献的高度概括。

(王兴相)

20世纪30年代初期在上海从事革命活动的朱理治

朱理治1938年在延安参加中共六届六中全会时的合影
（第二排右起第一人为朱理治）

坐落于余西小学（今理治小学）的朱理治铜像

题词

科技将军曹保榆

1947年1月,曹保榆出生在一个知识分子家庭,他的父亲是共产党党员,轻工业方面的专家,为了事业带着全家从祖籍地区南通余西辗转到上海,又来到蚌埠市支援轻工业建设。作为党员,曹保榆的父亲对待事业一丝不苟,服从国家安排。而作为父亲,他给儿子提供的则是相对来说自然和宽松的成长环境,并积极鼓励儿子按照自己的兴趣发展。

这种"原生态"的教育方式和成长背景,是曹保榆人生经历中最大的一笔财富,让他在以后的日子里即便遇到再多的磨难,也能坚强面对。虽说成长中不可避免经历了一些社会变动,但是和多数那个年代的孩子不同,曹保榆的童年弥漫着和谐与自由的音符。

小时候的曹保榆就是个不受拘束的人,顽皮好动而且主意很多。不过,天资聪明的他对待大事情一向严肃认真,因此学习相当出色,也深受老师的喜爱。老师们教的那些知识他能够很容易就理解和接受,所以他从不整天抱着课本看,课下常会尽一切办法去玩去闹。

1958年,曹保榆小学毕业后考上当地最好的中学,在那里学习生活了6年。他被认为是最有潜力和天赋的孩子,学习一直名列前茅,会考时,曹保榆门门满分。

在少年曹保榆的心目中,中国科大是个大师云集的地方,他非常崇拜钱学森等著名科学家,对科大充满了向往。功夫不负有心人,1964年夏天,曹保榆收到了中国科大近代力学系的录取通知书。在蚌埠一中,这是个"零的突破",消息迅速传遍全校,曹保榆一时间成了学校的名人。

九月的一天,曹保榆整理好行囊,一个人离开家乡,到另一片广阔天地去追寻他的科学梦想。迈进中国科大校门的那一刻,曹保榆觉得学校一切都充满了科学的气息。

曹保榆进校不久,学校就开始推行"教学改革"。允许学生在全校自由选修任何课程,实行弹性学制,允许跳级、单科升级和提前毕业。鼓励学生自由发展、要求教师全方位服务学生,这种以学生为本、开放式、人性化的教学模式,在当时是中国高等教育界的一个创新,令曹保榆激动不已。他从学校的各方面都感到积极、自由和民主的氛围,学习充满了劲头。他沉住气学习各种基础专业知识,教室、图书馆、校园,处处都可以看到他刻苦攻读的身影。作为近代力学系的学生,曹保榆还反复地阅读钱学森的《国际航行概念》,浩瀚的宇宙让他神往和激动,那种对未来的憧憬和探索的欲望充斥着他的身心。徜徉在知识的海洋,他快乐又满足。

在中国科大,除了学习外,曹保榆非常注重提高个人身体素质。划艇、游泳、滑冰、乒乓球和爬山,曹保榆样样喜欢。每到周末,曹保榆要么自己出去郊游,要么就在口袋里揣上两个窝窝头和一包咸菜,从玉泉路步行到西单、王府井附近的古旧书店或者新华书店,阅读他喜欢的书籍,尤其是各种历史书籍;有时还买些便宜的古旧书或者《中华活页文选》等刊物回来阅读。至今,曹保榆的书架上还保存着那时买回来的旧书。读古书能启发智慧,他这样认为。

然而,曹保榆在中国科大只上了不到两年的大学课程,"文化大革命"就爆发了。学校正在开展的那场极具前瞻性的教学改革也随之半途而废,并遭到严厉批判。虽然不能再像以前那样坐在教室安静地上课,但曹保榆一直没有放弃学习。1968年复课的时候,他开始学习材料力学、弹性力学,他抓紧一分一秒"填鸭"似的拼命学习,想把损失的时间补回来。科大校园里的书店,是他经常出入的地方,有时在里面一待就是一整天,因为有些课程的参考书,比如苏联出版的微积分教程就特别烦冗,分很多册,这种严谨系统的书籍他要一页一页认真地看……就这样,外界的因素没有太多地耽误曹保榆的学习,1970年他顺利地从中国科大毕业了。

曹保榆

毕业分配时,因为学习成绩突出,曹保榆是班里唯一被挑选到部队的学生,分配到国防科工委某院工作。得知自己不仅能回到科学研究的队伍,而且来到了国防战线,曹保榆异常兴奋。

不过,挑战也在等着他——专业不对口,和曹保榆一同进来的几十个人都是学化学、医学的,唯独他学的是力学。而一开始给他分配的科研工作就是化学洗消研究。

曹保榆没有任何畏惧和退缩的心理,他没有转换工作岗位的想法,很快调整好心态,从积极学习化学洗消基础知识开始,直至找来费塞尔的《有机化学》原著,一边查字典翻译一边学,整本书看完以后,曹保榆凭借他快速接受新知识的天赋掌握了化学方面的基本词汇,并通过了解化学的整体知识架构来掌握专业词汇,这样的学习方法让大家觉得新鲜和有效。很快,曹保榆不仅能够自如地阅读化学类书籍、论文原著,进行各种实验和设计也变得得心应手起来。在此后的8年时间里,他在国防科工委某研究院,成了防化学方面的业务骨干。

其间,曹保榆还到防化兵技术学校学过一年防化兵的专业知识和操作技能,又从北京去了三线做土建,从化学转行到搞结构设计。由于体制的变动和工作需要,他的岗位也一直在调整,直到军委恢复了防化研究院的建制,曹保榆才来到了防化研究院,从事特种弹药设计等科研工作,接连承担了很多重要的国防武器的研制任务。

在防化研究院,曹保榆稳扎稳打,从最基层的课题研究岗位开始,历任办公室主任、科技部副部长、研究所所长、副院长、院长等职务,一步一个脚印,科研和管理双肩挑,向着科学的高峰迈进。

1997年,曹保榆被评为总参"优秀中青年专家",1999年众望所归地成了防化研究院的院长,并获得军队科技进步一、二、三等奖项多项。成为原总装备部科技委正军职常任委员,中国环境学会国防环境分会理事长,博士生导师。先后承担多项重大项目和专项任务,主编出版了《核生化事件的防范与处置》等,其取得的成绩被收录于由中国科学技术大学编写的《携笔从戎:中国科大毕业生中的科技将军》一书。

在防化研究院,很多人尊敬地称曹保榆是一个有很强能力的"专家型"院长。这个称号,他喜欢,因为那是对他工作能力特别是科研能力的一种认可,他也把这种荣誉当作对自己最有力的鞭策。

2003年3月18日,北京地区发现"非典"疫情,首都军民生命面临严重威胁!

"疫情"两个字狠狠地揪住曹保榆的心。"疫情就是警报,疫情就是敌情!"在总装防化研究院党委扩大会议上,他铿锵有力地说:"防治'非典'是当前全党、全军、全国人民的头等大事,也是我们防化科研的头等大事,要不惜一切全力以赴,为首都抗击'非典'提供防护器材保障。"

面对四面八方的紧急求援，曹保榆带领防化研究院叫响一个口号："和疫情赛跑，用最快的速度为群众提供安全有效的防护用品，阻止'非典'蔓延！"

4月底，北京市场病毒防护口罩短缺。曹保榆得知这个情况后，组织科研人员一起投入抗击"非典"的科技攻关研究，他们依据过滤吸附原理，采用高效过滤材料和活性炭纤毡，仅用两天时间就研制出安全性更好的特种防护口罩，并立即组织批量生产。

紧接着，一线医护人员相继被感染的消息传到了防化研究院，曹保榆立即要求相关研究所，以最快的时间制定出医用防护用品的检测标准和相应的检测技术手段。很快这些标准和检测手段就得到了国家食品监督管理局的认可，从过滤效率、物理强度、断裂强度、抗水性、透湿量、穿透性能和阻燃性能七个方面对医用防护服进行严格检测，确保了被检测的用品能够有效地阻挡病毒。

就这样，在疫情暴发最严重和紧迫的那几个月，特种防护口罩、特种应急生物防护服、正压呼吸防护系统（面罩）、洗消走廊等防护科研项目相继取得成功，并迅速投入到抗击"非典"的一线。而这一切都是曹保榆带领防化研究院的科研人员自筹经费开展的。

此外，曹保榆还带领防化研究院的一批科研人员，不等不靠，千方百计想办法为首都军民提供研制病毒防护口罩十多万件、新型防护面具、防护服、防护靴、防护手套等一万多套；紧急研制生产高效杀菌消毒液50余吨；每天派消毒车为驻地有关场所消毒灭菌，同时，源源不断地把防护用品和消毒产品送到人民群众手中。有人问："你们投巨资研制市场需求不大的洗消走廊，能收回投资吗？"曹保榆坚定地回答："我们是面向战场，不是面向市场。为抗'非典'，这样做值得！"

中央军委委员、原总装备部部长李继耐上将动情地称赞:"你们为首都军民防治'非典'立了大功!"对此,曹保榆是这样说的,"身处非常之时,采取非常之策。在国家需要我们的时候,我们应该全力以赴"。

刘庚冉是曹保榆的博士生,他认为,能做曹院长的学生是自己的荣幸。曹院长是个治学严谨,富有激情的人,学生们的一份实验报告,一个实验数据,一个小的实验器材,曹保榆都会仔细核对,认真检查。对于刘庚冉的指导,曹保榆还特别强调学习和科研的方法,非常注重给他提供和选择适合他的课题。在平常的生活中,曹保榆对待同事、朋友和下级,都十分尊重,和蔼可亲。和下级一起聊天就像是朋友,完全没有将军的架子。周末,还常一起去中关村淘货。防化研究院的人都说他是个"平民院长"。

在曹保榆家的客厅,最引人注目的是一个很大的书柜,里面摆满了厚重的书籍。生活中的他喜欢读书,爱好摄影,有着一片属于自己独立和自由的空间。也许正是拥有了这些,才不容易被寂寞带向狭隘,才会使他无论遇到怎样的困难都不动摇对生活的热爱!

(沈志冲改写)

名中医曹筱晋

曹筱晋于1906年11月10日(农历九月二十四)出身在余西场一个中医之家。他祖父曹政明和伯父曹晋书均为当地著名老中医。他父亲曹素履虽以执教为业,但也精通古文,熟谙医理医道。曹筱晋从小就受到良好而又严格的家庭教育,这对他后来成就中医事业产生了深远的影响。他聪敏好学,6岁就入学读书,10岁时便开始随父研读四书五经,14岁时兼读医书,为他后来学习中医奠定了良好的基础。16岁时,为继承祖父的事业,曹筱晋在家人的引导下开始学习中医,并拜当时的名中医曹蕴山为师。在老师的悉心教导下,研读3载，专攻医典，受益匪浅，初奠基业。后随余西老中医顾香斋、伯父曹晋书临诊2年。曹蕴山为儒医，精通医典，注重内科诸症；曹晋书善治瘟病时疫、麻痘惊疳；顾香斋擅长妇科和儿科，并注重调理。曹筱晋在诸师指导下，潜心钻研，博采众师之长，既崇古训，又不泥古，还善于搜集百家良方，做到兼收并蓄，融会贯通，自成一体。

曹筱晋于1926年开业行医。在临床实践中，他善于理论联系实际，不断积累和总结经验，很快掌握了"望、闻、问、切"的要领，尤其诊脉特别精细，连妇女的宫外孕先兆也能诊断出来。他对内科杂症、急性热病，尤其麻痘恶症、妇科疾病的治疗，辨别病症精当，既不拘泥陈规，组方又严谨灵活，疗效显著。他在抢救危重病人、治疗疑难杂症时，往往是药到病除，出奇制胜。每当疫病流行时，他宵衣旰食，昼夜应诊，且人不分贫富，路不论远近，酬不计有无，对于患者均热情对待，精心诊治。尤其对贫困患者，不但不收诊费，而且常为其垫付药费。他待病人如亲人，倾注关怀于治疗、遣药之中，自始至终为病家着想，常以低药费、高疗效而深得患者的爱戴、感激。他因悉心治病，屡起沉疴，名扬通东、海门等地。因其在兄弟中排行第五，所以当地百姓均尊称为"余西五先生"。凡是提到"余西五先生"，可以说无人不知，家喻户晓。早在20世纪30年代，他就已成为百姓心目中的一流名医。

曹筱晋医德高尚，医术精湛，深受人民群众的敬爱。中华人民共和国成立后，他热心于祖国医学的继承、发掘、创新和发展。他积极响应党和政府的号召，带头组织医生成立联合诊所，把民间的个体医卫人员组织起来，更好地为群众提供医疗服务。1956年，正是全国中医药大发展的时候，为了贯彻落实党和政府的中医政策，继承和发扬祖国的医药事业，上级卫生部门要求各县级人民医院必须建立中医科室和相应的中药房。当初,县卫生科物色了几位医疗水平较高,并有一定威望的中医师,可是经过动员,他们却顾虑重重,普遍认为人民医院的工资待遇低,收入少,没有人愿意来。县卫生科领导又经过慎重研究,认为余西曹筱晋医师是最佳人选。当时他每月的诊金收入至少有五六百元,是否愿意到人民医院来工作,没有把握。县卫生科的领导同他谈了中医政策和人民医院要创建中医科室的设想时,他表示服从调配,愿为发展中医事业做一点贡献。令人敬佩的是他没有提任何个人的要求和条件,连起码的工资待遇都没有提到。他考虑为培养中医人才,建议领导批准将跟随他学习中医的3名学生一起带到人民医院继续学习中医。当时单位给他月薪只有80多元,还不到他原来收入的六分之一,可他一点意见都没有,没隔几天就到人民医院报到,从一个民间医生,成了一名公立医疗机构的医师。

1960年初,为进一步发展中医事业,当时的南通县人民政府任命他担任中医院业务院长。创建中医院时,领导只有支部书记朱英和他两个人。当时正是3年困难时期,条件非常艰苦,仅有二三十间老式平房,设备很简陋,可以说是白手起家,没有什么现代科学仪器。他们两人一老一少,立马赴任,组织医务班子,招贤纳士,选调了一批杏林隽秀。仅凭中医优势,在很短的时间里,县中医院就开始对外应诊,开设病房,收治病人。他身为业务院长,每天准时在门诊亲自坐诊,就诊病人接踵不暇。为满足患者就诊需求,他常常打破上下班的常规,宁可推迟下班,也要看完最后一个病人。实在太迟了,还留患者到家中吃饭。他以爱岗敬业的实际行动,感动了所有的医护人员,因此他们个个干劲十足,不辞劳苦地完成各自的任务。在人少事多的情况下,四五个医生每天要完成三百多号的门诊量,充分发挥中医药的特点和作用,把中医院办得很有特色。他还创办了多期中医学习班,致力于中医人才的培养。他任劳任怨，积极工作，既要全面负责教学任务，又要亲自授课，还要安排学生临诊学习。

年近古稀时，曹筱晋虽体弱多病，仍坚持门诊，查看病房，服务病人，确保中医医疗业务的正常开展。他收集民间的验方、秘方、单方，倡导开展"一把草、一根针"活动，为全县中医、中药的创新、发展做出了不懈努力。曾先后参加县、市、省三级"群英会"及各级先进工作者会议，荣获江苏省人民政府颁发的"社会主义建设先进工作者""卫生先进工作者"称号和奖状、"荣誉纪念证"等。他曾先后当选县第一、二、三届政协常委，县第四、五届人民委员会委员，他被列为首批江苏省当代名中医。

曹筱晋热心于传统医学的研究，结合临床实践，著有《高热惊厥——中医治疗一文的商榷》《中药针灸治疗阑尾炎的初步探讨》《治愈凿创病例的报告》《青果膏治愈癫痫症10例》《治痰症心得》《补中益气汤加味治产后、术后尿潴留17例》《曹筱晋医集》等。1978年，县卫生局和县人民医院领导选派青年中医陶履冰、邱祖萍继承曹筱晋的医疗经验，并协助其整理医案、医话30多篇，其中大多数已在刊物上发表。

曹筱晋先后带徒多名，并创办了几期中医班，可谓桃李满园，为培养中医人才倾注了很大的心血，并将自己执医所得无保留地传授给他们。他所培养的学生，都已成为中医战线上的骨干力量，成为主治、主任、专家级中医师，在全省第二、第三代名中医中都有他培养的学生。

1979年的一天，他查完病房，又去门诊坐诊，下班时被一个患者的孩子撞倒在地，造成股骨颈粉碎性骨折。从此他卧床不起，受尽折磨，最后于1981年3月去世。他的业绩，已分别载入了《通州卫生事业发展史》《南通地方中医史》等史册。

（王兴相）

中医传人曹银

曹银,系扬州市中医学界一位颇有名望的女主治中医师。她出身于南通余西古镇曹氏中医世家,是江苏省名中医曹筱晋先生的侄孙女。曹氏高祖曹政明早在清代咸丰年间就已成为南通很有名望的老中医。曹银初中毕业时,因患疟疾,参加升高中考试未被录取,正在家中发愁,时任南通县中医院业务院长的叔祖父曹筱晋先生知道后,便告诉她中医院中医班(五年制)即将招生,希望她能走从医道路,继承曹氏祖业,并启发她说,有志者事竟成。叔祖父的一席话,激发了她对中医的热情,学中医也正符合她的心愿,她在1961年考入南通县中医班学习。从此,她把学习中医和传承曹氏中医事业作为自己终身的奋斗目标,开始了她的中医人生。

曹银在中医班学习,师从叔祖父曹筱晋先生,他们既是师徒又是亲戚,曹银从医论学习到临床实践的全过程,都得到叔祖父的亲传和精心培育,又经过勤奋学习和不懈努力,她终于成为曹氏中医第五代传人。

1966年,曹银在中医班以较优异的成绩学成毕业后,主动要求参加县卫生局义务巡回医疗队,在实地考察和医疗中加强对自己的历练。她深入农村基层,了解贫困群众的疾病之苦,更加坚定了她用所学的医学知识为人民服务一辈子的决心,后经组织分配,曹银去北兴卫生院工作,一天深夜,一位中年妇女神色十分紧张地抱着孩子来就医,正好曹银当班。她一看那孩子,双目紧闭,嘴唇发紫,哭喊无力,仔细询问家长后,断定这是因蛔虫作怪而引起剧烈腹痛,病情十分危急。她果断用药,不到一小时,孩子果然排出许多条蛔虫,病情顿时得到缓解,消除了因蛔虫引起肠梗阻或肠穿孔而带来的生命危险。

1973年,曹银到余西卫生院担任病房医师。她除管理病房外，还要应付门诊，经常参与抢救危重病人，挽救了许多垂危病人的生命。余西卫生院为了提高医院的医疗水平，按照卫生局安排，特地委派她去南通市第二人民医院进修，为她后来中西医结合治疗拓宽了诊治思路，进一步提高了她的诊疗水平。

1980年，曹银被调往扬州市医疗部门工作。先在扬州市光明卫生材料厂任医务室主任，后又在扬州市计生所、城南医院、军分区长城门诊部负责医务工作。她每到一处，所在科室求医者甚多，往往人满为患。她常常废寝忘食，看完最后一个病人才回家。虽常感疲惫不堪，但心情总是愉快的。她同情患者的疾苦，每治愈一个病人，便犹如打了一次胜仗一样高兴，为患者解除病痛，是她唯一的愿望。

有一年冬天下大雪，道路上堆满了积雪，很难行走，但她惦记着医院那些急切等待她的病人，不顾自己的安危，顶风冒雪骑车上班，一路上还摔倒了好几次。她的这一举动，不仅感动了所有同事，也感动了许多病人。

曹银传承叔祖父的医德医术，丝毫不敢懈怠，在她负责病房期间，经常加班加点，不怕苦不怕累。一次，有位女士因家庭经济问题自寻短见喝了农药，送到医院时已奄奄一息，曹银顾不上吃饭，立即参与抢救。她耐心安抚病人家属，不顾刺鼻的农药味，清除病人口中异物，还亲自守护一夜，随时观察病情变化，直至患者转危为安。

曹银对知识的渴求永不满足，在晋升中医主治医师职称时，需考一门外语，这对她一个未涉足过外语的中年人来说，难度是可想而知的。然而她以坚忍不拔的倔劲和顽强不屈的毅力，通过不懈努力，参加了一个多月的日语培训，终于顺利应试过关，通过中医主治医师职称评审，在扬州中医界算得上是一个出类拔萃的人才。

曹银退休后，经常免费去各大药房坐堂开诊，药房的工作人员对她的义举无不夸奖称誉。她为发挥自己的一技之长，每次回到余西老家，也像当年叔祖父那样为邻里乡亲治病，有不少南京、无锡、南通等地的病人慕名而来。不管来自何方，不管熟识与否，她都热情接待，从不收取钱物，有时甚至还要招待病人吃饭，贴补旅费，患者和患者家属无不感激不已。曹银行医一生，收集和积累了很多的处方、验方和祖传的秘方，这些都是曹氏中医的宝贵财富。她一生对祖传中医事业不断探索，沿袭并发扬了叔祖父的高尚医德，不愧为余西曹氏中医第五代传人，被众多患者称为"曹仙"，这是百姓给她的最高荣誉。她忠于中医事业，不辞辛劳地为病人治病，终因积劳成疾，得了不治之症，不幸去世。有不少被她治愈的病人，得知她不幸病逝的消息，不远数百里赶来吊唁，送她最后一程，以告慰她在天之灵。

（顾子安　陈惠明　曹　平）

名吏季自求

季自求（1887—1944），名天复，字自求，号靖公，晚年自称俟翁，江苏南通人，乃余西季氏一诺堂传人，父亲季蓉庵是通州府户房吏员，颇有名望。

他少年聪明好学、文采斐然，1901年前往南京投考江南水师学堂，并以优异的成绩被录取，与周作人、刘立青等是同学。在水师学堂期间，三人交谊匪浅。1903年转入江南将备学堂。1906年以优异的成绩从江南将备学堂毕业。本来有机会保送到日本留学深造，由于性格倔强而被斥，同时家里也确实无力承担他留学日本的费用，遂入四川成都担任某中学理科教员。他一边教书，一边继续勤奋自学，师从在川的同乡冯德吾先生学习唐代陆贽编的《陆宣公奏议》，为日后从事文秘工作打下了良好的基础。

1911年10月武昌起义时，25岁的季自求正回乡完婚，于是他参加了南通的光复活动,先后任南通自治局秘书科科长、调查部部长、军械部部长。后赴南京,在新成立的中华民国临时政府参谋部(总长黄兴、次长蒋作宾)从事军事情报工作。1912年1月,孙中山宣誓就任中华民国临时大总统,他出席了庆典。南北和谈后,他北上京城,在袁世凯任临时大总统的北洋政府总统府供职,任侍从副官、侍卫长、参谋部(总长陈宧)科长,住在离绍兴会馆不远的南通会馆内。正是在此期间,季自成结识了日后大名鼎鼎的鲁迅先生,并与之有过一段密切的交往。1912—1920年的《鲁迅日记》中曾经50多次提到季自求(季天复),南通图书馆珍藏的《季自求日记》中也有50多次提到鲁迅,鲁迅拜访他10多次,互访40多次,两人的关系曾经颇为密切。

1915—1916年,他两次随陈宧入川,任四川将军府军务处一等参谋,曾参与了陈宧的"倒袁"活动,《四川独立通电》即其手笔。回北京后,续任陆军部秘书,1921年9月19日被北京政府授予少将军衔。1922年他在湖北萧耀南督军府任参谋处处长,翌年10月2日被北京政府授予中将军衔。1924年为江西督军蔡成勋的高级顾问。北伐军推翻北洋军阀统治后,他退出军界,在上海寓所闲居。

1929年,他出任南京国民政府盐务两浙缉私统领等职,不久辞职在上海经营一爿古玩店,后认识国民党金融界人士钱新之,1934年由钱推荐到邮政储金汇业局任秘书。1937年卢沟桥事变后,日军大举进攻上海,季随局撤往香港,1939年去菲律宾任交通银行驻菲律宾办事处秘书。1944年因病归国,9月病逝于上海。 (曹洪江)

科学家束星北

束星北(1907—1983),南通二甲镇人。谱名束传保,字星北,以字行。《束氏族谱》记载,道光年间,束氏从老家

（扬州邗江）迁来二甲定居经商,"设花布粮肆于二甲镇"。传至束履华这一代,在二甲镇的庙弄（今菜市南巷）和江沙河之间盖起了几十间房屋,还开设了碾坊,字号"束恒源"。束星北曾祖束履华,祖父束增煦（又

束星北

名纶,号渭璜、畏皇）曾在当时官府任多职,祖母曹氏。伯父名束日琯（字劭直,排行第二）。父亲束日璐（字勖俨,排行第三）,清末任参领,母亲郭氏（束三娘）。弟弟束荃保后为我国台湾显宦。

1907年10月1日,束星北出生于南通唐闸大生里。幼时在唐闸实业小学就读,后因父亲娶二房姜氏之故,随母郭氏寄寓江都大桥镇姨母家,在大桥上过学。1924年中学毕业后,以优异成绩考入杭州之江大学。1926年4月自费赴美留学,入堪萨斯州拜克大学物理系三年级。1927年2月转到旧金山加州大学学习。1927年7月,经日本、朝鲜、莫斯科、华沙,去欧洲游历,在爱因斯坦任教的柏林大学威廉皇帝物理研究所当了一段时间研究助手。1928年10月,入英国爱丁堡大学深造,师从理论物理学家E. T. 惠特克（Whittaker）和C. G. 达尔文（Darwin）。1930年1月获硕士学位,随后到剑桥大学读研究生。1930年9月返美进麻省理工学院,师从D. J. 斯特洛伊克教授（Struik）,任研究助教,并继续研究生学习。1931年5月再获物理学硕士学位。

束星北回国后,献身教育事业,在浙江大学任教19年,教过理论力学、理论物理、量子力学、热力学、电磁学、无线电、狭义相对论、广义相对论、物理讨论乙（与王淦昌合

开)等课程。他讲课时概念清晰,富有思想性和启发性,引人深思。他着重讲透物理学的基本概念和基本原理,凡受过他的理论启蒙的学生,都会感受到理解了一个基本原理的真谛时那种豁然顿悟的乐趣,认识到理论思维的威力和自然界奇妙的统一性。例如,在讲狭义相对论时,他使学生对力学的理解进入了一个新的天地,把难懂的相对论讲得深入浅出,一清二楚。

1942年,浙江大学迁到湄潭后,他又开始探索任意参考系之间的相对性问题,试图放弃爱因斯坦的统一场论,由等效原理中的时空变化率,进入相对论,只承认洛仑兹变换,将普遍时空变成相对于运动质点的时空,而不是一个唯一的统一的时空。他曾用瞬时微分洛仑兹变换方法,得到任意相对运动的参考系之间的变换,电磁场张量在具有相对加速运动的参考系之间具有相对性——无论是电荷加速运动、观察者静止,还是电荷静止、观察者加速运动,所观察到的电磁场完全一样。

束星北所研究的都是相对论的基本问题。但由于这是一个尚未成熟的课题,更由于战争和其他因素影响,他的研究探索多次中断,未能继续深入下去。在他受到政治打击之后,还于1965年写成了《狭义相对论》书稿,很有特色,该书于30年后的1995年12月由青岛出版社正式出版,中科院院士、核物理学家王淦昌先生,为此书写下了序言。1928年狄拉克提出电子的相对论运动方程,奠定了相对论的量子力学基础。这一伟大理论立即引起了很大轰动。达尔文曾对狄拉克方程求得严格解。在这期间,束星北正好师从达尔文,还到狄拉克所在的剑桥大学学习,因而对狄拉克方程也曾有过很大兴趣。狄拉克方程提出后,许多学者曾就该方程的数学基础和表示形式的进一步完善进行了研究。束星北于1931年在麻省理工学院完成的硕士论文也是这方面工作的一次探索。他利用广义超复数系,通过对黎曼空间度规的线性化推导了一些黎曼几何中类似的结果,主要是在四维情况下写出了狄拉克方程,从而在狄拉克方程的数学基础和表现形式的进一步完善方面做了一些有意义的探索。束星北在该工作快结束时,看到R.A.福克(Fock)和D.伊凡宁柯(Iwanenko)做了类似工作。他们的基本思想相同,但处理方法不同。束星北所研究与应用的广义超复数系,其性质与克里福特群类似。20世纪80年代,克里福特群被引入量子场论的研究,受到广泛重视。束星北在狄拉克方程方面的工作是有创造性的,但写完论文即回国探亲,该工作没有再继续下去,这篇硕士论文也没有正式发表。

1952年院系调整,束星北到山东大学物理系工作。其时,正值第一个五年计划即将开始,面对国民经济发展的需要,束星北毅然放弃相对论研究,决心献身气象科学。在他主持下的气象研究室,从开始只有几个人,迅速发展成为20多人的研究室。他全力以赴孜孜不倦地工作,加之有良好的数理基础,研究工作很快上手。短短两年(1953—1954),他写出气象研究论著近10篇,从物理学角度对大气动力学作了理论探讨。

1955年,束星北在"肃反"运动中受停职审查,审查结论为没有反革命历史问题,公开宣布取消政治嫌疑。在1957年的反右运动中又因对"肃反"中的错误做法提出坦率批评并提出遵守法制问题受到批判,1958年10月被错定为"极右分子"和"历史反革命分子",被处以开除公职、"管制劳动"三年的处分。1960年转到青岛医学院任教师,继续管制劳动,1965年,撤销管制。1978年5月,被青岛海洋局第一海洋研究所聘为研究员,开展海洋物理研究。

1979年束星北得到彻底平反,完全恢复名誉。1981年起,他先后当选为山东省和青岛市物理学会名誉理事长,中国海洋物理学会副理事长、名誉理事长。1983年1月任中国人民政治协商会议山东省第五届委员会委员。

1980年春，在动力海洋学习班上，他与中国科学院声学研究所所长汪德昭共同倡导，在我国近海开展海洋内波的观察研究，在海洋研究所组建了由他领导的海洋内波研究组进行内波理论的探索研究和现场观察。为此，展开了测温链的研制，1981年完成了由12个铂电阻探头构成，以单板机控制、取样、记录的测温链，并在黄海进行了内波测量试验。接着又开始研究16个热敏电阻探头构成的微机控制、取样、记录的测温链。正当他满腔热情为我国海洋科学事业不遗余力地刻苦工作的时候，他不幸罹患重病，于1983年10月病逝。1984年他所创建的内波研究组研制成了第二代热敏电阻测温链，并用于海洋内波的正式现场测量。1985年发表了由他的学生执笔，以他为第一作者的两篇有关海洋内波的论文。这是我国海洋学界公开发表的有关海洋内波的最早的研究论文。

束星北先生是我国早期的一位杰出理论物理学家和教育家，他的一生是孜孜追求真理、辛勤耕耘播种的一生，也是坎坷而自强不屈的一生，他是一位有真才实学的爱国科学家。他为祖国培养了大批科学人才，中国科学院学部委员（相当于现在的院士）中近10人是他的学生。他的成就和贡献，为竺可桢、苏步青、严济慈、周培源等科学家所尊崇。国家海洋局原局长孙志辉先生盛赞束星北先生道："中国曾有过这样一位科学家，是中华民族的自豪。"

（曹洪江）

余西名士曹玉麟

曹玉麟，曾用名曹毓灵，曹玉麐，1909年生，祖籍江苏通州余西场。1913—1918年在通州余西小学读书。1927年在省立南通中学学习,成绩优异,其作文迹清秀工整,文笔流畅,有如精心书写的范文,极受老师夸赞。1928年在通中求学时加入中国共青团,从事青年工作,后经在南通县教育局工作的中共党员曹次珊介绍,与时任余西小学校长的曹泾及马琦、徐茂轩、徐子山等在南通县余西小学成立中共党支部。这也是余西有史以来第一个党组织。同年从清华大学回乡的中共党员朱理治在余西被捕。并先后被羁押至南京特别法庭和苏州监狱。曹玉麟与朱理治家人朱懋勋、宋仲安等多次一起去南京、苏州探监。曹玉麟通中毕业后被保送至国立中央大学学习,并于1931年毕业于国立中央大学史地专业。毕业后在山东聊城师范与江苏太仓师范任教,其间与上海商务印书馆签合同编写中国地理教科书上下册、外国史地教员准备书等六本书,这是当时国内中学教学与教员备课用的主要书籍。同时曹玉麟研究太仓县史等,是资深史地专家、教育家。1938—1940年曹玉麟,在上海法租界,先后担任太仓师范、南屏女中、大中中学地理教师,同时任上海三青团支团部指导员、积极从事青年抗日的地下工作。后去南通任江苏省南通中学地理教师。1940—1941年任中国国民党南通县余西区常务委员兼抗敌宣传队长,是国民党中的抗日派。1940—1943年协助陈又奇创办南通精进中学,任教务主任,(初办在余西"朱氏祠堂",后迁至南通长桥西,后来并入通中)为国家培养了曹竞琪、郁启元等一大批人才。1945—1948年在省立南通中学任教。兼任东南日报总编辑,南通县参议会参议员等职务。

曹玉麟上史地课总是游刃有余,一般不带课本,手拿几支粉笔,讲到重要处,画龙点睛,一一板书,纲目清晰,引经据典,娓娓道来,趣味横生,让学生个个听得津津有味、意趣盎然,极受学生喜爱与欢迎。他直至耄耋之年仍在老家余西,与在全国各地及加拿大、美国、英国等国的学生保持信件来往,深受学生们的爱戴与敬重。曹玉麟于古稀之年,仍坚持从事教学工作,先后在"余西初中""姜灶中学"代课,主动辅导高中学生报考大学。1977年后,应当地人民政府与南通县政协组织请求,曹玉麟写了不少回忆文章。比如《余西古镇怀旧:从竞元猪行到竞成油坊》《朱溥泉老先生创设余西完小记旧》《余西建立第一个党支部始末》等文,内容翔实,人名,地名,时间清楚,有存档价值。同时他还应邀写了不少歌颂时代的诗词。其一生始终不忘为国家、社会热忱服务的精神值得后人学习,他的一生是爱国的,正如他的诗作所抒发的情感:"卅年困陋滞巴音,万缕情牵徒空吟。精力犹存须报国,韶华难再惜分阴。穷坚不坠青云志,老壮宁移白首心。此身暂作他乡客,精力犹存报国恩。"

  曹玉麟步入老年之后,喜欢看书写作,生活恬静,尽享天伦之乐。作息极有规律,每天总是清晨三点左右即起床,洗漱、早点后,去附近的余西古镇"西龙眼"处吊水,一桶又一桶,每天都把一大缸水拎得满满的,早餐喜食"缸邦"(余西土话,即"烧饼")、花生米,每餐仅半碗饭,饭量极小,凡遇宴请,均第一个退席。唯一的享受是全神贯注地倾听国内外的新闻报道,有空看看《参考消息》,并认真仔细记下每天的天气预报。闲暇时常与老友等结伴步行去二甲镇,逗留朋友等处攀谈餐聚。曹玉麟一贯体弱多病,晚年常受疾病折磨,异常痛苦,但由于其生活作息极有规律,饮食清淡,又注意适量活动,也活到近90岁高龄。纵观曹玉麟一生,可谓博学多才,记忆能力极强,出口成章,满腹才华,他不但是余西名士、南通地区的杰出人才,更是余西曹氏的骄傲。

(曹振川)

传奇人物

智慧名人曹秀升

曹秀升,生于清朝康熙年间,余西场武惠堂曹氏传人,道光版余西《曹氏家谱·列传》载:曹秀升一讳为拔者,字秀升,弱岁能文,长游府庠,雅好吟咏,著有《贲园诗集》藏于家。伯、父相继早亡,奉养祖母至孝,督学郑院褒赠"刘李遗徽"匾额。康熙六十年秀才,一度在"社学"里当老师,擅文辞,有《贲园诗集》。道光年间编写的《曹氏家谱·列传》中有他的列传,另有《秀升公定耗祠碑记》为"禁革陋规以除积弊事"记述他的事迹比较详细,与传说基本相符。另外《通庠题名录》《南通县乡土志》,对他也有介绍。

曹秀升在民间故事中的形象是机智生动的,他正义侠气,好打抱不平,专和贪官劣绅作对,为平民出气。长期以来,由于故事的流传,曹秀升的名字,成了通东人的口头禅、歇后语,乃至绰号的来源,他的名字在通东言语中,几乎是智慧的同义词。

"告倒十场官"这个故事,反映了曹秀升的机智,同时也反映了官吏在封建社会的特权。中国古代有"刑不上大夫"的惯例,法律给予了某些官员特殊的权利,使其不受普通法律程序的拘束,有关司法机构,亦不可随便逮捕审问。反映了士庶在诉讼上的不平等。这种不平等始自《周礼》,延至《清律例》,变化基本不大。曹秀升为告十大盐场大使一路奔走,从南通直隶州衙门,到通州运盐分司衙门,再到扬州运盐司衙门,官府都不受理此案,这正是诉讼上的不平等反映，最后，江苏巡抚衙门受理了此案。

曹秀升生平任侠，灶户折价苛征，公不惜躯命，具控制台尹宪题定加一火耗，裁陋规银十六七万三，十盐场均沾其惠，而公亦诸苦备尝矣，乡人称为铁汉，建祠北郭，祭祀勿替。

民国初年编的《南通县乡土志》余西篇载：曹为拔，清诸生也。时以各场灶户被苛征独上书当道，请为清厘并题定加一火耗。卒裁陋规十余万两，各盐场颂其德，立石碑以为纪念，既又建祠于贤林祠西永永祀之。先生字秀升，素善文辞，著有《赍园诗集》行世。

（曹洪江）

平话宗师柳敬亭

柳敬亭（1587—1670），南通州余西场人，原名曹永昌，名敬亭，号逢春，因"面多麻"，外号"柳麻子"。祖父辈经商。因15岁时在泰州"犯事"当刑，为避刑罚，遂隐姓埋名，浪迹苏北市井之间，说书度日。明万历三十七年（1609），他渡江南下，在一棵大柳树下歇息时，想到自己尚在捕中，"攀条泫然，已，抚其树，顾同行数十人曰：'嘻，吾今氏柳矣。'"从此，便改称柳敬亭。

世间还流传着柳敬亭是泰州人的说法，这主要是受与其同时代的文人吴伟业的误导。吴伟业在《柳敬亭传》中写道："柳敬亭者，扬之泰州人，盖姓曹。"高中语文课本第五册黄宗羲的《柳敬亭传》一文亦提到"柳敬亭者，扬之泰州人，本姓曹"。这种说法沿袭了吴伟业观点，在当时乃至以后都造成一定的影响。关于柳敬亭的真名实姓、籍贯、身世，已有多人进行过考证。据清嘉庆二十一年（1816），通州余西场曹邦庆撰修的《曹氏校正六修谱》记载：柳敬亭，本名曹永昌，字葵宇，敬亭乃其号。

柳敬亭说书的源起

柳敬亭最初走上说书之路，完全是迫于生计。他先后逃亡于泰兴、如皋、盱眙。因听艺人说书，灵机一动，也在市上依稗官小说开讲，混碗饭吃，居然能倾动市人。由此，便以说书为业。在封建社会，说书之流，说到底，只能算是一种讨饭的技艺，且属末技，根本不能登大雅之堂。因此，柳敬亭尽管凭着自己的聪慧和努力，以及高人莫后光的提携、指点，在街头卖艺者中显得鹤立鸡群，但他并不因此满足。一方面，他精雕细刻，突破前人窠臼，不断创新，渐渐形成自己的风格；另一方面，他善于在说书过程中结交社会名流，在推介自己提高知名度的同时，扩大评书的影响力。

柳敬亭说书场景图

柳敬亭在说书生涯中与达官显宦、文人学士、秦淮名妓等多有交往。明崇祯十三年（1640），柳敬亭到左良玉军中说书，常住武昌，并帮办军务。清兵入关后，替左良玉出使南京和南明权臣马士英、阮大铖疏通关系，南明称他为"柳将军"。清顺治二年（1645），左良玉死，马士英、阮大铖谋捕柳敬亭。柳出逃苏州，重操旧业。以后在扬州、南京、清江浦、常熟等地说了10年书。至清顺治十三年（1656）春，时年69岁的柳敬亭到驻在松江的提督马逢知处任军幕，但郁郁不得志。清康熙元年（1662），柳敬亭于淮南随清漕运总督蔡士英北上至北京，演出于各王府之间，与官僚政客接触频繁，有一定影响。

说书技艺流芳后世

柳敬亭说的书目，虽取之于现成的小说话本，但他并不照本宣科，散文家张岱《陶庵梦忆·柳敬亭说书》记载他说《水浒传》中"武松打虎"称："余听其说《景阳冈武松打虎》白文，与本传大异。"说明他在说书时，对原文有很大发挥，形成自己的特色。同时，他以说表细腻见长，对原作内容，从说书艺

柳敬亭画像

术的特点出发，有增有删。在语言运用上，他不满足于平说，而是以轻重缓急制造气氛，以形象化的手法写人、状物。他还善于在书词中补充社会生活描写，把自己的经历、见闻、爱憎融于说书中。他在说书中形成的这些特点，一直为后世评话艺人所仿效。

文人士大夫中，写作诗文称誉柳敬亭者甚多，江东名士、如皋的冒辟疆也写过《赠柳敬亭》诗。诗云："忆昔孤军鄂渚秋，武昌城外战云愁。如今衰白谁相问，独对西风哭故侯。"和柳敬亭同时代的除著名思想家黄宗羲外，还有著名文学家吴伟业、周容等人都给他写过传记。张岱写过一篇《柳敬亭说书》，描述了柳敬亭高超的说书技艺。清代著名戏曲作家孔尚任在《桃花扇》中，十分生动地描绘

了柳敬亭豪爽、勇敢、侠义的形象,充分表现了柳敬亭的爱国热情和机智、诙谐的性格特征。关于柳敬亭的说书技艺,黄宗羲《柳敬亭传》有生动描绘:"每发一声,使人闻之,或如刀剑铁骑,飒然净空;或如风号雨泣,鸟悲暮骸。亡国之恨,檀板之声无绝。"汪懋麟也曾描写他说南明兴亡事,"令四座,唏嘘良久"。可见他说书的思想性、艺术性之高,感染力之强。

凄凉的晚年生活

柳敬亭在北京说书时,虽"两眼未暗耳未聋,犹见摇唇利牙齿",但毕竟是一位风烛残年的老人了,不能不令人替他担忧。于是,汪懋麟提醒他:"但得饱食归故乡,柳乎柳乎谭可止。"龚鼎孳催促他:"春来数醉荆卿酒,风起杨花送客归。"这样,清康熙四年(1665)暮春时节,柳敬亭买舟南下,风尘仆仆,踏上了归途。

他从北京还乡时,已是"老病萧条蓟北回"。为了糊口,80多岁还在扬州、苏州、南京献艺,"贫贱只身老云壑,山僧野叟同幽情。潦倒江湖闭双目,悲来独对西风哭",写尽了他晚景的萧条和凄凉。据传,这位长揖公侯、平视卿相、历尽繁华与萧瑟、深受广大观众喜欢的一代评话大师,竟在饥寒凄凉中无闻而终。

(阚新华)

民族英雄曹顶

曹顶家本为明代通州余西场烧盐的灶户,其父为余西场富户曹大宾的家奴,正德九年,曹顶呱呱坠地,就是在曹大宾家出生的。主人曹大宾非常喜欢这个小子,把他当作自己的儿子一样对待,所以曹顶从小在这个家庭中享受着双份的关爱。他生下来就与众不同,头上有三个发穴,本地人叫作"罗",也就是俗话说的有3个头顶,大家都叫他"顶儿"，于是"顶儿"就成了他的乳名。他是随父母在曹家长大的，所以就跟主人姓曹。曹顶慢慢长大，练就了浑身的力气，臂力过人。后来他受雇于盐贩，长年驾船出没于江海之间，从事着运盐的工作，靠此挣钱生活。他不但习惯了水上的生活，而且水性特别好，驭船的技能娴熟，这为他以后屡立战功打下了基础。

明嘉靖三十一年（1552）倭寇大举侵犯浙江黄岩。嘉靖三十二年倭寇进犯江南太仓、江北等地，烧杀抢掠，无恶不作。适逢总督张经到通州来征兵，曹顶虽然39岁了，还是怀着一腔爱国热情报了名，应征入伍，隶属千户姜旦的水军，从此开始了他的军旅生涯，在江南一带抗倭。曹顶英勇善战，一次与倭寇激战于长江之中，当与倭寇所乘之舟相接时，曹顶眼疾手快，挺起手中的长叉向倭船的操舵者刺去，枪到人倒，倭舟的舵手掉入了水中。趁倭惊慌之际，曹顶一个箭步跃入倭舟，把船的铁锚抛入江中，使其不得动弹，然后迅速点燃火把焚烧倭船。倭寇纷纷嚎叫自乱，这时江南水兵乘势奋击，大败而去。曹顶也因为这一仗在江南水军中声望大振，成了远近闻名的英雄。由于他功绩显著，受到了表彰和提拔，成为一支有30艘哨船、500名士兵的水军首领。

明嘉靖三十三年（1554），安徽歙县商人汪直等人勾结倭人大举入侵，这时中国沿海全线告急，倭寇所到之处，肆行杀掠焚劫，如入无人之境。

闻家乡遭受倭侵，曹顶奉命带领部下速往增援。由于他实行灵活机动的战略战术，不断地骚扰敌人，打得倭寇晕头转向。倭寇自知长期下去也不是办法，况且打探到不日将有大批援兵到达，生怕被内外夹击，他们很想在大批官军到来之前结束战斗，于是暗中制造云梯，谋划着4月24日对通州发起总攻。

这天通州城像往常一样迎来了早晨的太阳，料峭的春风吹得人毛骨悚然，持续22天的战斗让人疲惫不堪。这时倭寇集中优势兵力，千弓劲发，箭如飞蝗般向城墙上守兵射来。在

曹氏宗祠遗址

强攻中，他们架上云梯，试图登上城墙，从而突破通州城防。在这千钧一发之际，参将解明道和扬州通判唐维亲自指挥城中的官兵从城墙上向下投扔砖石，发射火炮，一次次地推倒云梯，拼死抵抗。从寅时到巳时，激战了8个小时，城下倭寇横尸100多人，通州城仍坚如磐石。

此时，曹顶率部在城外突破敌人防线，与城内相互呼应，打得倭寇首尾不接。曹顶智勇兼备，从不畏惧。倭寇每至，势如风雨，其他部队常常不能抵挡其锋芒，只有曹顶的部队能勇气百倍，等闲应之。有时以一敌百，依然勇往直前。每次战斗，曹顶总是冲锋在最前面，即使阵前矢石如雨，他也无所畏惧。有一次，他手中的盾牌被倭寇打落在地，后面的士兵见到这种情景都脸色发青，担心他会惨遭不测。但曹顶并不惊慌，从容以对，当敌人的枪向他刺来的时候，他眼疾手快，把枪夹在了自己的腋下，并把倭寇掀翻在地。这时他左手飞快地拾起盾牌，右手随手拾起地上的石块向倭寇扔去，敌人一见此景都十分害怕，没有人敢追赶曹顶，与之激战。

曹顶部队有一士兵，在战斗中被倭寇围困，拼死突围，倭寇挥舞着大刀，多次几乎要把他砍下马来。在这惊心动魄之际，曹顶操起手中的长矛赶来解围，只见矛起人落，当即刺杀一倭寇。倭寇见状，纷纷聚集前来应战，曹顶又

杀一人，同时挟着他的士兵同骑一马突围归来。

曹顶常常对他的士兵说："在战斗之时，千万不能落在队伍的后面，如果落在后面就容易被敌人偷袭。"

这次通州城内没有遭到荼毒，固然是因为城内人民同心苦守，但曹顶在城外扰敌之功不可磨灭。此后不到4天，淮徐副使李天宠率徐州、宿州、邳州的大批援兵来到通州增援，通州城内外合击敌。经过20多天的浴血奋战，倭寇大败。倭寇狗急跳墙，放火焚烧通州城3门和城外乡村民房，并把西寺烧了个精光，然后狼狈地撤到狼山，抢了几十条船遁海而去。这次战斗，曹顶率领部下杀敌100多人，但他负伤数十处。

曹顶没有辜负通州人民的厚望，他不怕牺牲，战功显赫，受到了赏赐。论功应当提拔为更高一级的部队头领，但他坚决推辞不接受。局势平稳之后，他便退伍回到了家乡。

曹顶为人谦虚厚道，每次战斗斩获倭寇的首级，总是分一部分给别人拿去论功获赏，而自己从不计较战功的大小。他讲义气、感恩，每次拿到了赏钱，总是悉数拿给主人曹大宾一家，自己袋子里连零花钱也不留，乡舍四邻没有人不觉得他贤能的。大家都称他为通州的"长城"，有了他就壮了胆，不怕倭寇再来侵扰了。

曹顶退伍后，就在城山路上开了一家面店，卖面条。这条路，是人们去狼山烧香礼佛的必经之路，面店生意不错。曹顶起早贪黑地和面、揉面、擀面，天天手不离擀面杖，好在他身高力大，还能吃得起这个苦，但即使如此，他做的面条还是供不应求。曹顶边擀面边思考，如何才能既多擀面条又不花太大的力气呢？有一次他回家看到一村民在铡草喂牛，这事启发了他，终于想出一个妙法：在特制的矮桌上，系上一根牢固的麻绳扣，擀面杖套在绳扣里，这样，举手轻轻揉面，随着麻绳晃动的惯性，身体随之边揉边跳，擀面速度就大大加快了。由于面团经压制,产生面筋,极有韧性,条条不断,吃起来别有风味。一天,一位顾客吃得特别高兴,问:"这种面叫什么?"曹顶灵机一动,含笑答道:"叫跳面"。后来人们把南通的刀切面称为"跳面",又叫"曹顶面"。由于加工工艺讲究,外观粗细均匀,条长爽滑,柔韧有筋,因而久煮不烂。食时,韧而不硬,耐嚼有味。倘若配以各种不同的浇头,佐以酱油、猪油、味精等拌炒,味道特别可口。

曹顶塑像

　　曹顶做做小生意,生活得倒还惬意,谁知又一场大的灾难即将降临。倭寇之所以屡犯江北,一个重要的原因是垂涎当时富甲天下的扬州。为了保障扬州不受侵犯,明朝朝廷于嘉靖年间在狼山设镇置将,布陆营、水师,以保卫扬州的门户——通州和泰州。嘉靖三十六年(1557)农历四月十一,一只倭船载着70多人从掘港场登岸,他们所到之处,浓烟滚滚,火光冲天。官兵们紧急出击,展开了合围之势。在官兵的一路追击下,倭寇流窜到了白蒲镇。这时淮扬兵备副使马慎指挥部队在离通州城北五十里的陈家庄把倭寇包围,杀贼30多人。曹顶参加了这次围敌之战,临阵时,他对倭贼大喊道:"龟孙子,我来了,你还认识老子吗!"声音洪亮,令倭贼心寒胆战。

　　两天之后,剩余的倭贼向南逃跑,官军乘胜追击。而曹顶一马当先,冲在最前面。从辰时追战到午时,战斗激烈进行了3个小时,曹顶一直追贼到单家店的赍志桥(今通州区平潮镇)。天上大雨滂沱,湿滑的小路上泥泞不堪,在奔驰中,曹顶大叫一声:"不好!"话音未落,他乘骑的战马就滑倒在泥泞的壕沟之中,而他身负重伤。这时在前面逃跑的倭寇勒马回身,向曹顶扑来,后面的倭寇不久也会合到来,在前后夹击下,曹顶虽遍体鳞伤仍然全力奋战,因寡不敌众,倭寇乱刀相加,曹顶头上鲜血直流。肠子都已被刺得流出了体外,但他只要还有一口气,就要血战不止。他拖着流出的肠子与敌人殊死搏斗,以至于他的尸体与泥掺和在一起,惨不忍睹,其悲壮惨烈之程度,无以复加。通州人民听说曹顶不幸殉难,无不痛哭流涕。

加害曹顶后,倭寇逃窜到了天生港,最后被如皋知县陈道带兵夹击,全部消灭。这也许可以稍慰曹顶在天之灵。

曹顶牺牲后,通州人民把他的残骸埋葬在城中路观音堂附近。他的事迹被上报朝廷,皇帝下诏为他立祠。于是在其墓地建"曹公祠",塑横刀立马像。通州人民都称他为"曹将军",私谥"义勇"。在其殉难处平潮建了"曹公亭"。曹公祠的旁边有一高土墩,原为明代抗倭报警的烽火屯,通州人把曹顶所杀的倭寇埋葬于此,名为"倭子坟"。

(汤俊峰)

觉正法师

1918年农历七月初一,觉正出生于四甲东吴家桥(今海门市王浩乡)的一个信士农家,俗姓王,学名福岩。从小聪慧,过目不忘,十二三岁就能全文背诵《大悲忏》《观音咒》和《瑜伽焰口》,人称"佛子奇儿"。

17岁那年,觉正在三余镇禹稷寺剃度出家,拜又真法师为师,法

觉正法师

名觉正。1944年,26岁的他跟师傅来到二甲香光莲社。翌年,他赴句容宝华山受戒,同年,考上常州天宁寺佛学院高

级班。因病,只读了1年,但长进很快。1946年,挂单于狼山的白衣庵、观音院和城区的慧光楼。觉正法师长期居于上海觉圆净业社念佛堂,从1947年到1966年,除中途去了普陀山伴山禅院4年外,在上海度过了十五六年时间。其间他热心邀名师大僧来讲经,其中有为人熟知的虚云、如山、海灯等,他博取众家之长,刻苦修炼,佛业大进。"文革"10年,觉正法师身在龙华寺。1984年,普陀山方丈妙善邀觉正法师到法雨寺任都监,到任后,他把百废待兴的法雨寺里里外外都修复得像模像样,管理得井井有条。不久,觉正法师被选为普陀山佛协副会长,任佛学院教师,负责僧侣受戒,并创建"印光法师纪念堂"。此时觉正法师道德高深,像磁石一般吸引着国内外千千万万信众,皈依弟子如云,已不下2 000人。

香光寺在1987年重建。觉正法师心系故土,特从北京恭请一尊玉佛,1991年回通参拜祖庭,并为重辉祖庭首捐20万元。此后经过通州市政府和二甲镇政府的诚聘以及当地信士民众的热盼,祖庭情结终于使他毅然辞去法雨寺及普陀山佛协的任职,法驾香光重掌法印,开始寺庙修建的重辉工作。此时年逾古稀的觉老,不辞劳苦,跋涉于港澳之地,往返于沪浙之间,募化集资。由于觉老德高望重,心虔志诚,众皈依弟子纷纷慷慨解囊,一座座殿宇拔地而起,一尊尊佛像重塑金身,一处处厢房相继落成。先后二十余载,募捐两千余万,打造了如今辉煌壮观的香光宝寺。

2016年8月5日法师圆寂于香光寺,享年99岁。

(周　忠　曹甫成)

革命烈士

孙占彪

孙占彪,二甲镇宝云山村人。1920年8月出身于贫寒农家,排行第三,小时读过几年私塾。他生性好动,聪敏机智,喜欢习武,胆大过人。

1938年3月,日军侵华的战火烧到了南通。年轻的孙占彪为了抗日救国,参加了国民党江苏第四行政督察专员公署特务总队。九月,任第一支队第三大队七连连长。他一心抗日救国,对特务总队挂着抗日招牌而不积极抗日,感到不可理解,陷于苦闷彷徨之中。正在这时,中共江北特区委员会派人进入三大队,和他交了朋友,他逐渐懂得只有依靠中国共产党的领导,才有真正的抗日救国前途。不久,由于国民党内部派系斗争,特务总队被缴了械,孙占彪所在的连队被迫解散。孙占彪虽与江北特委的同志失去了联系,但他坚持抗日的决心不动摇。他设法把散去的人员重新集结起来,组建了一支"抗日特务队",在五福桥到四甲坝的运盐河一带,坚持抗日斗争。

海门王能进的"别动队"是一支国民党地方杂牌武装。王能进别有用心地委任孙占彪为该队的副队长,企图伺机吃掉孙的部队。孙表面上接受了委任,但实际上仍保持部队的独立性。不久,孙占彪发现王能进的"别动队"暗中与日本侵略军勾结,于是他当机立断,一举解除了"别动队"的武装。

1940年11月25日,南通县抗日民主政府在北兴桥建立。孙占彪获悉后,立即带领一个连的部队赶到北兴桥,强烈要求参加新四军,当即受到了县长梁灵光等人的热烈欢迎。孙占彪的连队与县警卫连合编为南通县独立营,孙被任命为营长。这支队伍成了当时南通县抗日民主政府的基本武装力量。

孙占彪走上革命道路以后,在县委和县政府的领导下,工作积极,

孙占彪烈士墓

作战英勇。1940年,国民党江苏省第六游击纵队司令徐承德,趁新四军苏北指挥部第三纵主力调离掘港之机,背弃团结抗日的诺言,向掘港进攻。我守军奋勇作战将其击退,并乘胜追击。在徐部蹿到南通县东区时,孙占彪率领独立营配合我主力部队截击,打散了徐承德的司令部,缴获徐的摩托车和一部分机枪、步枪。1941年2月,独立营扩编为独立团,孙占彪任团长。三月间,他率独立团两下通海,狠狠打击了企图投降日伪的国民党江苏省保安十旅邱冠生部。后他又和南通县党政军领导一起机智地粉碎了南通县保安旅一团团长季莘和游击支队长曹立余率部叛变投敌的阴谋,胜利地保卫了抗日民主政权和县委、县政府机关的安全。四月间,南通县警卫团建立,县长梁灵光兼任团长,孙占彪任副团长。在这期间,他光荣地加入了中国共产党。

1941年6月29日,孙占彪按照县委"打一仗,用胜利来纪念党的生日"的决定,率领十几名战士,在五福桥伏击日本侵略军。为了"引蛇出洞",夜间先将二甲镇至余西的电话线割断,第二天大早,日军分水陆两路出动,陆路的查线、修线,水路的用汽艇在运盐河上来回巡逻。孙占彪抓住日军汽艇往返巡逻与陆路敌人相距较远的时机,果断地命令伏

击部队向汽艇开火,一下子就打倒了两三个敌人。正在战斗时,突然我方的机枪卡壳了,汽艇上的日军乘机跳上岸来反扑。孙占彪带领战士冲杀过去,被敌人击中腹部。警卫员见状背起孙占彪,在战士们的掩护下撤了下来。在送后方医院一星期后,孙占彪终因伤势过重,医治无效,为中华民族的解放事业献出了年轻的生命。时年21岁。

1941年7月上旬,南通县委、县抗日民主政府和县警卫团在驻地北兴桥举行大会,隆重追悼警卫团副团长孙占彪烈士。大会表彰了烈士为党、为人民英勇战斗,光荣献身的功绩;号召全县军民继承烈士遗志,发扬前赴后继、浴血抗战的精神,坚持抗战到底,坚决打败日本帝国主义。

(周　忠　曹甫成)

吴国华

吴国华烈士1922年4月出身在余北居18村民组(原斜河村7组)的一个农民家庭,父亲叫吴生连,是个老老实实的农民,吴国华在家中排行第三。8岁入私塾就读,12岁因家中贫困而辍学。12岁到15岁在八甲河、九甲沟耥螺蛳度日。1937年1月参加地方革命队伍,当时年仅16岁,编入敌后武工队短枪班,牺牲前为南通县岸南乡武工队分队长,中共党员。

吴国华烈士墓

吴国华在对敌斗争中大胆勇敢，常常潜入敌军周围，出其不意袭击日军和敌中央军，使之闻风丧胆。他先后在三余、北兴桥、掘港、金沙、南通、唐家闸、三厂、汤高家、如皋等地参加游击战争，进行过多次侦察活动。有一次匹马单枪到余西日军据点旁，乘一个敌人出来小便，将其一枪打死。在丁家园战斗伏击中，他一下子打死了4个敌人。

1943年的一天，吴国华与一个叫"铁蛮"的武工队员，装作卖棉纱的农民，去余西伺机伏击敌人。他们来到二河桥的马家烧酒坊旁转悠，不幸被伪军发现，拔枪不及，当场被打死在巷子里，年仅23岁。家人无限悲痛，托余西街挑箩筐的装卸工头刘锡江，偷运回尸体，埋葬在老家东边100多米处的田中。1997年并"经济陵"时，由当地农民陆仁章、陆建桃负责搬其坟，清楚看到一只手表还戴在吴国华烈士的左臂上。后由其侄吴声光将其尸骨迁入村陵园，通州市民政局为其建树了革命烈士永垂不朽的纪念碑。

1957年，余北区改乡，为纪念革命烈士吴国华，命名为"国华乡"。1958年改为国华人民公社。

（周　忠　曹甫成）

李增谟

1910年4月，李增谟出身在坨墩村第45村民小组（原糊耙沟村第9村民组）的一个贫苦农民家庭里。1938年3月，日本侵略者五千余人在飞机掩护下，乘舰艇侵占了南通城，所到之处烧杀抢掠，无恶不作。年青的李增谟面对日军暴行，义愤填膺，胸中燃起对日军的仇恨火焰，走上了抗日救国的道路。

1938年，在中国共产党的领导下，南通县开辟了抗日根据地，建立了以进步青年为骨干的南通警卫团、抗日自卫队等地方武装。1940年6月，李增谟成为南通警卫团余西区队的队员，1941年加入了中国共产党。他与战友周济凡、曹应安依靠群众同日伪军进行了巧妙周旋，采取"敌进我退，敌退我进，敌驻我扰"的游击战术，在敌控区破坏公路，焚烧竹篱笆，拔除电线杆和割断电线中断敌人的通讯联络，对日伪军据点进行袭击，打得敌人又恨又怕。他出生入死，冒着生命危险参加反清乡，反扫荡斗争，先后参加了谢家渡、五福桥、杨港、东社等战斗，为保卫家乡、为祖国的抗日救亡运动建立了不朽的功勋。

李增谟烈士墓

李增谟烈士证书

日伪军对李增谟所在的区队既闻风丧胆，又恨之入骨，伺机抓捕谋杀李增谟。1943年10月的一天凌晨，秋雾迷漫，朦胧中的李增谟隐隐听到几声狗叫，说声："要出事了！"接着砰的一声枪响，狗不叫了。他抓起枕下的驳壳枪，翻身跃起，正想往外冲的当儿，十几个敌人踢开房门，蜂拥而上，将他摁倒。敌人将他五花大绑拉到他堂兄的堂屋，敌人小队长气势汹汹地问"你们的同伙藏在哪儿？"李增谟一言不发，怒视敌人。惨无人道的日军见问不出名堂，就把他绑在条凳上，用砖将脚高高垫起坐"老虎凳"，再用皮鞭抽打，顿时皮开肉绽,鲜血直流。他咬紧牙关,不吭一声,几次被打得昏过去。一邻居见此惨不忍睹的场面,含着泪说:"人都不行了,饶了他吧!"日军便凶狠地端起刺刀刺向了这个邻居的心脏……残忍的敌人见李增谟昏了过去,就用辣椒水泼向他的全身,可李增谟以共产党员的顽强意志,忍受煎熬,始终严守党的机密。

敌人一时无计可施,但还抱着幻想,派人将李增谟抬到余西高桥据点。连续几天,日军对他软硬兼施,用种种酷刑,限期让他写投降书。李增谟在据点备受摧残,仍大义凛然、宁死不屈。凶残的日军狗急跳墙,用大铁钉将他的四肢钉在门板上。1943年10月26日,李增谟为了民族的生存,为了祖国的解放事业,在余西大悲殿后面被日军活埋了,年仅33岁。

区队的战友们闻讯李增谟牺牲的消息后,便和他的家人偷偷从余西将他的遗体运回糍粑沟安葬。从此,余北乡亲、区队的战友们把对李增谟的无限怀念和对敌人的刻骨仇恨,化作抗战到底的坚强决心,英勇奋战,继承着烈士的未竟事业。1945年,中国人民终于取得抗日战争的伟大胜利。1983年4月12日,中华人民共和国民政部批准李增谟为革命烈士,颁发了"革命烈士证明书"。原通州市人民政府在村陵园建造了李增谟烈士纪念碑。

(严松涛　曹甫成)

姜桂贞

历史上的桂贞乡是以革命烈士姜桂贞名字命名的。姜桂贞,女,1925年8月出生于南通县沙南乡(后来的袁灶乡南海村,现

姜桂贞烈士墓

在的袁南社区居民委员会)。中共党员,1943年11月参加革命,曾任九分区司令部会计、南通县沙南乡指导员。她工作积极,对敌斗争坚决。1946年9月16日晚在南通县袁灶港朱家园被国民党反动派捕获,任凭敌人严刑拷打,只字未露我党机密,当即被敌残酷杀害。当地人民为纪念她,将沙南乡更名为桂贞乡。建立公社时,二甲人民公社的前身是桂贞乡,属于后来的袁灶乡范围。现在袁灶乡已并入二甲镇,南海村也并到袁南社区居民委员会。

曹妙昌

1906年10月,曹妙昌出身在通运桥村第65村民组(原马东村第9村民组)的一个贫苦农民家庭,1942年入党。1946年10月,国民党反动军队向南通县全面进攻,侵占了所有的大小集镇,从公路到运河的交通要道,都筑起了据点,构成了严密的封锁线。敌人企图用梅花桩式的据点和格子网式的封锁把我们党政干部和军队全部消灭。在袁灶港东部地区,北起金余、余西镇,西至油榨、袁灶港,东到二甲镇,东南至朝阳镇,方圆十多里,筑起了六个据点,真是五里一据点三里一碉堡。

袁灶港的还乡团头子陈某某,带着一伙杀人不眨眼的

曹妙昌烈士证书

曹妙昌烈士墓

匪徒，武装还乡，在袁灶镇上筑了据点。他们配合保安队，天天下乡清剿，到处烧杀、奸淫、掳掠。当时苛捐杂税如牛毛，有慰劳物、买枪捐、田赋，等等。地主富农乘机扒田倒租，白色恐怖笼罩大地，人民生活在水深火热之中。一个又一个共产党员、翻身农民、乡村干部遭到敌人杀害，有的被惨无人道地头朝下、脚朝上活埋了，有的被五花大绑扔到河里"扎粽子"了。有的活活地被刺刀捅死，到处都有农民被扒屋、牵牛、端锅，被迫为敌人盖炮楼、修据点。

在这个敌人严密的封锁圈子里，大部分乡干部撤到运盐河以北和海界河以南的地方打游击了，留下少数干部，白天隐蔽，晚上出来秘密联系群众，收集情况，稳定群众情绪，组织秘密突击，带领群众继续斗争。

当时，曹妙昌同志任慎辨乡乡长，转战在余西、袁灶、二甲镇导据点，斗争十分艰苦。他白天隐蔽，晚上出来活动，忍受着令人难以忍受的困苦。他平时为人正派，个性直爽，对人提意见和谈工作，不拐弯抹角，总是有什么就说什么。人们喊他为"大炮筒"。他最大的优点就是能密切联系群众，在领导群众劳动生产时，由于白天工作忙，常常晚上披星戴月进行生产。他家里生活比较困难，一年勉强能够温饱，但他不将此放在心上，而是经常到群众家里去嘘寒问暖，帮助群众解决困难。在日军扫荡频繁的时候，他在据点，依靠群众的支持和掩护，发动群众成立农抗会，同地主展开说理斗争，胜利完成"二五"减租任务。他对敌斗争很勇敢，一直带领民兵枪干队，活动在敌人碉堡脚下，积极地打击下乡扰乱的敌人。1946年8月，曹妙昌同志由于叛徒告密，不幸被敌人逮捕。匪徒们用蘸了水的皮鞭子把他打得浑身鲜血飞溅，并让他坐老虎凳，给他灌辣椒水，折磨得他死去活来。敌人用残酷的肉刑迫他投降，要他供出慎辨乡党支部成员名单。可曹妙昌同志忍受着痛苦，面对敌人斩钉截铁地回答说："你们要杀就杀,要剐就剐,要我投降永远办不到!"

酷刑未能从他嘴里得到一丝口供,敌人恼羞成怒下毒手,先用尖刀割了他的耳朵、鼻子,又开腹破肚后才枪杀。党的好干部,人们的好儿子曹妙昌同志,就这样光荣的牺牲了。

(资料来源:曹妙昌之子曹志田)

刘志洲

刘志洲烈士墓

刘志洲,男,1921年生于南通县沙南乡(今二甲镇袁南社区七组)。1942年参加抗日民兵组织,抗战胜利后参加新四军,成为新四军通海独立营汇通分队一名队员,参加过1946年春天小海战斗,阻击从海门、三星镇向西增援的国民党援军。1947年新四军主力为参加苏皖地区的七战七捷便向北转进,于是通海地区便成了国统区。刘志洲留在地方任沙南乡队长(管地方武装),与国民党顽固派还乡团作斗争。当地还乡团头子陈仲章数次逼迫刘志洲父亲交出儿子均没有得逞,因此家里房子被烧、家具被抢。1948年底,刘志洲受南通县九分区领导分派,和其他8位同志分三路将国民党军从海门至二甲镇的电话线割断,当割到海门县与南通县交界处的朝阳镇时,被国民党军部队发觉,在激烈的战斗中刘志洲中弹牺牲,时年28岁。1948年农历11月初七,时任南通县委书记的张兆义参加了在当地召开的刘志洲的追悼会。

民居史迹

古镇的寺庙

红　庙

在通州区的余西古镇,曾经有一座很神奇的庙,它始建于明代、兴盛于清代,名字叫红庙。按照道教传统,人们将其内外墙面刷成紫红色,称之为"红庙",也称"虹庙"。里面供奉慈航道人和关公大帝,为道家庙宇。自从明代余西场人曹洋建造了这座红庙,每逢初一、十五余西周边的善男信女便从四面八方赶来朝拜。庙聚人气,人气又生商机,很多

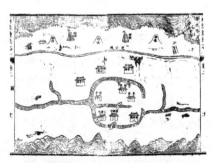

余西场红庙位置示意图
(资料来源:《两淮盐法制》)

商家在红庙南的镇区开起了商号。这些商号都很景气,成了通东最繁荣的地方。

建庙人曹洋,出身富裕家庭,"性慷慨,重然诺"其为人处世,下例可见一斑。"里中有争讼,公为从容调解,甚则捐金钱不吝,至修桥建庙,尝费百金弗吝也。本场红庙迄今犹称公名不朽。尝有佃户李姓者,以谷还私贷将鬻妻偿公租,公闻之一惊,急止其事,置租于不问,数年后,妇人携婴捧香登门叩谢曰:蒙公厚德,夫妇瓦全,遂有子,此一瓣香为公子若孙烧也。公让而辞之,既全人之配,而不为德者事多类比。"

(曹洪江)

将军庙

将军庙在北街上,只有一间房子,不高也不大,没有和尚;人未进庙,脚还踏在街上的碎石路上,就能看到庙里的神像了。所以余西的其他寺庙是不能跟将军庙比小的。将军庙还是个开心的地方。他没有大悲殿树木蔽日、殿宇重重、转弯抹角的幽深;也没有城隍庙里顶天立地的哼哈的狰狞;也没有三官殿里被菩萨团团包围而不能脱身的无助;更没有红庙里停放的空的满的棺材的骇人。将军庙坐北朝南,四面是壁,里外都是用石灰伴纸甲粉刷。屋顶式样是我国传统建筑中的"吴宫顶"又叫"中国顶"。屋顶灰瓦铺面,有五条相连的屋脊,也用同样的灰瓦砌成。直脊两头装对吻,四条弯脊一头翘首,装的是猫儿头。庙朝南的一面墙的正中开了个门洞,没有门框、门槛,也没有门。门的两边与东西两面的墙上各开有一个用同样的灰瓦砌成花瓣组合成的花窗。后壁的墙上嵌有一块硕大的石碑,碑上灰蒙蒙地刻有四个字"泰山在此"。紧靠碑的底边,是一个砖砌的香案,也是用石灰伴纸甲粉刷。香案上从里到外摆放着菩萨、蜡烛台和香炉。蜡烛台是铁制的,很长。烛台有四只脚、有三条从低到高的梁,梁上的钉子可插上几十对蜡烛。香炉实际上是香案上凹下去的一个坑,很大且深,应该称之为香池更合适。香案前的地上放一个草蒲团,庙的一个角落里有一个畚箕和一把扫帚。庙里的地是泥地,平整光滑,这些就是将军庙的全部设施。将军庙里的摆设,必需的一样也不缺,多余的一件也没有,就连庙里的四个角落都是干干净净。

将军庙里只有一种神像——石将军。石将军是用花岗岩材料做成的,最高约50厘米左右。四尊石将军高矮不一,一字型排在香案靠墙的位置。石将军,直通通的圆柱形,光滑而尖圆的头顶,眉毛、眼睛、鼻子、嘴和胡子是在这圆柱形的上部凿成的,没有服饰和手脚。这种雕塑方法承袭古老的岩画。这石将军应该是余西的先人最早制造与供奉的神像。在一千多年以前,余西所在的地理位置还是一片茫茫的海滩,先人们面对浩瀚的大海,搭棚而居,煮海水为盐。面对残酷的自然环境、艰苦的劳动条件、生老病死的折磨,盐民们企求得到平安,于是就用最原始的方法制造了石像并尊称其为将军,寄托了先人请将军保护的愿望,从而得到心灵的安抚。一个"石"字表达了将军的坚强和可靠。这石将军原先是供奉在海滩上的,与盐民们在一起的石将军历经了多年的风吹雨打、海浪冲刷。随着盐业的发展,盐民生活有了改善,才集资建了庙,把石将军安放到了庙里。余西的将军庙该是余西最古老的一座庙。　　　　(曹承祖)

都天庙

都天庙原名报恩寺,始建于晚唐,宋、明复建。坐落于古镇西虹桥西侧400米。相传余西都天庙是为纪念唐朝大将张巡而建。据史书记载,张巡系唐代邓州南阳人,开元进士。安史之乱时,张巡为御史中丞,以真源令起兵雍丘,抵抗安禄山叛军,后仅率六千之众移守睢阳(今河南商丘)。

张巡死守睢阳长达11个月，守卒"捕雀掘鼠而食，雀鼠尽，竟以人肉充饥"，历经大小四百余战，斩敌将三百余人，破敌十余万，后终因粮尽援绝而城陷，张巡殉国。张巡据守睢阳，一方面牵制了安禄山在中原的兵力，相对地减弱了叛军西线对唐朝的压力，唐肃宗得以在陕西、宁夏边境集结大军，对敌反攻。另一方面，由于叛军不能越睢阳南下，江淮流域广大地区免遭战乱的蹂躏。张巡战死后，唐肃宗下诏为其"立庙睢阳，岁时致祭"，张巡就此为神。清乾隆十二年，张巡被封为"显佑安澜之神"，嘉庆八年又封为"显佑安澜宁漕助顺之神"，又进一步演化为水神。江淮一带的民众尊张巡为"都天菩萨"，专门建庙塑像奉祀他。对于居家过日子离不开水井的余西百姓来说，张巡很自然地做了防疫、禳灾、驱魔的护井之神——都天大帝。

据古镇老人回忆，余西都天庙为明代四合院建筑，由南向北依次有山门殿、戏楼、东西厢房、大殿和后殿。山门殿为两层楼屋，东西六间，相互对称，硬山屋面，五层式砖细封檐。南立面上有祥云砖雕，并镶嵌"都天行宫"横额。下为砖圈拱形对开正门，两旁有狮子盘球石鼓。内装屏门，后连两层戏楼，戏台以北为院落，左右各有厢房六间，东厢房与西厢房保持对称格局。院北为三开间的大殿，清水砖墙，硬山屋面，前檐"勾连搭造"形状。现被改建为朝南屋。大殿中玻璃龛内供有都天菩萨贴金木塑像一尊，身穿袍服，气宇轩昂。龛上有象征儒、释、道三家的三座塑像。龛后有韦驮像一座，面目威武。龛旁有对联一副：大德实生成，跻斯民于仁寿；慈心通造化，拯下土之灾祲。殿中悬有李鸿章题写的"江淮保障""忧国忧民""圣寿无疆"等匾额。殿内两侧塑有张巡部将像。后楼上中间左有青脸都天菩萨手执折扇的坐像，右有粉面凤冠的都天娘娘坐像，20个宫娥彩女像侍立两侧。楼上东房间是寝室，西房间为藏经室。以上除东西厢房、朝北八字大门一间尚存外，其余建筑均毁于抗日战争和"文化大革命"期间。但从建筑布局和现存遗垣来看，仍可想象都天庙当年的宏伟气势和烟雾缠绕的旺盛香火。

江淮民众尊都天神为"都土地"，是总管各方土地神。其地位在玉帝、如来之下，是江淮一带诸路神佛的首领。人民对玉帝、如来敬而远之，却认为都天可直接降福消灾。都天非道非佛，亦道亦佛，崇道者称之为都天大帝，崇佛者称之为都天菩萨。历史上的都天行宫，曾为佛寺，也作过道场，都天还是民间俗神。因而，历史上的都天行宫香火旺盛，在民间很有影响。宋、元以来，每逢一些神、佛的纪念日，余西寺庙的僧尼、宫观的道士常举行各种庙会（又称香会或出会）。

（曹晓军）

武惠王庙

余西曹武惠王庙，又称曹武惠王祠。《南通盐业志》载其位于"场司沟北"，余西《曹氏宗谱》《曹氏校正六修谱》载其位于"署沟北"，即余西场盐课司衙门西护衙河北。系余西族人、后裔子孙为纪念北宋开国大将、佐宋太祖赵匡胤定天下，官封枢密使（宰相）兼侍中，封鲁国公，追封济阳郡王，谥武惠王的宋代大将曹彬的宗祠、祖庙。

余西曹武惠王庙，系武惠王曹彬十二世孙，于宋末元初因"避元乱""渡大江"，从江南常熟迁徙至通州余西场的始迁祖、曾任余西场盐课司副使的曹尧卿。明朝人曹详等又大力扩建，重新打造，所用木料、石料、碑材、石灰全靠族人募集资金，到江南采取，靠水路人工运来，路途遥远，相当不易。建成后的曹武惠王庙，是一座风格古雅、气势宏大的祠。

余西曹武惠王庙建筑式样采用宫殿式，在用色上，其庙墙、围墙采用红色。为方便起见，人们都称之为"红庙"。红色，在我国被视为一种美满、喜庆的色彩，意味着庄严、幸福和富贵。寺庙代表佛国世界，也属于尊贵之列，所以它在建筑式样上多采用宫殿的式样，在用色上，其房屋墙壁、围墙也多用红色或红黄色。

余西曹武惠王庙，建在南北中轴线上。依次建有照壁、大门、正殿、享堂、寝室、左右两边廊庑，围绕中轴线对称布局，体现儒家传统文化"天圆地方"的概念，合围成一个四面封闭的院落，寓意"四水归堂""财运满院"，具有浓厚的余西地方建筑特征，乃是家族声望、地位、经济实力和宗族凝聚力的象征。

余西曹武惠王庙，建筑平面布局坐北朝南，风水上佳，门前护城河，称风水塘，以聚财气，其建筑特征：一是平面方正、中轴对称、呈矩形延伸；二是外墙封闭，内有天井通风、采光；三是大门讲究，八字形牌楼，砖雕字匾，形成文化之门；四是造型典雅、红墙黛瓦，三雕精美传神；五是装修精湛，彰显先祖功德，激励启迪后人，充分体现江海地区的祠堂历史文化内涵。

影壁

又称照壁。建在武惠王庙大门对面，八字形（亦称雁翅影壁），起屏障作用。分壁座、壁身、壁顶三部分，为砖砌黛瓦顶。砌工精细磨砖对缝，雕刻有花草，庄重、美观，使人们站在八字形的大门前更感觉到宽阔、整洁、恢宏、肃静，不由产生对先人的敬畏之情。

大门

向内凹进，呈"八"字形牌楼式张开，寓有"聚气纳财"之意，祈求祖先保佑家族兴旺发达。是武惠王庙建筑出入口的"功德门"，也是具有审美情趣、理想追求、雕饰精美的"文化门"；更是显示宗族荣华富贵、声望地位、社会等级制度的"标志门"。大门两边一对石鼓、大门外左右一对石狮，体形威武，是威勇与吉祥的象征。狮子是镇宅神兽，有辟邪作用；彰显尊贵和威严，体现了人们祈望太平祥和的心愿。

正殿

高大、宽敞、华美、气派。现保存在余西古镇建设指挥部大院内的武惠王庙正殿柱础石，其底座69厘米×69厘米，圆柱直径44厘米，可见其建筑的壮观和宏伟，这与祭祀上追求隆重的场面相适应，使人在它面前产生肃穆和敬畏之情。

正殿正中的神龛最为崇重，安放开启大宋王朝的开国将相，宋朝曹氏一世祖（本系西汉丞相曹参的二十七世孙）曹彬的坐像，一派儒将风度，头戴红缨帅盔，身着紫色蟒袍，右手抚膝，左手按剑，双目正视前方，英气勃勃，神采奕奕，令人肃然起敬。左龛为武惠王第三子——宋始余西曹氏二世祖曹玮坐像；右龛为武惠王五世孙，"扈跸南渡""遂卜居常熟"的常熟始迁祖，余西曹氏的宋始五世祖曹珏等。

每座神龛前均有供案、烛台、香炉，供瞻仰、祭祀者进香叩拜。

正殿上悬四匾："相国家声""德泽江南""惠穆流徽""甘棠遗爱"。两侧抱柱上有楹联："汉拜相，宋封王，三千年皇猷黼黻；居江左，卜京右，亿万世国器珪璋"。"武伐南唐，一代英名垂宇宙；惠遗北宋，千秋俎豆重乡邦"等。

清代诗人宗子和曾有《武惠庙》诗："十万貔貅下伪唐，将军功业纪旗常。王师到处民安堵，野志酬勋春荐羊。数亩青荫留古树，千秋遗爱重甘棠。张纲祠宇仍相近，同享人间俎豆香。"

享堂

为祭祀祖先时举行仪式的场所。享堂为适应举行祭祀仪式的需要,前檐完全敞开,大堂高爽,木构架壮硕,梁枋上满挂匾额,柱身上都有楹联。享堂正中悬挂黄帝、颛顼、陆终、叔振铎等古老始祖及列祖列宗的图像、神主牌位。

在古人看来,祠堂是宗族的荣耀,也是祖宗的功德,因此祠堂的主要作用,就是朝宗谒祖、祭祀先人。

宗族每年举行春秋两大祭:一是清明,一是十月朔。祭祖时要摆上丰盛的果品祭席、焚香点烛奠酒,主祭在司仪主持下依次上香、读祝文、献茶、献布帛、献酒等,率族众一体行四叩礼,祭祀时,乐队鸣鼓乐伴奏,为祭祀增添气氛。结束后,以猪羊肉等祭礼宴请参祭人员,有时还请上戏班助兴。

遇有子孙中举、晋升官爵或受朝廷恩荣赏赐,也可开祠堂特祭。此外,余西曹氏在外地任职的文武官员回乡省亲、祭祖,以及外地同祖同宗的曹氏族人因公干到余西场,也必定置办祭礼,由场署大使陪同到曹武惠王庙焚香奠酒、隆重祭祀,其中就有曹雪芹的父祖辈,曾任江宁织造、巡盐御史的曹玺、曹寅、曹颙等人。

参加祭祀有严明的规定,包括与祭人员要穿戴与身份相符的衣冠,准备相应的祭品定式,等等,通过参加这种场面宏大、礼节繁多的仪式,可以增强族众对所在宗族的自豪感。

寝堂

为供奉祖宗牌位的地方。就是指木制的祖先神位,又称神主、木主。从开祖考妣算起,按世系顺序依次排列,代表着祖宗的英灵,从中可知谱序的流传。中国民间文化中有祖先的道德教化,这种教化功能的实现,一定程度上是靠祖先身后的祠庙,祖先的德行更感动着世世代代的后裔子孙,所以后人更为祖先立祠建庙,让祖先受后裔子孙世世代代的敬仰和祭祀。

历史上曾经如此辉煌、如此宏伟的余西曹武惠王庙,抗日战争时期惨遭日军的毁灭性破坏,后于20世纪50年代彻底从余西大地上消失了。　　　　　　　　　　（曹颢武）

周王议庙

周王议庙始建于明洪武年间,清康熙年间重建,20世纪60年代遭毁。原庙内供周仓像,也有乡民称其为周仓庙。位于通州区二甲镇宝云山村第48村民小组,古通吕河、运盐河与南北龙游沟交汇处的西畔。

周王议庙的建造,源自龙游沟。《崇川咫闻录》卷二记载:"(庙在)在通州余西场周王圮。明洪武中,周王二族争田,一日雨降,有龙自堤蜿蜒而南划成水道,界分而息,建庙于河南闸东,有碑记。今闸庙俱圮,而沟通官河蓄水溉田,尚蒙其利。"

南通乡贤费范九,在《淡远楼丛墨》中对周王议庙也有记述:"故余中、余西二场之地,分龙游河东西为界。旧时恃荡蓄草以煎盐,灶丁取草,往往争荡。余西周氏与余中王氏为荡界之争,斗于乡,讼于官署屡矣。东者欲西之,西者又欲东之,而皆各为其场损财折命,终不得决。一夜,雷雨暴至,明日视之,忽蜿蜒有河形见地上,由南而北数十里,以达于海。土人谓其时云雨中,有巨龙过其地,遂垒土成河。河当二场,东西颇相埒。周王以为天假龙以止其争,乃即之为界,名曰龙游河。事当清康熙间,至今尚有周王议庙,屹立河上,其遗迹也。"　　　　　　　　　　（曹洪江）

头甲庙

头甲庙遗址地处头甲村第34村民小组,故俗称头甲庙。

头甲庙建于元朝至顺年间(1333—1341),分别由前殿、后殿及朝东三间厢房组成,庙内栽有名贵花木。前殿东头是阎尊都天菩萨,西头是周仓,手持青龙偃月刀,赤兔马站在一旁,威风凛凛。中间一间是走廊,后殿大雄宝殿,高有9米,殿中间供奉着如来佛像,西头一间供奉着阎王及药痧痘神。西边三间厢房是当时的施主曹许川(本地人氏)个人赞助所建,堂间中央供奉着观音菩萨。庙内有住持徐贵麻子亲手栽种的一棵银杏树,距今已近140年。

头甲庙自建庙后,香火一直旺盛,从南河(运盐河)到北岸(头甲岸桥口,在今余北东北部)如有哪家治丧,就有孝子提着灯笼,披麻戴孝,带着亲属及后代来庙里送草(俗称送庙子);哪家孩子出痧子、天花也到庙里来送菩萨。1943年春,当地各户出资对大雄宝殿进行了重新修建。1953年改为建中小学。1958年,庙里所有菩萨被毁损殆尽。如今的头甲庙已办成了长庚托老院。 (曹允龙 徐美萍)

头甲庙遗址

香光寺

香光寺坐落在二甲镇东首,原名"香光莲社"。1933年由当地信士宋大、张圣德、王汉庭等人草创于二甲团结街。嗣后,由信士姜其明(后出家,法名新道)募化、筹资相继建山门、大殿等33间,坐北向南,占地二亩,为四合院建筑。寺院建成后,礼请又修法师为首任住持。1940年,又修圆寂,又真继承衣钵。原任江苏省教育厅厅长、通州师范学校校长的近代著名佛教居士江谦(字易园),应僧众邀请来院讲经之时,欣然命笔,题名"香光莲社"。后又真法师鉴于寺院已由僧人管护,遂易名为"香光莲寺",从此这里成为通东地区规模较大、颇有影响的寺院。

山门殿

天王殿

钟、鼓二楼

九龙壁

大雄宝殿

三圣殿

1958年,香光莲寺被改建为地方医院。1966年余留佛像被毁殆尽。香光寺在1986年获准修复开放,1987年6月又被批准易地重建殿宇(时称念佛堂)。1991年南通市人民政府批准定名为"香光寺"。

　　香光寺占地35 720平方米,建筑面积35 719.64平方米,是南通范围现内规模较大、建筑宏伟的寺院之一。"香光莲寺"横匾四字雄浑健美,为中国佛教协会原会长赵朴初所书题。全寺建筑轴线层次分明,自南向北依次为九龙壁、山门殿、天王殿、大雄宝殿、玉佛殿及三圣殿;两旁先后配以尊胜幢、大悲幢和钟楼、鼓楼以及前庭后院两厢楼房4幢;西偏院前为石牌坊,中间为弥勒阁,后为卧佛楼及膳房。寺院主要建筑为明清风格,殿堂雄伟,佛像庄严,四季松柏滴翠。

(周　忠　曹甫成)

香光寺

二甲基督教堂

　　早在清末民初,英国传教士从海门进入二甲地区,在龙游沟畔的原龙潭湾村(今坨墩村)建西洋式教堂一座,面积100平方米左右。教堂内有讲台一座、跪凳十几排。因教堂在"二甲"境内,故称"二甲教堂"。中华人民共和国成立后将此教堂改作爱群小学。如今网上"在线地图"仍标有"二甲教堂"的遗址。

1989年,从滨海县八滩归来的宝云山村村民曹萍,在自己家中组织"姐妹会",成员有20来人,聚会在一起读圣经,做祷告。

1995年后,"姐妹会"活动地点迁移到二

二甲基督教堂

甲镇区,当时没有自己的教堂,租赁民房作活动场所。后来人员扩大到70多人,信徒范围扩大到金余、东社、余西、余北、袁灶以及邻近的海门县国强、四甲等地。

1996年,人民政府有关部门批准设立"二甲基督教活动点"。活动点批准后,信徒们合力筹资建造自己的教堂。

2001年,"二甲基督教活动点"花12.8万元买下原二甲供销社的棉花大仓库,经几番装修,建成一座面积600多平方米的德国古堡式建筑,室外墙顶上有十字架,室内有教台,整个教堂高大宽敞,庄严肃穆。

二甲教堂现时有信徒150多人,他们每逢星期日都来教堂参加聚会。

(季菊萍 曹甫成)

城隍庙

城隍庙建于清光绪年间,位于关帝庙的西北,在原新市场(现新市街)"季复茂"染坊南边的一个土墩上,前身是城隍堂,庙屋共13间,占地约1 300多平方米。从关帝庙文昌宫的北山头弄堂向西北不远,即城隍庙的山门。

城隍庙内的主要建筑为坐北朝南的四大间瓦屋,东首一间内城隍行身,坐太师椅(此塑像为每年庙会出会用),室内有城隍娘娘,另设卧铺一张。另外3间,当中1间是城隍大殿,神龛内为城隍坐身,彩色油漆,高2米。上下首为文武判官,立

身,彩色油漆,高1.5米,神龛前大匾上书写"威灵显赫"四个大字。正殿屋檐下悬挂大算盘一个。东边一间内,东南角神龛中为泥塑金装坐身巫老爷,高1.6米。龛前是案桌。朝外神龛内是金装立身观音菩萨像,高70厘米。另有东皂班三尊,泥塑彩绘立身,靠东壁朝西,身着蓝色长袍,高2.2米,太尉着蓝袍,巫老爷着白袍,后有座椅,供出会时用。靠西壁朝东有西皂班三尊,泥塑彩绘立身,高2.2米,身着蓝袍。

太尉殿西山头稍南,有四间朝东屋,为宿舍和厨房。

城隍庙前有近100平方米的大天井,天井南是一座明三暗五的"接官厅",两边为厢房,中间为客厅,专供来往官员或上、卸任官员过境歇息用。关帝庙、城隍庙共有山田4 000平方米。

每年清明节、农历七月十五、十月初一为城隍会。农历六月二十九是巫老爷、太尉师会。　　　　　　　　（王士明）

余西寺庙

余西社区古寺庙有文庙、武庙、城隍庙、将军庙、大王庙、十甲庙、二甲庙、慎思庙、头甲庙、大悲殿、三官殿、贤林寺、镇海寺、报恩寺（元帅庙）、西来庵、摩堤庵（茶庵殿）共有17座之多。

其中大悲殿、摩堤庵、三官殿、贤林寺都建于明代以前,城隍庙建于明初,其余12座寺庙大部分建于明中后期及清代,少数如元帅庙、慎思庙、将军庙建于清末,民国以后基本就没有建造寺庙。

在余西众多寺庙中,大悲殿是历史上闻名通东远近的一座名刹,古称大悲院,历史悠久,风景优美,有山有水,后山栽两松柏,郁郁葱葱。山下小桥流水,石桥下金鱼穿流而过,东通金鱼池,西连荷花塘,寺院中栽满松竹梅,和四色天竹等多种奇花异木,非常珍贵,尤其是古梅,据《通州志》记载是稀有的"千年素心梅"。相传这里曾是武后的行宫。

据《资治通鉴》等有关历史资料记载,南唐弘毅太子从迎銮镇(今仪征)渡江曾到达余西,并移驾镇北大悲院住宿。

直到1949年,大悲殿一直是通东百姓礼佛、旅游、踏青、避暑的好去处。

三官殿的后殿建在一座15米左右高的土山上,据说土山是古代的一座潮墩,百姓俗称救命墩。何谓"三官"?三官即尧敬天爱民被后人尊为天官;舜时民风高尚,地不生灾,尊为地官;大禹治水被尊为水官。后殿供有西方三圣佛像。山脚下左右有两株大树,一株挺立笔直,一株弯曲如龙,直上云霄,高度均在20米左右,当时十里路处均能见到两株冲天大树。山后有放生池,山前是玉皇殿,供有玉帝及八大元帅神像,是道教、佛教合一的寺庙。这里是佛教信徒举行佛教活动的主要场所。

余西文庙位于余西古镇东北部,基址四面环河,南有土坝通向镇区。整个建筑群环水,由两进院落组成:第一进建筑由文昌宫、厢房围合成院落,文昌宫为硬山建筑,面宽三间进深六界;第二进由大成殿厢房围合而成,大成殿为庑殿顶,面阔三间。遗址现存石柱础一块,石碑残片数块,古砖数块。

这些寺庙中大悲殿1958年改建成余西初中,现在只剩一株300年以上的参天银杏树及400年的古罗汉松挺立在原址。城隍庙、武庙、镇海寺后改建成玻璃厂,只有都天庙、头甲庙、慎思庙在原址留下部分原来的建筑。元帅庙、西来庵大殿虽保存完好,但年久失修,当地群众进行了重修和重建,并重新供奉了佛像,其他寺庙只留下原址,已不存在。　(曹甫成)

元帅庙

余西大悲殿

　　大悲殿初建于宋代，明代称大悲院，由寺庙及季氏宗祠两部分组成。全殿格局由三进院落组成。首进有哼哈二将，中间一进有观音、弥勒、韦陀及罗汉诸神佛，最后一进为阿弥陀佛。文殊菩萨、普贤菩萨供立于左右。第一进及第二进间有银杏树两株。二、三进间有银杏二株。皆高数丈而粗有两人围。寺庙两侧，东有朝西厢房，西有朝东厢房。东厢房南有三间客厅。地板、天花板俱全。布置雅洁，可供游客憩息。中间有一大门，大门北为厨房及储藏室。西厢房十间，均供季氏祖先牌位。在东厢房之南，隔两株桂花树，有魁星楼矗立于东南角，在东厢房魁星楼之西部，植有辛夷，玉兰，牡丹，宋梅，桂花，璎珞柏，绣球，木樨，及红、黄、绿、白四色天竺葵。宋梅系千年古树，枝干虬蟠，有铁枝支撑于顶端，花开白色，结实累累。其他树木皆高大如盖。春季玉兰，辛夷，牡丹，绣球，木樨先后开放，清香扑鼻，沁人肺腑。中进后银杏树西有琼花、芭蕉。西厢东部植有紫荆，古梅，古松，紫藤等名贵花木。在西厢北有花墙围于西、北两面。中间砌有八角形大花坛。植魏紫、姚黄及各色牡丹十余株。靠花墙植有黄梅、松柏。修剪整齐。花墙外有石桥。石桥下，南有长方形水池，北与小河相接。水池内蓄养各色金鱼。绿色水草与红色金鱼相映成趣，逗人喜爱。在水池东有几株古梅，皆几百年物，枝干横卧，有铁枝支撑。水池西北有篱围焉，篱外有大河与外界相隔。在石桥西北有假山一座，山上叠巨石，石间种植几十株柏树，经花匠修饰，柏树皆被剪饰成盘状。中间一株，有十数盘，下大上尖，俨如一塔。小河上夏季芙蓉盛开，涉足其间，令人流连忘返。在西厢南有香橼树一株，每至秋季，果实累累，清香扑鼻。西南角有朝南房三间，内供贞孝女牌位。房前有贞孝牌坊一座。在牌坊东围墙下，植有古梅四株，梅有绿、黄、红、白四色，都系几百年物。

季氏宗祠当时办有学塾。用来培养季氏家族中的青年子弟。在宗祠附近有一季姓人家，父40岁左右，母早逝，其子10余岁，到大悲殿拜师入学。每天早晚上学，途经另一农家门口。这家有一女子，面部多麻，年纪较长于这一青年。她每天看见这位男青年穿着草鞋上学，有些怜惜之情，就做了一双布鞋送给他。这青年穿了正合脚，再三推让，终于因女方的诚意而接受了。这青年拿鞋回去，看到父亲没鞋穿，因父亲早年丧偶，衫履不周，于是请父亲穿了试一试，果然很适合。于是儿子就把这女青年送给他的布鞋让给父亲了。后来女青年多次不见男青年穿她做的鞋子，心中有疑，于是再三追问。男青年回说已给父亲穿了。这女青年非但不责怪男青年，反而深深佩服他孝敬父亲的美德，便抽空再做一双赠送给男青年。从此男女双方有了感情，终至订盟终身。不幸该青年在婚前罹病去世，该女即到男家抱了男的牌位披麻戴孝，表示宁愿守在婆家终身不嫁。当时封建社会对女子的这种贞节表现，倍加赞扬。这女子在夫家尽心劳动生产，操持家务，孝待其翁，并征得其翁同意，为翁再娶一农家妇女，生子，她用心培养，令其入塾读书。后来终于考取通州秀才。秀才成家、立业、生子，她又精心培育，为其夫立后。这孩子最终读书成名入泮。这贞节女子孝于翁并为其家培养两代后人，使季家有后，成名成业，深得当时官民的赞扬。后来其子赴南闱（明、清科举考试，称江南乡试为南闱）考举人，交卷时，跪在提学（宋崇宁二年，在各路设提举学事司，管理所属州县学校和教育行政，简称提学）前请求为其母旌表贞孝，得提学允许，请求北京六部颁下贞节旌表，并建立石牌坊，以资表彰。这是季氏宗祠贞孝坊之由来。

余西大悲殿旧为通东名胜，主要在于它的山水花木。而宋梅、四色梅、四色天竺及其他古梅20余株，都系几百年来的珍宝。这是大悲殿为世推重的主要原因。这在全县也是少见的。1949年后，大悲殿已改建为余西中学，原有名贵花木，在先已被损毁一空，仅二进佛殿前一棵大银杏树留存。

（曹玉麟）

余西文庙

余西文庙位于二甲余西古镇东北部，基址四面环河，南有土坝通向镇区。整个建筑群环水，由两进院落组成，第一进建筑由文昌宫、厢房围合成院落，文昌宫为硬山建筑，面宽三间进深六界；第二进由大成殿厢房围合而成，大成殿为庑殿顶，面阔三间。遗址现存石柱础一块，石碑残片数块，古砖数块。

文庙遗址及遗迹

三圣殿

清朝咸丰年间，因战乱，有一批商人从徽州、湖州、镇江等地北迁到通州袁灶。其中有一位富商熊某为了行善积德，牵头募捐集资建造了三重大殿寺庙一座。落成后，寺内供奉"西方三圣"佛像，故取名为"三圣殿"。

三圣殿为传统三进式日字形建筑，第一进称"天王殿",两旁供四大天王;第二进称"大雄宝殿";第三进称"伽蓝殿";三殿东西两侧是厢房。天王殿前栽有银杏树一棵。20世纪60年代,寺庙房子全部拆除,只留下碎砖片瓦,后来在这废墟上扩建了袁灶小学。昔日的寺院踪迹已荡然无存,仅有学校教室楼前的一棵银杏树尚在,成为"三圣殿"遗址的唯一见证。据专业人士讲,这颗银杏树距今有120多年的历史。

(马锡华　曹甫成)

五圣殿

古五圣殿坐落在坨墩村第35村民组境内(原小墩桥村10组),庙地是个长方形,南北长110米,东西宽60米。占地面积包括外岗沟、里园沟约6 600平方米。殿堂主要供奉地藏、夏禹、刘备、关羽、张飞,乡民称之为"五圣",五圣殿的"五",还有另一层含意,即南到运盐河五里,北到老皇岸五里。

庙始建何年,难以考证,大约有200多年历史。古五圣殿朝南三大间,檐高8尺,挂有一块2米长、1米宽的横额:五圣殿内供奉除五圣外,还有韦陀佛、痧痘二神、女娲娘娘、城隍、阎王和十八罗汉等。朝东厢房三间,为住持和僧人的起居生活用房,朝西厢房三间,用于客房接待和仓库,整体形成三关厢。大殿正南面有"三门堂",内供奉四大金刚。庙内第一代当家和尚叫乔福;第二代当家和尚叫徐真;第三代当家和尚叫吴道。每逢初一、月半进庙烧香敬菩萨者络绎不绝。五圣殿每年农历五月十三要念一天平安大悲忏,六月十三庙里和尚到管辖范围内(据说南到老运盐河,北到老皇岸),去各家各户张贴平安符。另外凡此范围内哪家死了人,治丧的家人、亲戚朋友都要披麻戴孝上庙送灵到阎王殿,算是当时的丧俗。

抗日战争时期，五圣殿曾是新四军秘密联络点，藏有新四军军旗、军衣。1943年，不幸被日军发觉，一把大火将古寺庙厢房烧毁，仅正殿没有被烧。日军投降后，当地的一些施主和知名人士发起，重建被焚烧的庙舍。1958年，所有菩萨、道具等均被扫除掉，寺庙被改为大队农具厂，正殿、西厢房被拆掉改建成厂房。1961年寺庙全部拆除，古五圣殿已无房屋，但庙沟岗河痕迹，仍隐约可见。

（曹甫成　徐加祥　曹法标　曹茂胜）

货郎庙

传说在清朝乾隆年间，有一个姓陆的货郎挑担经过如今通运桥村19村民组，突然天降大雨，他急忙躲入曹家土地堂内避雨。见到土地堂的几尊菩萨，倒身便拜，并默默许愿：他日我陆货郎发财，必造大庙！说也奇怪，几年后货郎生意兴隆，竟成了一个大财主。他履行诺言，大兴土木，把"曹家土地堂"翻造成一座大庙，当地开始叫它"陆货郎庙"，后来图简单，叫作"货郎庙"。

货郎庙遗址

货郎庙东邻"潮沟"，北靠"长沟"，西、南为庙地（庙地共12亩）。东西宽约50米，南北长约80米，占地面积为4 000

平方米。庙内建筑是典型的四关厢，进门是"三门堂"，庙中有走廊直至后排正殿。正殿朝南，5大间，檐高3米，大门上有5尺横额，书"大雄宝殿"四个烫金大字。殿内供奉如来、观音、大圣三尊木雕。东侧两间供奉财神、痧痘二神、斗姥等神像；西侧二间供奉巫老爷、送子观音、猛将等神像。东边朝西厢房3间，为膳房；西边朝东厢房4间，为住房。

每年发"庙会"一次，庙会这一天，把巫老爷和猛将换上新装，请入轿中。出会的先锋是马叉鬼开路、土地爷带路，会友执伞敲锣紧随。出会路线南到海界河，北到运盐河，一路段吹吹打打，好不热闹，观者如潮。

庙里末代住持叫王宋尘，法号"本善"，原袁灶乡新育村人，因父亲离世早，11岁被送到郁家庙当小和尚，16岁随师父学昌到货郎庙。祖师是有富，往上一任庙住持是明福，再往上就难以考证了。

1958年，货郎庙里泥菩萨被砸，木菩萨被烧，庙舍改作大队织布厂厂房。庙内2棵参天银杏树（直径1.6米、高20米，相传有250年以上历史）也被锯掉。1962年，庙建筑全部拆光，其材料用于建造袁灶乡人民大会堂。

（曹甫成　王有才　赵洪林）

宝云山寺

古宝云山庙遗址在宝云山村第9村民小组，地处二甲，故俗称二甲庙。据民间传说，明洪武年间，有一和尚云游到此，沿二甲车路直往范公堤，当途经二甲车路中段时，只见车路东有一条U型沟，U型沟前有类似三只香炉脚状的三个园沟。U型沟前积土较高，整个地形地貌类似一个"心"字，云游和尚决定在此地上建一座庙。后来请民工对U型沟进行了加宽加深，把泥土堆积到U型沟中央，积土如山，建庙后故取名"宝云山寺"。

宝云山寺遗址"龙地"

建庙后,庙里香火一直比较旺盛。和尚又在最南边的园沟东西各凿了一口井,园沟代表龙嘴、东西两井代表龙的两只眼睛,加上后面的U型沟,整个地形地貌又像一只龙头,故也俗称为"龙地"。

该庙建筑为一殿一厢,共6间。正殿朝南,内奉"西方三圣"阿弥陀佛、观世音菩萨、大势至菩萨,左侧是都天菩萨。朝东三间为厢房。中华人民共和国成立后,庙的最后一任住持(法号)为觉波。

1958年庙中所有菩萨被毁殆尽,1962年改为四个大队的卫生所,1963年改为团结小学,1965年下半年原九大队被拆分为六、九两个大队,把庙房拆除,二甲庙被夷为平地。宝云山路从U型沟中间穿过,U型沟和三个园沟、两口井在农业学大寨平整造田中被填平,种上了农作物。

(徐美萍 曹允龙)

万寿寺

古万寿寺遗址在路中村第28村民小组,地处三甲,故俗称三甲庙。民间传说,公元1735年,当地绅士曹镇清出资造庙,在择地动土挖基时,于草丛中掘出一支近百斤重的山药,此事惊动了京城,即将登位的乾隆龙心大悦。庙殿上梁当天,巧逢乾隆登基之日,故起名万寿寺,大梁上刻"万寿无疆"四个大字。"曹镇清独建万寿寺"的故事亦在民间流传,曹家后人为纪念祖先，在大殿一侧设曹家祠堂牌位。

万寿寺的建筑为"一进三堂"：前殿、中殿、后殿，一殿比一殿高大。前殿为关帝殿，中殿佛龛奉供"西方三圣"，后殿高有9米，殿正中是2米多高的释迦牟尼塑像，两侧是四大金刚。

万寿寺占地2亩许，四面围墙，围墙外是庙河，庙河航道可直通运盐河。东庙河上有一座5米多长、1米宽的木桥与外连接。寺门朝南，门有横匾上书"万寿寺"三个烫金大字。1949年前，寺的最后一个住持是"觉能"和尚，忠义人氏。他从小出家，曾在"而立"之年在寺内栽下了一棵银杏树，距今70多年，如今此树尚存，生长正常。三甲庙被群众称为"富庙"，有庙田两处，一处在本地，另一处在"老岸"（余北东北部），租给农民。

1936年前后，金余人季松山来万寿寺办私塾，学子有四五十人。1942年，日军下乡查庙，疑季是新四军，季扑河而逃离。1949年后，万寿寺改为"益民小学"，1958年寺中所有神像被毁殆尽。2001年，益民小学被拆并。如今万寿寺已被夷为平地，独有银杏树依然挺立。 （曹甫成）

万云寺

古万云寺位于路中村49村民小组，南紧靠老运盐河，占地1 000平方米。庙寺在四甲，故俗称"四甲庙"。古寺距今有400年左右的历史，是全村五座庙宇中最古老的一座。相传明朝末年，句容人曹仲仁携二妻来到原万云寺村插锹开垦，在其晚年建了万云寺，经后人不断扩建发展，到1949年前，庙宇已相当可观。该寺建筑为四合大院，共11间。正殿面朝南，内供奉"西方三圣"：阿弥陀佛、观世音菩萨和大势至菩萨。佛龛高3.3米。左侧有近一米高的曹仲仁夫妻三人的塑像，供后人纪念及膜拜。朝西大殿供奉赵公明财神。朝北殿正面奉供护法神韦陀，侧面是土地公公和土地娘娘。朝东为两间厢房。

1958年庙宇改为畜牧场，后来又作"五保户"的养老院。"文化大革命""破四旧"，庙宇建筑也被全部拆除。如今，庙址上已盖民房。1949年后，庙的最后一任住持姓单，法号"志儒"。 （曹甫成）

强林寺

古强林寺遗址在路中村16村民小组。因古寺位于五甲界内，俗称为五甲庙。相传清朝顺治年间始建。光绪年间，本村人曹跃进、曹有富将庙寺修葺扩大，后人称之为"正源"（源头施主）。古强林寺建筑亦是传统的四合院青瓦房，坐北朝南，面对古运盐河，东、西、北三面皆为庙河，占地约1 000平方米。朝南三间为正殿，檐高3米，大殿内供奉一佛二观音。左侧是火神祝融、三官、地藏、5个阎王；右侧为禹王、都天张巡、土地公公土地娘娘、另5个阎王。朝东殿亦3间，内奉护法韦陀等。西、北均为厢房。中华人民共和国成立初期，住持叫福林，法号"广明"。

1956年，该寺被改为织布厂、糖厂，1958年被拆除。20世纪60年代，庙场上2棵银杏古树被神化，传言其树皮"香方"可医百病，树身根部的树皮，被四处闻讯而来的信士当作"香方"剥空，古树在1969年枯死。 （曹甫成）

天竺山寺

天竺山寺位于余西古镇东1 000米外、运盐河北岸的六甲（今路中村第五村民组），俗称"六甲庙"。当时管辖西头甲庙、西二甲庙和二甲关帝庙。古天竺山寺相传于清朝前期，由本村曹金顺祖先建造，有庙田37亩。清末民初，已形成朝南"明三暗五"，加朝西厢房共13间庙舍。朝南正殿供奉

"西方三圣"，菩萨塑身1.8米左右。1949年前庙住持为陈小宝，忠义人氏，法号"了凡"。1949年后由了凡弟子林坤坤作庙住持。林坤坤，路中村人，法号"悟缘"。1956年改庙为增谟乡第九高级社办公室，1958年人民公社成立后，作大队粮食仓库。此后红光小学迁入，后红光小学拆并，原庙遗产与学校一起拆除，庙内一棵银杏树，相传有200多年历史，"文革"期间被台风刮倒。

（曹甫成）

药王庙

宝云山村27组西河边原来有座药王庙，村民殷祝均祖父殷成瑞所造，距今已有120多年。殷成瑞年轻时心地善良，信神信佛，他看到乡亲们缺医少药，就自己动手捡来砖头，造了一座小庙，并从外地请来了药王菩萨神轴，供奉在庙内。后来病家还愿逐步积累了一些钱，加上善男信女们的赞助，就造了一座较大的药王庙，前后几间，包括前边的场地，有80平方米左右。庙中的药王像，是身披树叶的神农氏，左右还有小神像。庙建成后，人来人往，香火缭绕，很是兴旺。

（徐美萍　殷祝均）

关帝庙万年台

二甲镇的关帝庙建于清光绪初年（1875），距今已有一百多年的历史。关帝庙占地近4 000平方米，山门朝东，门前有南北通道，向北通往二甲河，向南可通海界河。山门前偏北处有一木桥，山门两侧各排列旗杆四根，三面院墙。

进山门后是一个很大的院落。院落的东边，是三间半长的两层楼，楼背面正中朝西是两大间的万年台，供演庙戏和愿戏所用。演戏时整个院落可容纳观众1 000人左右。院落西边朝东一埭高大的房屋就是关帝大殿，大殿左首为文昌宫，右首是财神殿，财神殿南首是一座小六角亭，整个关帝庙有大小房屋21间。

　　大殿外的大匾上横书"天平大帝"四个大字。大殿内，二梁上朝东的大匾上是"浩然正气"四个大字，里架二梁朝东的大匾上为"义薄云天"四个大字。另有张謇书赠"天汉声扬"，丁大年（丁松斋，曾任阜宁县知县）书赠"德配天地"两块大匾。还有周家禄（字彦升，川港人，优贡生，时在二甲镇陈氏家塾处馆授徒）题关帝庙楹联一副："别院绿桑高，晓日犹擎车盖影；闲庭芳草遍，春风先染绣袍痕。"此联既重辞章，又具辞采之丽，是不可多得的题祠庙联语。

　　旧时信佛的人多，菩萨生日许多人要来烧香，身体有病要来烧香，不能生育也要来烧香。烧香就要许愿求神保佑，一旦愿望实现，就要来还愿。有钱的人家除了买许多供品外，还要请戏班子来演戏，这就是愿戏。还有在菩萨生日时出会，大伙凑份子解决所有费用，包括请戏班子做一场戏，既为酬神，又为娱人。到时四乡八邻的民众蜂拥而来，欢乐热闹的场面，让人兴奋不已。

　　1916年4月，该庙内办起了余西市第十三国民学校。1928年，二甲镇上的三所初级小学并入该庙内，建立了二甲小学。以后，随着小学校的扩大，庙的规模也逐年缩小，到1949年前，停止了活动。1949年后，随着教育事业的发展，原关帝庙的房屋拆除的拆除，改建的改建，万年台也荡然无存，只有两棵老态龙钟的龙须树仍是当年的遗物。

（沈志冲）

城隍庙戏楼

　　城隍庙建于明洪武年间，是余西规模最大的神庙，大殿供奉城隍及判官等神像。后殿分上下两层，楼上供城隍及娘娘，并有一妇人专门负责打扫及叠被等所谓的城隍夫妇的起居。庙内还建有一座戏楼，每年除举行一次城隍庙会外，还要举行一次数天的盂兰盆会。期间通东所有的渔船都集中在庙东的运盐河畔，最多有数百只。渔民们男女老少都穿着新衣服像过年一样，夜晚城隍庙内灯火通明，人们都去逛庙会，看演戏。锣鼓声声，人头攒动，跟现在演通剧差不多，非常热闹。盂兰盆会在南通其他地区很少见，这里的盂兰盆会可能跟古代这里渔民出海捕鱼留下的旧俗有关。

（沈志冲）

古镇的牌坊

牌坊，又称牌楼，古名"绰楔"，总称牌楼牌坊，由底座、立柱、额坊和字板几部分构成，牌楼有屋顶，烘托气氛；牌坊无楼，即无斗拱和屋顶。牌坊是中国特有的门洞式建筑，作为中华文化的一个象征，这种建筑形式是中国古代建筑艺术与人文精神的结晶。余西镇的牌坊有19座之多。按功能、性质分，有政绩功德牌坊——这是为道德气节高尚、军功政绩卓著的官员而立的牌坊，如清康熙年间余西东七总运河北的曹汉冲石牌坊；孝子懿行牌坊——为旌表孝子，以倡行孝道而立，如余西镇中心市河桥北塊的曹溥孝子坊；贞妇节女牌坊——为旌表遵行封建礼教，操守高洁的贞妇节女而立的牌坊，余西南街十八弯巷口的郁氏节孝坊、季家祠堂的张氏贞孝坊；百岁寿庆牌坊——纪念百岁老人，恭颂地方德政的牌坊，余西东街的曹氏百岁坊和季家祠堂的季氏百岁坊；文庙学宫牌坊——余西文庙前的"德配天地""道冠古今"木牌坊；场署衙门牌坊——余西场署衙门前的"鹤凤东来""金石西鉴"木牌坊；坟墓祠堂牌坊——明宣德、正德年间的曹汉英墓石牌坊（俗称"羊马儿坟"）、明嘉靖年间曹仲仁墓石牌坊，民国年间河北头甲曹鹤山墓砖砌八字形牌坊，大悲殿西侧季家祠堂石牌坊；寺庙宫观牌坊——大悲殿的山门堂四柱三门冲天式石牌坊，都天庙砖砌八字形庙门牌坊，等等。

明宣德、天顺年间，还有两个余西人的政绩功德牌坊建在通州城（今南通市主城区）。一是曹琳的政绩功德石牌坊。曹琳，字庵中，明宣德四年（1429），己酉科，应顺天乡试，初任棠邑知县，二任南京工部主事，三任工部郎中，有诰命，（"四任"原资料缺，待查考）五任贵州参议，六任贵州参政。坊曰"擢魁"，在州西门外。

另一是曹靖的政绩功德石牌坊。曹靖，字公安，号均轩，中明天顺三年（1459）己卯科顺天乡试，任山西大同府通判，在任九载。坊曰"鸣凤"，在州治南。

余西镇的牌坊不仅建筑结构自成一格，别具风采，而且集雕刻、匾联文辞和书法等多种艺术于一身，熔古人的社会生活理念、封建礼教、封建传统道德观念、古代的民风民俗于一炉，具有瑰丽的艺术魅力、很高的审美价值和丰富而深刻的历史文化内涵。

余西镇至20世纪五六十年代，还完整保存了有二三百年乃至五六百年历史的七座明清牌坊。由于众所周知的原因，现仅存余西镇南街中心的一座郁氏"节孝"坊，虽历经250多年的风雨寒暑，至今仍巍然屹立，显示我国古代建筑工艺的高超水平和特有魅力。 （曹颢武）

郁氏牌坊

郁氏牌坊在余西镇龙街中南部，建于清乾隆二十六年（1761），由基础、立柱、额坊、字牌和檐顶五部分构成。牌坊用花岗岩建造，榫卯结构，单门双柱三楼式，宽3米，高5.5米，坐西朝东，坊顶部及左右分别冠以一大二小的庑殿式顶，中楼嵌阴刻"御赐"二字。边楼各为一朝官，中横额阴刻"旌表故儒士曹建章之妻郁氏孺人之坊",上下横额分别雕刻二龙戏珠和狮子滚球,柱上刻对联一副:"百年贞操冰霜厉,千载徽音日月昭。"坊顶上层楣额刻"节孝"两字,下层则镌刻着立此坊的两江总督尹继善、江苏巡抚陈弘谋和通州知州张宗衡等各级地方官员名字。

(马锡华 周 忠 曹甫成)

郁氏牌坊

孝子坊

孝子坊位于余西二河桥北侧,原是一座跨街而建甚具规模的石碑坊,清乾隆二十六年为表彰曹溥孝母而建,"文革"期间遭拆毁,牌坊残留部分为石雕构件。

曹溥,字溥远,号宏德,清南通州余西场人,是南通家喻户晓的大孝子。据《曹氏家谱》列传记载,其母得厉疾卧床七年,曹溥"七年之丙日则侍立,夜伴寝起身必亲自扶抱,饮食必亲自调制,亵衣溺器必亲自涤荡,勤勤恳恳未尝废,远以至家资殆尽,宗族咸悯之,而公毫无愠色,惟期得报罔极之恩为幸"。

清乾隆二十年(1755)七月,钦命内阁学士礼部侍郎提督表彰,江苏学政翰林院二级记录,江南直隶通州正堂三级记录,乾隆皇帝三次赐金匾额册封表彰孝子曹溥,载入《通州志》。

清乾隆二十六年,天子赐令江苏翰林院建造笃孝堂,树立石碑坊,册封宋代征西伐南唐名将曹彬后人曹溥为忠孝子载入史册。

(马锡华 周 忠 曹甫成)

孝子坊遗址　　　　　孝子坊石藏于码头构件内

 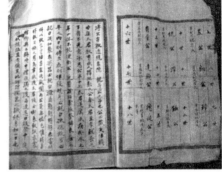

《通州直隶州志》　　　　曹氏祖谱
关于曹溥的记载　　　　关于曹溥的记载

张氏节孝坊

　　"节孝"牌坊位于袁灶东北街内，于清代道光二十六年（1846）所立，又称张氏牌坊，距今已有167年的历史。据传，清朝乾隆年间，袁灶张家有女生兰，嫁与袁灶街熊家，丈夫英年早逝，她守节不再嫁人，同时又对公婆非常孝顺。张生兰去世后，其子向当地官吏申请，经官吏审核无误，再向上级报审，最后经北京内务府批准后，为张生兰竖了"节孝"牌坊。牌坊上刻有"圣旨"二字，牌坊横额刻"节孝"二字。

袁灶节孝坊

"节孝"牌坊,花岗条石,单门双柱三楼式,宽3米,高5.5米,坊顶部及左右分别冠以一大二小的庑殿式顶,中横额阴刻"旌表监生熊致恭之继妻张氏"12字,上下横额雕刻分别为二龙戏珠和狮子滚球。柱上刻对联一副,上联是"两字荣褒光日月",下联被砌在汪家墙壁内,不知所书。

(周　忠　曹甫成)

二甲节孝坊

二甲镇通海街南的"节孝坊",建于清道光年间。是为了表彰镇上陈姓大户人家的儿媳之贤德而建造的。材质为花岗岩石料,坐西朝东,上顶凿刻"圣旨"二字,下刻"节孝"二字。左石柱刻有陈媳姓名,右石柱刻道光某年某月,距今已有一百八十余年。牌坊前、左右设石狮一对。这座牌坊与别处建在道路上的牌坊不同,是直接建在住户家门口的。户主名陈尚清,其祖上于清嘉庆年间开设"公益"布行(地址在二甲镇农贸市场西侧),专门经营关庄布。所谓"关庄布",是指其销售地区主要为东北三省,而以营口、牛庄、大连为集散地。销售品种为白大布,每40匹打件1卷。该牌坊后的房屋1949年后长期为居民沈鹏根（烈属）所住。石牌坊在"文革"中被运输社的搬运工人拆除，一对石狮子辗转数处后，被安放在二甲中学内。　　　　　　　　　（王士明）

　　左侧石狮　　　　　　　　　右侧石狮

张家长寿牌坊

　　在通运桥村第55村民小组（原龚家桥村9组）的五甲河河西路中，有一座为百岁老人张洪德建的长寿牌坊，至今上年纪的老人回忆起，仍历历在目。

　　张洪德出生在清朝道光初年，卒于民国十二年（1923）。张家自认为其祖先从海门迁来，与张謇状元有同一祖源。1894年慈禧太后六十大寿设恩科考试，张謇考中状元，张洪德一家引以为自豪。张洪德一生行善积德，在乡下有好口碑，去世后，由儿孙建长寿牌坊，以显张家荣耀。民国十二年秋，从上海购回水泥、黄沙石子，浇制高4米、宽3米的百岁长寿牌坊，牌坊跨路而立，行人举目皆见。同年12月，张家召开揭牌仪式，相传州县也有官员到场同贺。

　　1949后，牌坊被张家自行拆除，只遗留一块木横额，在张洪德曾玄孙张成学家。

　　　　　　　　　　　　　　　　（张新德　曹甫成）

古镇胜迹

古　迹

盐课司署衙

余西盐课司场署，老百姓通常称其为衙门。

早在宋代，余西就设场，当时称余庆场。北宋太平兴国年间（976—983）通州的西亭、永兴、石港、利和、金沙、余庆等盐场，年产盐48.9万余石。同时朝廷专门设置机构来管理各盐场。明代前各场官员驻地，据说称为"察院"。余西察院设在龙街南端东侧，有可能是后来的茶庵殿（民初曾为国民党区党部）。论其地位规模当时还不是衙门，而仅是专管盐务的基层官吏的办公驻地。

明代余西的盐业达到鼎盛，随着盐业的发展，明洪武二十五年（1392）建余西盐课司场署，场署位于古镇北街，坐北朝南，直对龙街中轴线。场署占地面积共有5 300平方米左右，一进五堂。据史载，南向大门三楹，门前有照壁墙一座，翼墙两座，门外东西栅门。大门呈八字形，门外有石狮一对。内为仪门，门两侧设神祠二楹。仪门后是天井，穿过天井是大堂，共三楹。东西向吏廨各三楹，吏廨东侧是小花园，有花木、假山。大堂建筑高大，很有气派，威风凛凛。"肃静""回避"的虎头牌竖立两边。大堂往内是二堂，东为宾座，前出为书室。又东向有门舍三楹，前有花木，在二堂西侧另有伙房三楹。最后为住宅七楹，东西向厢房四楹。在住宅东北隅，另有财神祠一座。整个署衙还缭以土垣，构成一个整体，并在东西北三面开挖护衙河。后又将护衙河北段、东西端延伸向南，连接至古运盐河，开挖成了护城河。

　　盐课司隶属于扬州运盐司，专门管理盐务，后来又兼管民事。百姓称场署为"衙门"，称大使（场官）为"老爷"。衙门内除老爷外，还有师爷及各班执事。衙外还有治安保卫机构。陆上称"更房"，白天查处偷盗，夜晚沿街巡逻打更。边打更边喊："火烛小心，夜夜当心……"水上称"哨锚"，每晚两人一前一后撑着木船，船头左右挂着两盏有"巡"字的灯笼沿护城河巡回航行，查巡可疑船只。麻雀虽小，五脏六腑俱全，盐课司场署成了名副其实的官衙。

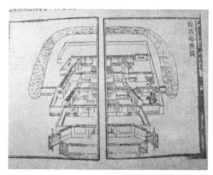

余西场署图

　　在明清两朝，虽对衙门多次进行修葺甚至重建，而格局却一直保持原状未变，威严壮观。辛亥革命后，废场设区市。由余西前清监生曹鼎臣任首任余西区区长。区所仍设在原衙门内办公。场署自明朝到民国，历史上一直是余西的行政中心，人们把衙门称为是龙街的龙头，其东西两侧的两眼古井为龙眼。

　　抗日战争爆发，1938年日军侵占了余西。敌人首先就拆毁衙门去造碉堡，数天就将数百年的古建筑夷为平地。在敌人的刺刀下，商贾纷纷离开余西去外地经营，从此古镇的经济文化逐渐衰落。2014年2月17日，余西古镇被住房城乡建设部、国家文物局公布为"第六批中国历史文化名镇（村）"名单。当地政府也采取措施组建了相应机构，对古镇进行建设保护。规划中，已将衙门列入复建项目，在不久的将来，这消失了近80年的明代古建筑，一定会重现在人们的眼前。

（马锡华）

余西的城门

余西古镇原有四座城门,分别为南门迎江门、北门登瀛门、东门镇海门、西门对山门。现在能看到的仅存南街的迎江门残垣,其他城门已荡然无存。所幸镇海门、登瀛门两块城门刻石得以保存,原藏大会堂门前场地下,现存民间。

山门堂

余西古镇北街老马场北侧,原精进书院往东,群众把这一带地方习惯称为山门堂,现在既看不到什么门也看不到堂,只见到几根石柱,据说这是百岁坊的遗物。

位于古镇龙街南端的迎江门

登瀛门城门刻石

镇海门城门刻石

大悲殿东侧有一条盐车路往南直通镇区,后来季氏把两米左右宽的盐车路东西两侧沟渠进行了整修,使盐车路变成了一条长堤,还进行了绿化,且罕见的是,在远离寺院300多米的镇区长堤出口处,建了大悲殿山门。这样季氏族长来寺院礼佛祭祀开祠等,按规寺庙住持必须步行300米迎送至山门外,显示季姓家族对寺庙的监管权威及其在古镇的影响。

大悲殿是古镇历史上明代前最早的著名古刹之一,风景优美,有山有水,寺内奇花异木甚多,传说这里曾是武后的行宫。据有关记载,南唐弘毅太子从江南迎銮镇(今仪征)渡江经过余西曾居住在大悲殿。大悲殿曾是历史上通东人礼佛朝圣旅游的圣地,历史影响深远。虽然山门堂早已不存在,人们仍习惯把这一带地方称为山门堂。

(资料来源:《余西古镇汇编》)

衙门口

明洪武二十五年,在余西北街建立盐课司场署,坐北朝南,直对龙街中轴线,在场署四周开掘了护衙河,后将护衙河北侧东西两端延伸经南连接运盐河,并挖成护城河。

盐课司场署隶属于扬州运盐司,专门督管盐务,后来又兼管民事,百姓称"衙门"。余西场的百姓乘坐木船通过运盐河将船航至护城河,停靠在护衙河来余西办事或打官司。场署这一带成了余西场政治经济中心。

好管闲事的人经常传出在场署一带听到的一些奇闻逸事,群众称为"衙门口"新闻。后来人们就把北街登瀛门外、场署仪门两侧的地方统称为衙门口。

(资料来源:《余西古镇汇编》)

坨 墩

早在2 000年前的汉代,西南的长江与东北的黄海连在一起，那时，江水东流，海潮西冲，一冲一流，一涨一退，江海底下便淤积了许多淤泥沉沙。五代十国时，坨墩村还是一片海浪，在如今的1村民组内有一小块高沙隆出海面，这就是"坨墩"，已有千年历史。坨墩，原来是个"沙墩""潮墩"，也是个"盐墩"。是当时盐民煮盐、渔民避潮休憩的地方。

宋朝时代，坨墩周围是民间传说的"崇州荡"，明末仍是"满地盐霜白茫茫，只长蒿草不长粮"。明末清初，句容等地的人陆续前来"开荡"时，坨墩这块高地已鹤立鸡群了。1949年后平整这块高墩时，当地人都清清楚楚记得，坨墩呈圆柱形，面积有1 000平方米大小，高出地面6米以上。1970年，平整土地，男女老少肩挑手提，用了3年时间才挖平，从此"坨墩"这块高地才从人们的视野中消失。

坨墩遗址

大凡历史悠久的地方，都有动人的民间传说。据说，在唐宋年间，八仙之一的吕洞宾云游四海，来黄海观潮（今启东市吕四镇），路过此地，见当地百姓在沙滩烧盐，又看到大潮涌来之时，盐民身无休息之地，便落云而下，驻足思策。吕洞宾当时穿的草鞋沾有黄土，于是一跺脚，落下了不少黄泥，遂聚仙气把黄泥堆积成墩。

"陈家坨墩曹家庙"说的是最早来坨墩周围开发的是陈姓,而坨墩上的大庙"增福山寺"是曹家所建。民间传言有"增福财神"到坨墩上打盹、歇脚,百姓意为喜从天降。当地村民曹德民的祖先司府厅仓大使曹爻芳,顺民愿在坨墩上建立了一座"香台",经后人扩建成庄严美观的神庙,八尺檐头,门额:"财神殿"。"增福财神"俗称"文财神"(武财神为赵公明),头戴朝冠,身穿红袍,1.5米高,正襟危坐,双手托金元宝于胸前。神庙除供奉增福财神外,还有相公、城隍、土地、立卜大人、痧痘、催生送生等神像。庙堂里面金碧辉煌,庄严肃穆,常年香火不绝。坨墩也因此称为"增福财神山"(清朝地图上也有此名,增福财神山与观音山、九华山并列齐名)。"文革"期间,"财神殿"被毁。　　　　(李步成　曹甫成)

增福山寺

田螺山

200多年前,二甲镇靠运盐河和二甲竖河、海界河进出内外,北至金沙、掘港、南通;南至上海、苏南,水路十分发达,往来船只络绎不绝,二甲逐渐成为通东地区的粮油、南北货、布匹、木材的集散地,因此获得了水路码头的称号。当时的繁荣,吸引了外地许多游民来二甲经商,田螺山村也成为这些人的落脚点。据传清朝后期,一户施姓人家在小海界河北侧兴建了一座土地娘娘庙,施姓子孙在庙内当童子,待人厚道,经常接济前来烧香祈福的外地游民。这里濒江临海,田螺、蚬子资源极为丰富,当时在庙附近落脚的游民以贩卖田螺、蚬子为生,他们白天驾着小船沿河叫卖,傍晚驾船而归,停靠在土地娘娘庙旁,生火做饭,挑田螺肉、剔蚬子肉,留下的螺壳、蚬壳堆在庙旁。二甲经商的人多,田螺生意好做,日积月累,丢弃的壳堆成了一个小山包。后因战乱,这些游民也四散求生去了,土地娘娘庙也就衰落了,然而由壳堆成的小山却一直存在,当地人就把此处叫作田螺山。30年代初,当地人在此创办小土窑,取名就叫田螺山窑,当时窑周围取土烧砖时,砖中还有不少螺壳。 　　　　(黄友明)

木行头

原木行头村位于二甲镇最南侧,和海门市德胜镇隔河相望,北与田螺山村、圩洪村以小海界河为界,东与原定兴桥村相近,西至五甲竖河。清朝嘉庆年间,二甲镇发展成通东地区的通商要镇,地处二甲南端的木行头村,地理位置十分优越,有南海界河、五甲竖河等水陆交汇、人员往来密集。因此,吸引了一些大户人家来此落户经商。清朝末期,有一个叫史兰堂的商人来此落户,创办史兰堂木行,经营杉木等木材生意。当时,二甲镇经商人聚集,需要大批木材兴建,史家生意越做越大。据说,史家的木材经长江运至小海界河,从东到西排了1.5千米长,占了半个河道。史家还买地2.7万平方米做木料堆场,木料堆积如山,盛极一时。史家之后,在其东边的季家,与西边的杜家也相继开木行,杜家的木行在小海界河与五甲竖河交汇的尽头,此处河面宽阔,便于存取木材,后人将其称为木行头。至民国初期,季、杜两家的木行也相继倒闭,但那块地方一直被人们称为木行头。民国中期,人们为方便通行,在海界河上建起一座木桥,叫作木行头桥,这也是二甲至海门的必经之路。抗日战争时期,被日军烧毁。1949年后重建,20世纪70年代改建为水泥板桥,后又建起现在的圩洪大桥。　　　　　（黄友明）

书院学校

余西精进书院

余西精进书院

　　余西精进书院创办于1892年,位于余西老镇工字街的北街,原建筑群由倒座、二门、穿堂和正房组成三进院落。秀才任尧章（任焕文）任院长。院址设于任宅私塾。

精进书院外墙

书院有穿堂三间,进深六界。屋面黑色蝴蝶瓦,屋架圆作,正贴四界抬梁前后札牵四柱落地,边贴为穿斗式六柱落地。柱础木质,短机雕刻水浪纹。正脊为三线雌毛脊,正吻为龙抬头。地面为方砖铺地,院落为席纹小青砖铺地。

正房三间形制基本同穿堂,后面不开门。

倒座为三间,中间为蛮子门楼,屋架为穿斗式结构,在蛮子门的前檐柱、后金柱设置门扇,屋顶为黑色蝴蝶瓦。该门楼体现了南通门楼的特色。

任焕文,字尧章,号罕闻,1861年生于余西镇,26岁中秀才,一直在家办塾教书。

光绪十七年,余西来了个场官,叫唐汝峒,绍兴兰溪人,举人出身,特来书坊拜访。见他释文解字与别处不同,很是敬重,把自己常看的《申报》《京报》等一应赠送予他,随即成立精进书院,任焕文受过维新训练,讲学比较开明。除古书外,还自编乡土教材和应用文,如把曹顶和柳敬亭事迹编成故事给学生读。他自修数学,那时阿拉伯数字还未在此通行,他就用中文数字教学生;与此同时,还宣传讲国语,使用新字典,力劝戒大烟,印传单,抵制日货,反对女人裹小脚等。这一举动,深得唐汝峒的赞赏。

唐汝峒也是个革新派,他来余西除创办精进书院外,还建了育婴堂。创办精进书院时,没有什么仪式,也没有请什么要人,只挂了一块牌子。

任焕文教学严格,学生勤奋好学,后来有许多进了大学,成了余西最早的一批大学生,如曹敬亭,曹善哉,曹派仁,马一行,马尔媛等。他们有的成了教学骨干,有的参加革命,成了高级干部。

精进书院是余西最早培养一批新型人才的场所,它为余西培养人才做出了很大的贡献。

(任科家 马锡华 任侠家)

精进中学

余西在清末曾经有一所精进书院，但是在历史上还有一所精进中学，所知的人已不多。

抗日战争爆发，日军侵占沿海各省大城市，大部分学校停课或内迁，在外工作的教育界人士和就读青年学生纷纷回到家乡。从敌占城市回到余西的教育界人士和当地知识分子宋子敬、曹玉麟、陈文波、季子善及他们原在省校的同仁，为了解决失学青年的上学问题，对他们进行民族主义教育，借余西游民习艺所（原系余西城隍庙）创办私立余西中学，后改为精进中学。由宋子敬（曾任县教育局局长）任校长，季子善任教导主任，曹玉麟任事务主任。招收余西附近失学青年百余人，设初高中各三级，聘陈子善为事务员，聘请来余西避难的徐益修、徐立孙（全国著名古筝演奏家、针灸专家，曾任南通师范、原南通医学院教授）、徐益瓢来校任课。也有部分海晏镇、富安镇、余东等地较远的学生在余西寄宿。

后因形势变化，宋子敬辞职，改由陈又奇继任校长。后陈又奇又把余西中学迁至北兴桥（县抗日民主政府所在地），请李俊民主持，陈离校去上海寓居。

陈又奇从上海返回余西后，决心恢复精进中学，于是召集原精进同事，借朱氏宗祠为校址恢复办学。陈任校长，教导主任由季子善及曹玉麟担任，曹禄园任事务主任，曹鉴渠、郁涤尘分别任会计事务。教员有陈文波，陈柏津（国文），陈绳武（教学），陈绳直（算术），陈绳道（体育），后有冯子仁，曹敬亭（国文），陆锦标、瞿明来、陈三哥（数理），曹泽民、姜子敬、孙振岗（英语），陈国梁、陈绳甫（书记），校工由曹炳涛担任。

1942年春又新建教室四间，夏季招收学生200余人。

在余西小学西南角,东南朝东朝西三栋房构成的小天井内,朝南开一门作为男生宿舍及厨房。女生宿舍设在朱善余宅内,有女人负责专门管理。其余学生则在离校较近的永丰吉及曹小斋等民宅借住。1942年冬在当时形势紧张、条件艰苦、财务困难情况下,县长梁灵光批准,下拨精进中学公粮五千斤,由陆锦标、曹玉麟前往严家灶领取,以弥学校经费不足。

当时学生来自启东、海门、南通东部及西部石港区域。后任余西、小海等地党委书记的曹锦琪,曾任通州图书馆馆长的张武科,曾任空九军政治部主任的季加森及余西当地曾在南通地委组织部任职的曹栋,在上海少儿出版社任职的曹惠民,曾在金沙余西小学任教的姜伦等曾经都是在精进中学就读的学生。

精进中学1944年下半年暑期停课,1945年抗战胜利后,精进中学迁入南通城区原南通女工传习所旧址,后又与南通崇敬中学合并,精进中学从此结束。精进中学师生中当时有地下党组织,领导进步青年,开展抗日活动。师生带着课本去镇郊的大悲殿,站在假山上的松柏树下,以复习功课为名,召开秘密会议,传达党的指示。为打击亲日派的阴谋,曾组织进步青年学生前往余西小学,阻止打击亲日派教师对"大东亚共荣圈"的宣传,而引起轰动全镇的学潮。党组织还培养了大批进步学生走上了革命道路,但是由于学校仍由陈又奇为首的国民党顽固派主控,人们对精进中学褒贬不一,继而对精进中学渐渐淡忘。随着时间的转移,精进中学也慢慢地从人们记忆中消失。

(马锡华)

二甲中学

通州区二甲中学创办于1956年，校址初选在二甲镇南的曹家园（现二甲镇定兴桥村19组），初期为二轨制初中。

二甲中学外景

1950年到1952年期间办过三期初中补习班，这是二甲镇最早的初中教育。这年上半年，学校另选新址（现二甲镇交通西街），征地约2.7万平方米筹建新校舍。8月，学校整体搬迁，并开始扩办高中，当年招收高一两个班，成为当时全县四所完中之一。从1958年到1960年，二甲中学办学规模进一步扩大到初中四轨，高中二轨，教职工达60多人，校舍面积4 500多平方米。

在20世纪60年代初国民经济暂时困难时期，办学条件十分艰苦，学校的高初中规模均有所缩小。学校全体教师克服困难，团结奋斗，狠抓教育质量。这时期学校的高中毕业生有60%以上考取高校，很多人考取名牌大学，后来成为各界精英。

1966年夏天至1968年，学校处于停课或半停课状态。"文革"期间，学校的招生时间、规模、学制极不稳定，教学秩序极不正常，教学质量受到严重影响。

十一届三中全会以后，学校进入一个稳步发展时期。全校共有18个班级，校园建设也有较快发展，1981年、1984年各建成教学楼一幢，1984年、1986年分别征地约3 300平方米扩建操场和校门前绿地。从"文革"结束到90年代初这段时期，学校不断完善教学设施，注重内部管理，教育质量得到了稳步提高。这些都为以后学校的大发展奠定了基础。

1993—2000年新建学生宿舍楼一幢、教师宿舍楼三幢、综合办公实验大楼一幢、学生餐厅一幢，新增建筑面积达20 000平方米。同时完成老教学楼的改造、扩建、装潢和校内污水河填埋铺管工程，征地约13 000平方米建成新操场。

学校十分重视德育工作，1994年在本市完中中率先被评为江苏省德育先进学校。学校努力加强"三风"建设，形成了"重德重才、尚真尚美"的校风，"善教善管、求实求精"的教风和"克勤克谨、创新创优"的学风。学校的体育工作也取得了优异成绩，学校的篮球队、排球队多次在南通市的比赛中蝉联前三名，被评为南通市《贯彻学校体育卫生工作两个"条例"先进学校》。学校关怀激励每一个学生的成长和全面发展，形成了"成功教育"的办学特色。二甲中学教学设施完善，教育质量一流，2000年5月被评为南通市重点中学。

从2001年到2006年5月，学校新建学生宿舍楼二幢、初中教学楼和图书馆各一幢，新建400米跑道塑胶运动场，完成校园绿地和校门改造工程，装备了校园网系统、闭路电视系统、校园监控系统，计算机成为学校管理的重要手段。至此，二甲中学总面积约49.33平方千米，总建筑面积约38 000余平方米，绿地面积约20 000平方米。校园绿树成荫，绿茵如毯，雕塑、喷泉、长廊、广场、花园互为映衬，亮丽怡人，学校建筑恢宏大气，雄伟典雅，造型美观，富有时代气息，蕴蓄着催人上进、文明和谐的人文气息。学校被评为"江苏省绿色学校"，江苏省三星级高中。

理治小学

南通市理治小学是由两所百年名校，余西小学和二甲小学合并而成，并迁入原海洪初中校址的。

理治小学

清光绪十七年，余西场大使唐汝峒上任之初，即奔走创立精进书院，聘任焕文任院长，院址设于任宅。1906年停科举办学堂，精进书院由余西小学继承。百年来余西小学，立德树人，人才辈出。除朱理治之外，从余西小学走出的名人还有江苏省原副省长曹卫星、著名画家曹用平、清华大学高级教授高钟毓、公路建筑专家曹振熙、南通军分区原政委薛忠、商海名流姜佩瑄、革命烈士孙占彪等。

二甲小学创建于1907年，校址最初在民国时期的南通县县长施述之家中，为初等小学校。后更名为余西市第二国民小学，张謇先生于1916—1919年曾担任过该校名誉校长。1949年中华人民共和国成立后，二甲小学定名为南通县二甲镇小学，班级扩展到12个，成为全县班级最多的学校之一。1998年，原二甲高育小学并入二甲小学。此后，原八甲小学、定兴小学、九甲小学、海洪小学等也相继并入二甲小学，使学校规模进一步扩大，微机室、自然实验室、图书室、阅览室、美术室、音乐室全部改造装备到位。百年来，二甲小学为社会输送了数以千计的有用之才，其中的杰出代表有：解放军报社宣传部原主编王佐邦，社会科学家范云岐，医学专家徐伟民、邓传宗，香港万荣置业总经理马守仁，建筑和环境专家高祥生，中国航空电子研究中心总工程师徐军，台湾师范大学教育系原主任瞿立鹤等。

南通市理治小学现占地面积约为30 533平方米，建筑面积8 202平方米；教职工92人；设有24个班，共有1 300名学生。自2009年起，区政府先后投入500多万元，为学校建设了综合楼、图书馆及塑胶操场，改造加固了教学楼、食堂，并添置了教育现代化设备，使学校成为布局合理、设备齐全的农村现代化中心小学。近两年来，学校以"学理明理，以理治身"为校训，着力建设红色德育、绿色课堂、蓝色科技"三色校园"，相继获得"江苏省教育现代化装备实验学校""南通市绿色学校""南通市科普先进学校"" 南通市青少年科学教育特色学校""南通市工人先锋号""南通市教育系统先进单位""南通市青少年行为规范师范学校"" 南通市先进教工之家""南通市先进图书馆"等20多项荣誉，成为享誉一方的知名学校。

2011年，在原余西小学理治教育奖励基金的基础上，经朱理治亲属和通州区政府的进一步筹资，并经江苏省民政厅批准，成立了我市首个地方性教育基金会——南通理治教育发展基金会。同年11月14日，南通市委、市政府在理治小学隆重举行了新校牌、朱理治雕像、朱理治纪念室的揭幕仪式，朱理治之子、中国社会科学院原副院长朱佳木，上海证券交易所原党委书记、理事长耿亮，无锡市人大常委会副主任丁大卫，江苏省社会科学院原院长宋林飞等出席仪式。朱理治纪念室等批准为"南通市爱国主义教育基地""通州区社会科学教育示范基地"等，成为当地著名德育教育基地。

2012年，经全国红军小学建设工程办公室批准，理治小学又被授予"南通理治红军小学"称号，成为第123所红军小学。10月15日，中国延安精神研究会、中国关心下一代工作委员会、共青团中央、中国青少年发展基金会、中国青少年网络协会、全国红军小学建设工程理事会、中共南通市委、南通市人民政府进行隆重授旗、授牌仪式，朱理治同志二儿子,全国政协委员、中国社会科学院原副院长、中国地方志指导小组常务副组长、南通理治教育发展基金会管理委员会会长朱佳木,全国人大常委会科教文卫原副主任、国务院原副秘书长、全国红军小学建设工程理事会名誉理事长李树文,全国人大环境与资源保护委员会原副主任委员、中国延安精神研究会原常务副会长朱育理,国防大学原党委常委、科研部部长、少将,全国红军小学建设工程理事会副理事长、中国延安精神研究会常务副会长苏希胜,全国红军小学建设工程理事会副理事长兼秘书长方强等领导参加活动。

袁灶小学

坐落在通运桥村范围内的袁灶小学,始建于清光绪年间,由地方绅士及袁灶港镇上有名气的店老板熊兆元及其子熊功甫创立。他们受著名实业家、教育家张謇先生的影响,而兴办教育。当时,他们从社会

袁灶小学

上筹得资金,在袁灶镇北首一幢原浙江人开办的典当储藏室内开办学校。该储藏室有140多平方米,室内设两间教室,一间接待室,两边(东北角和西北角)隔出两个小间作为教师宿舍和办公室,后来又改为校长室和总务处。1906年开始招生,招进的学生不仅有一年级新生,也有二、三、四年级学生。二至四年级学生是从各私塾转送过的。学校根据学生的具体情况再重新编班,最早开设两个复式班。当时人们开始对"洋学堂"有兴趣,因为开设的是国文和算术,学起来容易掌握,令人感觉新鲜。到民国年间,三、四年级还开设了英

语课。英语课一直延续到抗战初期。这是当时袁灶小学的一个特色。

到民国十二年（1923），南通地区各乡村和小集镇都开始兴办高等小学。当时镇上的熊功甫、单忤臣、王辅臣、季朴斋等人也准备办高等小学。于是单忤臣先与镇上花布行的老板协商，建立了董事会，想方设法筹集资金，后由王辅臣、王子章等人请瓦木工来校扩建校舍。先建大礼堂前后两排教室，后来又续建一排生活用房，包括厨房和教师宿舍，并在大礼堂前栽（移栽）下了罗汉松和紫薇等花木。罗汉松至今树龄已达400年。学校规模大了，经费不足，董事会就将镇"坝"收归公有，船只过坝所交的过坝费交归学校使用。

在1943年前后，日军在校旁筑起碉堡，不准学生从前面进校，学校只好在校园北边开了个后门。日军不准教师教中国文化科目，要学他们的武士道，可教师不理日军，结果校长宓崇辉被抓去余西据点，后由熟人出面周旋才保回。后来日军在我党我军"反清乡"斗争中遭到打击，被迫从袁灶镇撤离。当时的地方党组织领导易树之考虑到碉堡影响学校的教学和安全，就托当时镇上的开明绅士、著名医生周雅笙（原袁灶卫生院首任院长）负责动员附近群众，连夜拆除了这个碉堡，学生上学一下子就方便了。1949年年初，袁灶解放了，县政府教育科派成招贤任中华人民共和国成立后的第一任校长。附近的七甲埭初小、龚家桥初小的四年级毕业生均到袁灶小学上五、六年级。至此，校内共有1—6年级的班级6个。1958年当地政府将庙宇，改建成1—2年级的教室，当时称为"分部"。学校在1966年开设初中班，又于1972年设高中班，然后再增设幼儿班，全校共有21个班级，成为"戴帽子"的学校。1980年学校停招高中班学生。1983年，学校把初中班迁往新建的袁灶初中，幼儿班迁往新建的袁灶中心幼儿园。至此，袁灶小学"名副其实"了，共有12个小学班。近10年来学校加快校园改造,不断改善办学条件,根据上级有关部门规定,将原袁灶乡所有乡村小学全部撤并到袁灶小学,这些小学是:袁东小学、七甲埭小学、慎西小学和刁桥小学。目前学校占地10 869平方米,建筑面积为4 469平方米。近年来,学校多功能教学设施陆续配套,为培养高素质人才提供了优越条件。全校目前共有21个班级,59名教职员工,1 294名学生。踏进袁灶小学校门一眼就能看到一棵生长已有120年历史的银杏树和一棵树龄已有400年的罗汉松。

余北小学

通州区余北小学创办于1937年,由村里的乡绅利用五圣殿庙堂组织20多名学生进行复式班教学。现代著名画家曹用平曾在此接受启蒙教育。由于庙校一体,乡邻

余北小学

去世,都要上庙送草,哭哭啼啼,吹吹打打,影响学生上课。学校后来在五圣庙殿北的小墩桥旁找了两间小瓦房,让学生搬去读书,学习《三字经》《百家姓》等。

20世纪50年代初,政府拨款并拆五大队地主葛家的房屋扩建学校,建了两个教室和一个办公室。招收学生的年龄参差不齐,八九岁,十四五岁的都有,第一任校长为邱毓和。当时为了纪念抗日烈士李增谟,当地的同德乡改名为增谟乡,学校也改名为增谟小学。1949年后,人民生活安定,条件的改善,要求上学的学生越来越多,学校规模不断扩大。1950年至1956年,学校有1—4年级,4个班,为初级小学,1957年扩建成高级小学,发展到6个班。1958年、1959年借肖家园的

民房，办起了民办初中班，满足附近学生上初中的愿望。

1965年前后，增谟小学升格为余北公社的中心小学，即余北小学。管理着全乡的所有村小：一大队的爱群小学，二大队的朝阳小学，五大队的培红小学，八大队的育红小学，六大队的北潭小学，七、九大队的红光小学，十大队的曙光小学，十一、十二大队的群力小学。第一任中心小学校长为罗素兰。1969年，学校为满足广大学生继续接受教育的愿望，设立了初中班，1975年附设高中班，即所谓"戴高帽子的小学"。"文化大革命"结束后，逐步将初中、高中并到余北民中，学校恢复为完全小学。

2000年拆并余北所有村小，异地新建了一所新余北小学。新校在余北乡政府东首，七甲河东边，占地20 000平方米，兴建了一幢三层18个教室的新教学大楼。学校的办学条件不断改善，规模效应不断显现，教学质量不断提高。多年来，学校教学质量在余西地区遥遥领先，多次被评为通州区素质教育综合考评先进学校。学校通过集资和争取上级拨款，先后建造了综合楼、食堂、教工宿舍楼，添置了大量的设施设备。一所崭新的、功能齐全、质量优良的余北小学，服务着余北人民。

2009年的校安工程教育现代化工程中，学校拆除危旧教学楼，重建新教学楼，加固综合楼、食堂，新建标准操场（其中校友季火江捐赠10万元建塑胶跑道），新建、改建道路150余米，新建、改建围墙300余米，新植香樟树230余株，添置了电子白板和大量图书、仪器、设备，学校达到省教育现代化的办学标准。学校是通州区第五届模范学校、青年少年行为规范素质学校，参加了省"金钥匙"科技比赛，2008年、2009年连续两年被评为省科技教育先进学校，2011年、2012年多名学生获省"金钥匙"竞赛特等奖和一、二等奖，2009年参加区广播操比赛，获一等奖。

（陈乃康　曹凤翔）

民居古宅

建筑特色

余西在历史上隶属扬州,原为海边的盐场。历代统治者对南通的盐场都进行了有效管理。同时大量的江南人在不同的时期迁入二甲余西古镇,使淮文化和吴文化交融。同时余西濒临大海,海洋文化对余西文化的影响也是不可忽视的因素。南通工匠和文人学者共同创造了余西独具特色的建筑文化。

建筑多设置檐廊,门窗较大,明间为六扇门,夏季可以完全打开。只有次间窗下为少量的实墙,其余部分均为可启闭的门窗。

曹海安宅院正房窗户

张云程宅院门

屋面有轻微的举折,略显轻巧,铺小青瓦,正脊为三线雌毛脊。房屋的外墙面都粉刷白灰,墙面洁白,再以灰色瓦片相衬,很是雅致。香山古建筑的泥塑对余西建筑有着深远的影响。余西建筑的正脊多为泥塑的鳌尖、龙首等,色彩用黑白二色,形式有浮雕、透雕、立体雕,内容多为颂祝吉祥的物件。

精进书院正吻

屋面的黑色蝴蝶瓦具有吴地精致、细腻的特征，檐部不但使用了勾头瓦和滴水瓦，还加上了花边，形成了繁复的、独具特色的南通"猫儿头"。

"猫儿头"

门楼有附墙式和独立式两种。附墙式的门楼遵从实用原则，几乎不设置门罩，仅在入口设置抱框，安装门扇。独立式门楼比较拘谨，多为蛮子门。

室内设计凸显淮地文化，古朴而不失精美，例如，室内月梁、驼峰等造型粗犷古朴，而雕刻细腻、手法精美。

宅院屋脊·正吻

袁灶熊宅及其室内梁架

房屋多为抬梁加穿斗混合式木构架体系。余西古镇传统民居多为一层，带阁楼，普遍采用木构架承重体系，明间为抬梁式，两山中柱落地为穿斗式，柱上承檩并有随檩枋，颇为考究，当地典型的木构架为"七柱九檩"体系。

公共建筑

余西古镇历史上的公共建筑甚多，门类之全显示其已具相当完善的城市功能。遗址有余西盐务分司衙门、马场、当铺、书院、城门等。现存沿街数量巨大的商铺、精进书院、沿河的码头、盐业仓库、两口象征龙城的老井。精进书院为市级文物保护单位，创建于清光绪十七年，位于余西老镇工字街的北街，和原盐务分司组成余西老镇的政治文化中心。原建筑群由倒座、二门、穿堂和正房组成三进院落，穿堂正房各三间，进深六界。屋面黑色蝴蝶瓦，屋架圆作，正贴四界抬梁，前后札牵，四柱落地，边贴为穿斗式，六柱落地，柱础为木质，短机雕刻水浪纹。正脊为三线雌毛脊，正吻为龙抬头。地面方砖铺地，院落为席纹小青砖铺地。

余西古弄

弄堂是余西古镇的脉络。

余西至今尚有数十条弄堂，最宽的1米开外，最窄的仅能让一人侧身通过。这里，听不到人声鼎沸，看不到车马熙攘。走进小弄，孤独与怡然同时在心里萌生，静穆而空灵。宅弄深处，蜿蜒曲折，光线暗淡，两侧的青砖马头墙高高矗立，扶着墙行走，仿佛在记忆的峡谷里穿行，有着迷惑的缥缈。视线过处，一片迷茫悠长，像梦飘过又消散、远去。一些空置了的想象和情怀，被岁月的手翻开，那些如檀香般柔和的粉尘，幽幽而来。断椽几许飞檐在，小楼何人曾临窗。幽深的小弄总给人一种凄婉迷茫之感，如丁香般的哀愁挥之不去。一扇扇虚掩的门扉后面，阳光透过小小的天井，缓缓移动，似流金撒在了斑驳的木墙壁上，光阴的声息静在一块块青砖上，让人无不慨叹，逝者如斯也。

一直都认为弄堂是可以与人交流的，走在已不知记录了多少代人足迹的碎三石"龙街"上，轻蹑的足音回响在深长深长的弄堂，仿佛一曲古老的歌谣荡进缄默的城堡，是谁在与历史对话？又是谁在聆听一面面残垣诉说？宽窄各异的弄口如一双双大小不同的眼睛，默默地注视着烟雨红尘里的俗事纷纷，看着那些悲欢离合的故事在古镇的和风细雨中缠绵悱恻。

穿过长长的弄堂，尘嚣变得悠然，凡俗变得清淡，所有的喜怒哀乐都被幻化为宁静怡然；生生死死，幕起幕落，情感似乎经过了水的漂洗，多了些许沉静。爱情或者其他，成了纷繁往复的轮回，静静地、细细地，铺在了弄堂的每一个角落，铺在石板的每一个间隙，回过头望去。墙角一朵不知名的小花，正悄悄地开放。

（曹晓军）

熊家大院

原熊家大院其中一道门

袁灶"首富"熊兆元，人称"熊半街"，为清同治年间举人，与常熟清末重臣、一品大员翁同龢为姻亲。熊公馆位于袁灶西街，建于清朝同治年间，四关厢七进五堂大院，宅基地面积2 000多平方米，有房屋50多间，均按翁府式样建造，历时两年之久方才落成。屋内有京剧《三国演义》折子戏的砖雕、木雕，由江南能工巧匠精雕巧琢而成。熊公馆现为通州区文物保护单位。

通州区文物保护单位　　　大门

外貌　　　山墙

由于熊兆元为张謇恩师翁同龢之姻亲，又为举人、富商，故与张謇关系甚好。张謇去袁灶，必住熊家，这在《张謇日记》中有记载。翁同龢每去袁灶熊家，张謇定在百忙中抽身去熊公馆恭迎，以尽学生本分。熊公馆内过去存有的翁氏墨宝和张謇墨宝早已不知下落，令人遗憾。

（周忠　曹钰）

熊家大院雕梁画栋

季家大院

　　季家大院坐落于北潭村第4村民小组，清朝初期建成。其祖曾任江西省守备，季家大院的建筑格局是与其官吏等级相匹配的。大院由大门、二门、敞厅、大堂、后厢房五排朝南房子组成五进式，在五排房左右各有二排东西厢房，从而组建成一座呈"回"字形的封闭式大院，大院四周有护城河，大门前河的西南角有条叫"坝桩"的进出通道，距大门前百米处有条河可通余西镇的古运河，由此河往西可直通长江口的南通港，河边另有陆路小车古通道可直达南通港。

季家大院的大门,由一间大房、两扇合扇门组成,涂黑漆。门上有一对虎头形扣环,框上有对联一副:"汶上家声远,河东世泽长。"横幅是"福星高照"。大门内的地坪上铺一尺见方磨光青砖,前后门口有花岗石台阶,大门内左右护墙板及房梁均漆朱红色,门内左右护墙板下方各有一张3米多长的红漆大条凳。婚丧喜事时,大门口的外侧两边会放置两只一人高的灯笼架。遇喜事时,灯架上放有"季府"字样的红色腰形灯笼,遇丧事则放有"季府"的白色腰形灯笼。二门是门亭式样,门亭宽距与大门相当。门框上刻有"紫气东来"砖雕横幅。敞厅在二门后大堂前,一排五间,是大院的主建筑,每间约4米宽,中间三间连通,有近100平方米。敞厅门前天井左右各有一只近半尺高的4平方米的花坛,花坛中各有一棵200多年树龄的紫薇花古树。大堂是大院内主建筑物之一,是一开间,在大堂左右各有二间边房。大堂房梁上挂三块金色匾额,四只地宫灯。在大堂的右角有亭式造型的佛龛一座,佛龛内有一尊瓷观音像,在佛座前的板壁上挂一只一尺见方的"圣旨"箱,大堂中间板壁上挂一幅家官神像。大堂门口左右各有一块一人多高的告示牌,牌上有"回避""肃静"字样。敞厅和大堂是季家子孙中有身份、威望的成员议事和祭祀之地。后厢房,俗称"落后房",是最后一挂房的意思。后房中心有一厅,厅的左右是辅助用房,放置于农具、车具、柴草或作用人的房间。东西厢房各二排,其中有厅堂6间,居住房32间,其他为厨房或套间。

季家大院经历了三个阶段的破坏,到1965年前后,大院的老屋已一间不剩了。

(陈元珍 陈汉忠 根据录像整理)

邵氏老宅

邵宅建于民国,位于二甲通海街,为一进院落,由门楼、厢房和正房组成,入口台阶为一阶红色花岗岩。门楼大门为蛮子门,屋顶为黑色蝴蝶瓦,三线雌毛脊。正房为进深四界穿斗式卷棚轩后札牵,边贴为四界穿斗式卷棚轩后札牵。正贴为梁架扁作,后金柱枋下有多组斗拱,檐下设置丁头拱。建筑屋面黑色蝴蝶瓦,墙体抹灰,院落青砖铺地。

邵氏老宅门楼

邵氏老宅,由三进院落组成,后两进院落在民国时期被区公所征用。临通海街两座大门特色鲜明,均为蛮子门,前金柱后檐柱设抱框,安装两层门。大门黑瓦白墙,鸱吻高翘,显示出主人富甲一方的地位。第一进院落为四合院,正房明三暗五,进深六界,穿斗式结构边贴为六柱落地,穿枋为具有明代遗风的泥鳅梁。正贴为四架大梁前后札牵。大梁为月梁,两侧雕刻精美的花纹。柱头上装饰五踩斗拱。第二进正房之后为一座西式门楼,门楼之后的院落为规则的西式园林式铺地。第三进院落的正房和西侧厢房连为一体,金柱设置墙体,形成连廊。整座大院气势恢宏、雕刻精美、中西合璧,不失为南通民居的杰出代表。

邵氏老宅外景

邵氏老宅的厢房由台基、墙体和屋面三部分构成。居民多为江南移民,建筑具有典型的吴地风格。白墙黑瓦,屋面举折明显,穿斗式砖木结构,门窗较大。尤其是香山帮的泥塑在邵宅处处可见,正脊上的人物花草,外观朴素内敛,而内部雕刻精美、做工细腻,显示出其特有的魅力。

邵氏老宅内"暗八仙"雕刻

邵宅雕画栋

潜庵医院

　　20世纪20年代的二甲镇，医药卫生事业比较落后，镇上虽有几家药店及私人开设的中医馆，但设施简陋，医药费高昂，一般患者无力负担，部分人于贫病交迫之际，只能求神问卦，听从命运的安排。1925年，丁鹤亭（曾留学日本，毕业于东京帝国大学医科，回国后在原南通医学院任过教）在南安小筑内开设私人医院，名"潜庵医院"，院名系韩紫石老人所题。

潜庵医院原址

丁鹤亭的父亲丁子贞（名志清），原在阜宁县任知县，为了显示丁姓的声望，在镇南首盖了一所别墅，称之为"南安小筑"。南安小筑为四关厢房屋，类似北方的"四合院"，进门为一照壁，坐北朝南三大间为正棣，朝西、朝北也各为三大间，共有房屋12大间（包括大门堂）。东边砌有围墙，据说围墙所用砖头是通州的旧城砖，这也是因了张謇的关系。

丁鹤亭学的是西医，且医术高明，为患者治病从不乱收费，故镇上找他看病的人很多。他为人随和，不摆架子，有时晚上还打着灯笼出诊，至今尤为镇上一些耄耋老人津津乐道。1949年后，南安小筑的房屋被改建为工厂，以后，随着工厂的迁建，丁家老屋也被拆掉，已无从寻觅当年的模样，围墙上的旧城砖更是不知所踪。

（王士明）

名人故居

朱理治故居

朱理治故居建于清末,为通州市级文保单位。位于余西西街西端,建筑仅存两间朝东厢房,进深四界。屋面为黑色蝴蝶瓦,墙体抹灰,梁架为穿斗式结构,边贴已毁,正贴为四界大梁上承两界梁,上立短柱承脊檩。门前柿树经历了百余年沧桑,至今仍郁郁葱葱。另外余西小学操场北首,立有朱理治铜像。

朱理治故居

朱理治故居,由朱理治居住过的场所和余西朱理治纪念园两部分组成。故居为正房和厢房围合的一个半开敞院落,院落内有朱理治当年种植的柿树一株。正房已经翻修,厢房两间为朱理治当年的居住之处。建在余西小学院内的朱理治纪念园,是由原通州市人民政府联合朱理治的后人、故友一起兴建的纪念红色革命家的园地,目前为通州区重要的爱国主义教育基地。

朱理治故居的厢房由台基、墙体和屋面三部分构成。因余西人多为江南移民,建筑具有典型的吴地风格。白墙黑瓦，屋面举着明显，穿斗式砖木结构，门窗较大。同时吸收了南通建筑低调的风格，有内敛的地域文化特色。建筑层高较低，木结构用材偏小，建筑外装饰朴素。海洋文化在建筑上的反映较为明显。
（曹亚红　季小琴）

朱晋元故居

朱晋元（1855—1925），清末民初通州余西场人，当地富商，富甲一方。为老一辈无产阶级革命家朱理治的同族长辈。始为猪行老板，后相继经营粮行、木行、盐业、当铺等。

正堂　　　　　　　仓房

观音兜山墙　　　　拱月雕梁

朱晋元故宅位于余西古镇老街和中街的交叉口西北侧。该建筑群现存：朝东建筑一座，倒座和当铺。朝东建筑面宽五间，进深六界硬山建筑，结构为四界穿斗前后札牵，东面檐廊，廊下轩梁雕刻以民间故事为题材的浮雕。山墙为观音兜。建筑高大，四阶台基，室内地面为进口地砖。临街部分为当铺和店铺。

朱晋元故居（资料来源：《余西古镇汇编》）

朱溥泉故居

朱溥泉，清末民初余西秀才、县教育局董事，朱理治叔父，余西小学创建人之一。

朱溥泉故居位于余西古镇南街东侧。该建筑为硬山建筑，观音兜山墙，屋面黑色蝴蝶瓦，面阔五开间，进深七架梁。后用作余西区公所、乡镇人民政府办公场所。

朱溥泉故居（资料来源：《余西古镇汇编》）

曹少安故居

曹少安继承祖业，是中华人民共和国成立前的余西"恒兴"油坊业主，"恒兴油坊"为20世纪20年代南通县油坊业中名声较响的"东四坊"之一。中华人民共和国成立后，曹少安积极参加公私合营,曾任余西油米厂副厂长。

曹少安故居位于余西古镇南街西侧。

曹少安故居(资料来源:《余西古镇汇编》)

曹金波故居

曹金波,清末民初在余东等外地经营油坊,余西大富户。故居位于余西古镇龙街西北侧,前后两进,均为硬山建筑,正房面阔三间,进深七架梁,屋面蝴蝶瓦两滴水,内部采用穿斗式。两进房屋均为前后走马廊檐,廊下有月梁和精美雕刻。

曹金波故居(资料来源:《余西古镇汇编》)

曹禄园故居

曹禄园，余西古镇的大油坊业主。故居位于余西龙街山堂门附近，为一进四合院，建筑由正房、门楼、厢房组成，正房三间前带檐廊。院内青砖铺地。

曹禄园故居（资料来源：《余西古镇汇编》）

曹晋书故居

曹晋书，余西名医。人称凤先生，盖因乳名衍绎而来。性豪放，闲时喜剪纸，扎灯具。悬壶济世50年，活人数千，真心实意为百姓服务，闻名遐迩。

凤先生故居（资料来源：《余西古镇汇编》）

曹秀升故居

曹为拔,字秀升,清通州余西场人。通东地区有个家喻户晓的歇后语,叫"曹秀升打官司——认输",就是赞颂他的。他正义侠气,好打抱不平,专和贪官劣绅作对,为平民出气。有关其史料在民国初年编成的《南通县乡土志》中有记载:"时以各场灶户被苛征,独上书当道,裁陋规十余万两,各盐场颂其德,立石碑以为纪念,既又建祠于贤林祠西,永祀之。"中华人民共和国成立初年,曹秀升的坟墓仍在,坟址在余西西汉河与运河交汇的东南。关于曹秀升的传说有《曹秀升打官司》等多种版本。

曹秀升故居位于余西龙街西侧、西来庵南侧,该建筑是由正房和西厢房组成的一进四合院,正房由三间明间凹进,边上为门楼,蛮子门厢房六间,前带廊,建筑均为穿斗式结构。屋面为蝴蝶瓦,正脊为三线雌毛脊,墙体抹灰。院落青砖铺地。院内有百年桂花树一株。

曹秀升故居(资料来源:《余西古镇汇编》)

民间文苑

文苑名人

清代诗人曹星谷

曹星谷生于清雍正九年（1731），卒年不详，清道光年间编修的曹氏家谱载其为江苏通州余西场人。字御香，号竹人。诸生，工诗文，善书画。世居海门，因江坍而迁通州城北秦灶，晚年寓居兴仁，题所居曰"歇脚庐"。1772年至石港渔湾当塾师6年。论古有卓识，得著名学者阮元称赏。嗜好山水，遇奇绝处常欣然独往。撰《岳西草堂诗集》（乾隆五十年刻，北大图书馆藏）九卷，录诗400多首。此书另一版本（咸丰七年刻，南京图书馆藏）金沙文人、诗社友人张克岐作序。

曹氏家族既是南通州之名门，同时又是具有良好文化传统的家族。星谷便是生长在这样的家庭。他天性聪颖，勤奋好学，积极上进，然而没能考取功名。后半生心灰意冷，完全成为一位林下的隐逸之士，终老通州。从《岳西草堂诗集》的内容来看，诗人晚年大彻大悟，按其题材内容，曹星谷的诗大体上可分为抒怀吟志之作、游览名胜之作、友情亲情之作、咏物咏古之作。"大海之滨，五山之麓，有隐君子焉，时人所称竹人曹先生者也。先生名星谷，字御香……寻构岳西草堂，读书歌咏其中，先生读书不滞章句，好博览，尤精庄骚，论古有卓识，未尝曲徇前人，为文纵横自如，虽尝受知当路而场屋辄不利诗体，自出机杼，不蹈袭前人一字，而精深华妙，极追琢而无斧凿痕，往往苦吟彻夜一诗成，不知遂良之须鬓尽白也。"（李懿曾《曹竹人先生叙传》）可见后人对其诗作评价甚高，就其诗的艺术成就而言，完全可与前贤媲美。

张克岐在为其诗集所作的序中对曹星谷诗评价甚高："发源于六经，根柢于子史，摩三唐之壁垒，成一家之窠臼。""先生之诗，近代以来，中流一柱石也。"前述李方膺之孙李懿曾作《曹竹人先生叙传》，也指出曹诗"自出机杼，不蹈袭前人一字，而精深华妙，极追琢而无斧凿痕"，"虽不遇于时，下笔自足千古"。

李懿曾对曹星谷的放诞任性有如此评价："论人绝少许可，不求合于世俗，不受屈于豪贵。唯当云山竹树、诗酒琴棋、良辰美景、山人逸士、缁衣黄冠之流交集，乃一当意；非是，即华筵高会，笙歌盈前，视之蔑如也。"姜长卿在《崇川竹枝词》中称赞他："歇脚庐中星谷老，莫须诗句附随园。"当时诗坛领袖袁枚约他投诗入《随园诗话》，这是很多诗人求之不得的事，而他却"笑却之"，可见他的高标脱俗。曹星谷自述"狂名早任传诗社"（《渔湾踩棹》），他以诗为命，淡泊功名，"眼底但能联白社（白社为渔湾诗社），腰间胜似挂金鱼（唐初五品以上官员都佩戴装官印的鱼袋）"。只要能与诗社的友人吟诗抒怀，便胜过宦海生涯。

曹星谷所结交的诗友文侣都是高雅之士。在渔湾期间，他赠诗黄剩山："猖狂双白眼，倜傥一青袍。"为友人写照，也是自况。赠文友葛映楼："胸怀无俗气，唾咳即文词。"他

的理想境界是:"百卷诗,千杯酒,长啸一声落星斗。"(《题陈南浦风雪夜归图》,陈南浦为渔湾画家)

他感叹当时的社会黑白颠倒,因而要学习古贤,淡然处事。"跖蹻得廉名,无处处夷由。怀哉古人风,淡然寡营求。"盗跖、庄蹻得了清廉的美名,贤士伯夷、子路在这浊世却没有立足之处,所以他仰赏古人之风,也不想营求名利了。他还自比为被困缚着拉盐车的骐骥,"伯乐不出世,解缚终无由"。这些诗句体现他的政治态度和价值观念。

曹星谷幼时极度贫困,中年做幕僚、当塾师,飘蓬南北,他有一组《岁时四无诗》,就是写无酒、无米、无柴、无衣的窘况,但他仍恬然面对。笔墨生涯常遇到煞风景的事,他也从容不迫,甚至将其作为诗材以自嘲。"呼僮研墨当花径,随意抽毫拓竹枝。门外有人敲索债,谅来还是酒家儿。"宋代诗人潘大临写了"满城风雨近重阳"一句,催租人一来,便诗兴索然了;而曹星谷被酒家屡催酒债,却仍有兴致挥毫,超脱尘网、穷且益坚的名士风度,令人可叹可敬。

生活困顿,腾达无门,但曹星谷并未失去对生活的希望。这方面他有好多诗句,例如,"不信终为梦裏身""谁信青春易白头""世上岂无真伯乐""儿孙总有出头时"……封建社会最能改变读书人生活命运的途径就是科举,所以他也不可能固守名士襟怀。他曾参加过科考,《候榜》诗即证明,此诗叙写了他等人来报喜的细节:"吠狗时倾听,敲门屡误应。"敢于展示自己当时的心理活动,毫不掩饰,这正是他的真实之处、直率之处,也是他的可爱之处。当然,进场屋,盼中举,不会遮掩他的名士光彩,因为封建社会的文人大多充满魏阙与山林的矛盾,充满了无可奈何的挣扎,他也不例外。

曹星谷足迹所至,江南以南京、苏州、扬州、滁州等地为主,江北以通州、如皋、海门为主,而通州又以五山、石港渔湾为主。他咏长江、咏五山的诗每首都有警句，至今，读之仍让人感到山水秀丽，美不胜收。

曹星谷写诗有个特殊之处，就是喜写残破萧索的题材，如柴门、野渡、破寺、废园、荒原、孤城、茅亭、破篱等。为什么对这些题材情有独钟？原因有二：一是旧日乡野的自然环境基本如此，且这种环境能够引起诗人的共鸣；二是这类题材可以产生苍凉美、残缺美、孤独美。

曹星谷名士清流，人品高迈卓荦，其诗直逼三唐，在清代诗坛上应有较高地位。可惜他"不遇于时"，在清贫苦寂中默默度过一生。

（徐振辉　曹洪江）

教育名流曹文麟

曹文麟（1878—1951），字勋阁，号君觉，乃武惠堂曹氏二十一世孙。童年应院试为通庠秀才，后就学于上海格致书院、通州师范，清光绪三十年（1904）留学日本明治大学高等师范，归国后任通海五属公立中学监学，并参与擘画地方教育事业。民国元年（1912）任县议会参议员，县参事会后补参事员。在江苏省第一代用师范学校任语文教师，后又兼南通学院附中课务，民国24年又代徐益修在南通中学为语文教师。时与徐益修、顾贶予、顾怡生并称南通四才子。一生热衷教育事业，乐于奖掖后进，桃李盈门，为培养地方人才尽其精力。性格温和，笃于友谊，治学严谨，诗文醇丽，勤于著述，积稿甚富，惜多散佚，留有《张啬庵先生文概注》《觉庵联语》《渡江漫记》《范伯子联语法》等。2004年3月南通市文学艺术界联合会"江海文库"编辑刊印了曹文麟诗文集《觉未寮文汇》。

（泊　远）

吴门嫡传曹简楼

曹简楼（1913—2005），名镇，以字行，斋名"读有用书斋""用恒室"。南通余西人。生前为上海中国画院画师，西泠印社社员，中国美术家协会会员，上海文史馆馆员，吴昌硕研究会副会长。擅长中国画、书法、篆刻。作品在报刊和杂志上多次发表，上海电视台也做过专题介绍。由于长期从事中国画创作，深得"吴门"绘画精髓，并有创新，尤擅石榴，有"曹石榴"之称，作品被海内外藏家广泛收藏。

曹简楼画作

曹简楼原是上海一家纱厂的一名普通工人，21岁时投奔到王个簃先生门下。个簃先生是海门人，曹是南通人，通、海自古以来就是一家人，所以他在学校里读书时就景仰王先生。当有人介绍他去王家学艺时，自是求之不得。去的时候，不是学画，而是刻章。刻章十分单调，先生就说你还是画画吧，并拿出笔与宣纸，鼓励他试笔。曹简楼这才敢接过笔在纸上画了一棵松树。先生一见那松针画得劲挺，不由地点了点头说："你的用笔爽朗，是块绘画的材料。"从此，他才书、画、印三管齐下。在未得吴门三昧之前，即从加入国画互助组到合体社，再到任教于工艺美术学校的近30年岁月里，曹简楼只是闭门埋头作画，从不轻易示人，直到50岁以后，才公开发表作品。曹简楼说，从他学画的那一天起，他就立下宏愿，要么不将画拿出来，拿出来的作品就该得到大家的承认。

30年的闭关修行，曹简楼已睽吴门堂奥，更有创新。他知道没有继承就没有传统，就没有流派，他更清楚不能拘泥流派，一成不变，不然画坛上又怎会有八大、青藤等名家辈出？

他的创新之一，是在色调上追求明快清新的风格，注意疏密、聚散的对比，从而使色彩显得调和、匀称，使人看了便有一种亲切感。有一次颜文梁先生突然问他究竟学过透视没有，因他的画章法上的许多变化，很符合西洋画透视原理。从来没有专门学过西洋画的曹简楼因教学的需要，也吸收了一些西洋画的手法，他能在用色上创新得益于对西洋画的借鉴。

他的创新之二，是扩大了视野，在题材上进行新的开拓。生活在进步，时代在进步，艺术也要进步，绘画表现的内容不能与时代、生活脱节。即使是画花卉，他也尽量避开吴昌硕、王个簃两位老师常画的题材，选择那些一般人认为很难入画的题材，例如，桃子、生梨、甘蔗、芋头、草莓、剑麻，都信手拈来，自成妙趣，更不用说曼陀罗、郁金香、兔子花这些有花香、有色彩、能给人审美情趣的花卉。从前很少有人去画，也很难画得成功的石榴，在他的笔下绽开了幸福的笑容，大受人们的欢迎。不少人向他求画总是离不开石榴，也不知是谁先叫的，"曹石榴"不胫而走，扬誉江南。就连吴昌硕的孙子吴长邺也亲率自己的儿子、女婿登上曹门，让他们拜曹简楼为师，并十分幽默地说："您从我们吴门拿去的东西太多了，今日请您收他们为弟子，也是想设法要您呕出来一些归还我们吴家。"这两位在画业上有成就的吴家子孙，应邀到日本讲学时也时时称曹简楼为他们的老师，称其所授画艺让他们终身受益匪浅。

难怪有人感叹：要成为吴门画派登堂入室的弟子固已不易，若要"入而复出"成为其中的领军人物更是难上加难。连开山祖师的子孙也心甘情愿地拜入曹简楼先生门下学艺，可见他已得到了吴门画派的真传。

曹简楼画好，人也好，这在画坛上是有口皆碑的，他与乔木先生是好朋友，几十年亲如兄弟，上海举办什么活动，只要有乔木在就一定会看到曹简楼。他俩的老师王个簃先生与江寒汀先生也是相交很深的朋友，为了让这两位大弟子在艺术上能有更大的进步空间，二老商定互换一下门生，让乔木跟王个簃再学习一些吴门画法，而曹简楼则随江寒汀去习教学艺。先生们的这番美意，后进们却没有接受，没有照办的原因在于彼此之间都在为对方设身处地地考虑。在曹简楼看来，乔木已有"乔百鸟"别称，早已画鸟出名，自己再去跟江先生学画鸟，那么不就影响好友的成就了吗？而乔木也是这样想的。两人想到一处去了，一拍即合，不约而同地婉拒了老师的提携，依旧你画你的鸟，我画我的花。而对于别人来说，能够得到这样的学艺途径，是求之不得的事情。他俩就这样轻易地放过去了，像天上的云朵，飘过去了，也就永远散失了，但他们都不后悔，这世上还有什么能比真诚待人更可贵，能比圣洁的友情更可贵的呢？

曹简楼与乔木两位先生，能够在自己门派中脱颖而出，得在上海画坛上占有一席地位，这也得力于他们平日里做人做得好，他俩是出了名的"好好先生"。

当然，"好好先生"也有"动怒"的时候。那是在浦东的一次笔会上，正在绘画的曹先生听得有人说起当今有个别青年画家，小有成绩，这也看不起那也瞧不起，尾巴都翘到天上去了，本来一脸慈祥神色的他，勃然变色，用严厉的口气对这种现象大加指责。也难怪他会生气，像他们这一辈的画家,大家相聚在一起都是与人为善,十分亲近,有着很好的风气。说来奇怪,就算在生气的状态下,曹先生绘出的花卉,色彩还是平和的,基调还是抒情的,可见他的功力与定力非等闲也。

(沈志冲)

海上画家曹用平

曹用平,名庸,字正衡。1922年生于二甲镇花板桥村曹家大园,毕业于大夏大学(今华东师大)。17岁移居上海,系王个簃先生入室弟子,为吴昌硕画派第三代传人。工画花卉蔬果,兼及金石书法,所作师法自然,笔墨精练,气势飞动,含蓄隽永,新意盎然。历任上海市文史研究馆馆员,西泠印社社员,复旦大学上海医学院客座教授,南通市师范学院客座教授,上海市美术家协会会员,吴昌硕艺术研究协会顾问委员会主任,上海吴昌硕纪念馆副馆长,个簃艺术馆顾问,南通市书法国画研究院顾问,原通州市书画院名誉院长,多次在国内外办展讲学,游踪遍历美国、日本、比利时、荷兰、卢森堡、瑞士、新加坡,中国香港等地。2002年6月,曹用平艺术馆落成开馆,其画斋名曰革非楼。出版有《曹用平画集》《曹用平作品选集》《曹用平作品选》《曹用平艺术人生》等。

曹用平先生的父亲名应溥,号楚园,是位私塾教师,写得一手好字。童年时曹用平最高兴的事,就是观看父亲写毛笔字。在8岁入五圣殿小学读书时,父亲就为他找来了一本名书法家张裕钊的字帖,对他进行严格的训练。苦练了5年的曹用平,13岁已写出了一手好字,当邻家的一位长者仙逝,父亲拟了挽联,命其书写,悬挂出来,见者无不称赞其字有架子,有笔锋,都说他以后准会比父亲更有出息。曹用平先生12岁时,到余西镇余西小学读高小。遇到了从有名的南通师范学校毕业的美术老师俞孝先生。俞先生为人宽和,对学生循循善诱,且画艺精到。在俞老师画的一幅幅水彩画范稿上,一道清流,参差茅舍,垂柳夹岸,绿树掩映。曹用平每日司空见惯的家乡景色,跃然纸上,竟变得如此美丽,动人心弦。而那些农村家家都有的白菜、萝卜、红花、绿叶,在俞老师笔下则鲜活逼真,比实物更美。俞老师为曹用平打开了一个充满色彩的绘画世界,使他接受了绘画的启蒙教育。他从此对绘画产生了浓厚的兴趣,与绘画结下了不解之缘。

曹用平先生14岁时,到南通市崇敬中学(现南通市实验中学)读初中。当时,在上海与人合股开办工厂的父亲,受上海南通同乡会的委托,带上募捐的善款,回南通监督修葺狼山名刹支云塔。因父亲在狼山督工,曹用平每逢星期天就上风景秀丽的狼山游玩。狼山广教寺长房准提庵的当家和尚苇一,清癯脱俗,通音律、善丹青,尤擅画梅,所作梅花劲拔灵秀,得李方膺神韵。曹用平与他成了忘年交。每次上山,他必到禅房观看苇一和尚挥毫作画,在这里他第一次接触到真正的中国画。一张薄薄的宣纸上,既有泼墨写意、姹紫嫣红的图画,又有遒劲酣畅、龙飞凤舞的书法,还有浑厚古朴的鲜红印章。曹用平欣赏着苇一和尚集刚柔于一体、洋溢着和谐美的书画作品,受益匪浅,更增添了对绘画的兴趣。于是,课余时间,曹用平以芥子园画传为摹本,依样描绘,自学不倦,每有不懂之处,便上山去问苇一和尚。苇一和尚也打心眼里喜欢这个勤奋好学的小友,常给予点拨,辅助他打下了坚实的绘画基础。

1938年年初,日军侵占南通,学校被迫停课。曹用平只得背井离乡,到上海父亲处,进了青年中学读高中,1939年转学到中国中学读高二。人生有缘,苇一和尚这时也来到上海,在虹口大圣庙当住持。他经常去拜望苇一和尚,并提出要正式拜苇一和尚为师,潜心学画。苇一和尚谦笑着说:"我介绍一位更好的老师教你。"一日,天朗气清,惠风和畅，苇一和尚将曹用平带到好友王贤先生家。王贤即王个簃，江苏海门人，是吴门画派鼻祖吴昌硕的入室弟子，著名的金石书画家，时为上海美术专科学校的教授。当时，王个簃在上海已有好些学生了，由于苇一和尚引荐，曹用平才得以拜其为师。在王家铺着红毡的方桌上燃香点烛，曹用平对端坐在藤椅上的老师恭恭敬敬地磕了三个头，正式成为入室弟子，这年，曹用平才17岁。

1940年曹用平从中国中学转学到家乡所办的上海南通中学就读高三，与家乡的同学一起，一面求学，一面参加抗日宣传。1941年从上海南通中学毕业，考入大夏大学读书。虽然学的是管理专业，但他的志趣仍是绘画，课余时间都花在绘画上。

曹用平大学毕业前一年，父亲病逝。对于一个漂泊在上海的学生来说，这是一个难以承受的沉重打击。幸亏王个簃老师及时伸出了援助之手，在生活和艺术上给予他关心指导，不但给了他直面人生的勇气，还填补了他缺失的父爱。从此，王个簃视曹用平如子，曹用平则待师如父。在王个簃老师的鼓励下，曹用平大学刚毕业，就用父亲留下的股金，与朋友合办了一个工厂，用以维持生计。虽然他一肩挑着养家糊口的重担，一肩挑着企业管理的重担，但他仍没有放弃对绘画的追求。更让人赞叹的是三副重担一肩挑，曹用平均有不同程度的建树。

1951年1月，曹用平当选为上海市老闸区第一届人大代表，1956年2月加入中国民主建国会。公私合营后，他被任命为中心厂厂长。他工作认真踏实，勤勤恳恳，把工厂打理得井井有条，生产蒸蒸日上。连续10年每年都超额完成国家下达的产值、产量、利润等8项指标。春去秋来，寒暑更替，曹用平既忙于企业管理，又热心于社会公益工作，同时，仍然矢志不渝地向王个簃潜心学画，深究博大精深的吴昌硕画派,遂得吴门画派精髓,并不断开拓创新。

　　1953年前后,王个簃常去曹用平家画画。因为他家里有张便于挥笔泼墨的大画桌。那一年,由国家出面组织中华人民共和国成立后上海的第一次大型中国画展。王个簃为了表达对国家的热爱之情,决定画一张前所未有的大幅五彩牡丹图。他兴致勃勃地赶到曹用平家,让曹用平在大画桌旁拼上一张方桌,再加上一块木板,组成一张特大的画桌。师生协力在大画桌上铺开了一张长一丈二尺(4米)的大宣纸。画这样大幅的牡丹图,王个簃胸有成竹地对在一旁为老师磨墨的曹用平说:"画大画要当作小画画,这样可以做到结构严谨,能够达到自然流畅。画大画,要胸有全局。"王个簃看着铺开的宣纸,拿着画笔,凝神思考,等到脑海里浮现出一幅理想的构图时,就挥毫落笔,一气呵成。站在一旁侍候着的曹用平将王个簃画牡丹图时的一招一式、一举一动都牢记在心里。王个簃从早晨开始动笔,一直画到夕阳西下,一幅流光溢彩、富丽堂皇的五色牡丹图终于画成了。这天,在王个簃的鼓动下,曹用平也为画展精心创作了一幅充满大自然活力的《紫藤》,入选展出。曹用平的作品第一次参加全市的展览,就让人刮目相看。

　　1957年,曹用平的一幅《杜鹃图》在全国青年美术展览会上获奖,获得了当时的文化部部长沈雁冰签发的奖状,作品被有关部门收藏。这是他多年在画坛辛勤耕耘、执着追求的结果,这昭示着他作为吴昌硕画派的后起之秀在画坛崭露头角。他将成绩作为新的起点,在王个簃的言传身教下,继续踏踏实实,埋头苦练,沉浸于艺术的海洋之中,追寻着吴门画派的"海"和"精"。

　　1979年,年届58岁的曹用平有望落实政策、重新担任厂领导,但他决定提前退休。有所失才能有所得,他决定把后半生的精力全部投入海派画的研究和创作。1980年3月,在南通举办的王个簃、赵丹、曹简楼、曹用平师生画展,是他在"文革"后第一次亮相画坛。同年10月,曹用平又与程十发、应野平、刘旦宅等在上海友谊商店举办十人画展。两年后的1982年10月,"曹用平汇报画展"在上海中国画院隆重开幕,这是他第一次举办个人画展。当时身为上海中国画院第一副院长的王个簃,在展前以从高从严的标准精心为学生挑选作品。王个簃出席了画展开幕式,并关注展览全过程。沪上各界著名人士魏文伯、俞振飞、程十发等应邀参加,画展十分成功。面对如潮好评,王个簃特地把曹用平找去,问学生对画展的看法。曹用平谦虚地说:"盛名之下,其实难副。"王个簃听了露出宽慰之色,称赞道:"这态度很好,应感到自己的不足。就怕舆论好,听得舒服,飘飘然,那就糟!"又说:"吴昌老的艺术宝库,金石书画,内容非常丰富,我学到老,也学不完,我还在练功。最近我又把石鼓文重新临了一遍。每天临一鼓,站一个多小时。我是补课,学无止境,你们都要补课。"他说毕拿起笔来书写了"奋心前闯,全力进修"和"勤修苦练"两张条幅赠给他,以示勉励。并以"减少应酬、踏实练功"八个字相赠。

曹用平铭记老师的叮咛,埋头创作,几乎年年把耕耘的硕果奉献给海内外中华优秀传统文化的爱好者和知音。作为吴门画派的传人,曹用平在艺术道路上的航道已经畅通。一分耕耘,一分收获。1984年6月,在故乡举行个展;1984年12月与刘伯年、张金琦、王公助在南京的江苏省美术馆举办王个簃门人书画展;1985年10月应邀随同王个簃赴新加坡访问展览;1987年9月与女儿曹晓明等三人参加比利时布鲁塞尔互助文化中心为庆贺中比友协成立30周年而举办的联展;1987年11月参加比利时举办的摩尔国际水彩画展;1988年应邀赴欧洲访问;6月,在比利时列日市举行由中比友协在列日市主办的"曹用平中国画展"。

1993年12月应邀赴美作文化交流；1994年1月在美国纽约艺术风画廊举办"曹用平中国画展"；1994年3月参加日本中野区文化中心举办的"太湖之会水墨画展"；1996年12月《曹用平画集》由上海人民美术出版社出版；1997年11月在日本东京讲学并在中野区红叶山文化中心举办"曹用平画展"。2000年10月,《曹用平作品选集》出版。

1994年1月22日下午,位于纽约曼哈顿第六大道55号的艺术风画廊宾客如云,"曹用平中国水墨画展"开幕酒会正在举行。中国驻纽约副总领事吴鸿侨和文化领事王仁良等前来祝贺。此次画展展出曹用平花卉蔬果等各类作品近30幅。《世界日报》《侨报》《联合日报》《星岛日报》等四家华文报纸先后作了五次报道,对他的绘画艺术作了很高的评价,称他"为中国传统绘画艺术在国际上争得了荣光"。其中《世界日报》以《曹用平水墨画展 寒冬一抹春色》为题做了报道,赞誉他继承了吴昌硕、王个簃两代大师用笔运拙的厚重风格,且在构图上寓以流动之气,用墨设色浑厚鲜活,透出了绚丽,取得了清雅、圆美流转的艺术效果。以紫藤为例,吴昌硕富古拙莽苍之气,王个簃则透出疏松之妙,曹用平又增添了流曳的动姿。

1998年5月,他向家乡捐赠了自己各个时期的50幅佳作。1999年11月,适逢个簃艺术馆建馆10周年,他又向南通市捐献自己各个时期的代表作50幅,其中大部分作品已收入由上海人民美术出版社出版的《曹用平画集》。曹用平将市政府奖励他的5万元奖金捐赠给了个簃艺术馆。

2002年6月,家乡兴建的"曹用平艺术馆"落成,举行开幕典礼,他又把自己收藏的吴昌硕、王个簃、沙孟海等艺术大师的珍品和自己创作的共70幅作品捐赠给故乡,同时将10万元奖金悉数捐赠。其中《玉兰墨竹图》《斗雪图轴》是他与先师王个簃先生合作的珍品。另有《紫薇红荷轴》《葡萄轴》两轴由王个簃先生题字的书画，弥足珍贵。曹用平动情地说："家乡哺育了我，我忘不了家乡的山山水水。欣逢盛世，我要在有生之年，把作品献给家乡人民，表一介赤子之心，为家乡繁荣昌盛尽一份责任。"

（曹洪江）

菊痴张蓁

张蓁（1880—1932），字圣麟，号馨谷。原住南通余西古镇，后迁金沙十六总桥东首。兄弟五人，排行老二，因其耿直孤高，放逸不羁，人称"张二痴"，又因爱莳菊、画菊，自称"菊痴"。

张蓁生于艺术之家，父张樵山，酷爱昆曲，为金沙"道南社"主要成员之一。张蓁自幼受艺术熏陶，对绘事兴趣颇浓，十五六岁正式作画，初显艺术才华与独特风格，时人赞其"尤精绘事"（张謇语）。

1923年，他受聘于私立孙氏小学，任美术教员。负责规划校园，建"鞠寿堂"，堂前辟菊畦，亲自灌莳，培育从各地觅来良种。专事画菊，细心揣摩，务求形神兼备，画艺大进。

1924年，法国巴黎举行万国博览会书画大赛，他的水墨菊花图荣获一等奖，得金牌一枚。这一荣誉，得之并非偶然，艺术来自生活，这与先生多年来爱菊如痴如醉，画菊匠心独运，出神入化分不开。先生所画的菊花不但神韵生动，而且能描绘不同品种菊花的茎叶差异，可见用功之极。

获奖后，求画菊的人士颇多，先生深感应接不暇，张謇特为他定润笔："画菊一朵金一元，未开含苞不计酬"。虽说如此，先生高兴时，为平民绘画分文不取，但权贵显要即使重金相求，却不易得。

先生作品收入《南通书画大观》。其兄张本亦画花卉翎毛。

（曹洪江）

篆刻家曹重休

曹重休（1891—1926），又名曹鸿德，字仲修、重休，号苓庵，通州余西镇人，出身于书香门第。父亲曹涵秋，为晚清秀才、书画家，当年与余西的清朝御赐翰林李同、张謇和张玉麟等同乡同好均有书画作品互赠。

曹重休少承家学，后求学于南京师范学校，毕业后回家乡任教。1920年受聘为余西小学（完小）美术老师、教务主任至去世。与孙儆（1867—1952）、张謇（1880—1932）等诸多南通书画家有交往。去世后，文友曾为其撰写《曹重休小传》一册，以纪念名重一方、英年早逝之挚友。其书法圆润俊逸，自然流畅，深得赵子昂之法。曹重休亦善篆刻，深得东皋印派之精髓，其存世作品甚少，仅有书画数幅及印存四册。

曹重休先生存世的书画、篆刻作品是余西古镇珍贵的文化遗产。

（曹 强）

名人诗赋

赠柳敬亭词二首
曹贞吉

沁园春

席帽单衫,击缶呜呜,岂不快哉!况玉树声销,低迷禾黍;梁园客散,清浅蓬莱。荡子辞家,羁人远戍,耐可逢场作戏来。掀髯笑,谓浮云富贵,曲糵都埋。　　纵横四座嘲诙,叹历落嵚崎是辩才。想黄鹤楼边,旌旗半卷;青油幕下,尊俎长陪。江水空流,师儿安在,六代兴亡无限哀。君休矣,且扶同今古,共此衔杯。

贺新郎

咄汝青衫叟。阅浮生、繁华萧索,白云苍狗。六代风流归抵掌,舌下涛飞山走。似易水歌声听久。试问于今真姓字,但回头、笑指芜城柳。休暂住、谈天口。　　当年处仲东来后,断江流、楼船铁锁,落星如斗。七十九年尘土梦,才向青门沽酒。更谁是、嘉荣旧友。天宝琵琶宫监在,诉江潭、憔悴人知否?今昔恨,一搔首。

赠柳敬亭诗二首
冒襄

其一

也是高阳一酒徒,欹崎历落老黔奴。
青灯白发江湖里,常梦当年旧狗屠。

其二

忆昔孤军鄂渚秋,武昌城外战云愁。
如今衰白谁相问,独对西风哭故侯。

柳敬亭

曹公亭诗选

题曹公亭
张 謇

人亦孰无死,男儿要自见。
曹生磊落人,无畏赴公战。

鲸牙白草纤，马革黄金贱。
荒原三百年，突兀一亭建。
田父何所知，亦说单家店。

题曹公亭
张一麐

嘉靖纪元三十三，是时倭寇窥江南。
曹公健儿应征募，持矛腾踔凌江潭。
蛮弧一麾寇旗靡，艅艎既沉可掬指。
未几敌骑又蜂屯，大呼突阵无余子。
挺矛拥盾发冲冠，嵯峨京观今犹峙。
蓦地三年拜赐师，追奔逐北如飙驰。
单骑冲坚陷泥淖，歼我壮士心伤悲。
南通城北单家店，埋骨英雄此死绥。
爰历四百有九祀，有亭翼然丰其碑。
父老咨嗟相太息，轮囷肝胆谁能植。
仿佛横刀立马时，悲风惨惨白日匿。
青词宰相势熏天，冤狱张扬泣杜鹃。
江陵南塘尚高卧，坐令壮士沟中填。
噫吁嘻，
封狼翦食寻常事，众志成城魑魅避。
不然徒丧好男儿，千秋一掬同情泪。
大陆风云卷地来，排山倒海心肠摧。
登亭看取新潮起，百端交集何为哉。

曹公亭歌
金泽荣

往昔万历倭寇东，韩臣有李忠武公。
奇韬妙略似神鬼，杀倭满海波涛红。

197

当时倭儿患疟疾,背书其名胜药功。
三百年后汉江竭,修罗蚀月凶肠充。
使我奔伏淮之侧,白头欲举羞苍穹。
奈何今日中州彦,籧篨之病颇相同。
慨然共思曹壮士,沫血击贼卫南通。
奇功垂成身径殒,愤气化为青色虹。
叱工筑亭安厥像,横刀立马生长风。
请君且揽新亭涕,与我赊酒向新丰。
一杯酹我李兵仙,一杯酹君曹鬼雄。
巫阳与招魂气返,旗光剑气摩长空。
雷鼓鼓动两国气,人间何代无忠勇。

注:李忠武公,名舜臣,与倭数十战于海上,皆胜,杀数万人,《明史》误作李舜。

曹公亭诗

沙元炳

平潮市上鱼虾腥,过江大道吾屡经。
土人不识单家店,文学今建曹公亭。
亭前荡荡如弦路,云是当年马蹶处。
战骨开花花作泥,灵去灵来傥能顾。
公庙旧与倭坟傍,五朵芙蓉坐相向。
停车瞻拜知几回,绣衣金剥神犹壮。
如今庙新亭亦成,征题刻意张公名。
漫供诗老闲谈笑,中有万家嚎哭声。
吾乡往亦苦虾夷,班班痛史谁复知。
刘公(景韶)邱公(陞)两祠庙,支墙独有丽牲碑。

咏曹公亭落成
江　谦

瞿昙等视十方人，但为仁王称护国。
如公义气合为神，更舍瞋心当作佛。

谦愿一切世间国家以仁护国，孟子告梁王曰："仁者无敌，王请勿疑。"谦亦愿世人深信勿疑也。

题曹公亭
蔡　达

曹公死难四百载，兹亭忽见曹公身。长刀骏马赫然立，只少叱咤驱风云。亭傍指战迹，碧血今犹新。樵牧不敢到，防公有鬼神。呜呼，公有鬼神倘可语，告公昔日小寇成强邻。潜行蛇蝎毒，不作豺狼吞。群公尚忘会稽耻，焉能晓此蚩蚩民。呜呼，曹公志莫伸，遗迹往往英名存。城北有亭城南坟，徒令过者凄心魂。慎有一日崩榛压墓亭为薪，横术广广哀无人。

题南通曹公亭
梁启超

捍灾乡则祀，杀敌古之强。
允矣追双烈，宁惟福一方。
当年悲失淖，今日表康庄。
莫话辽东役，临风只涕痕。

题曹公亭
韩紫石

一死男儿事，斯亭独表忠。
干戈卫社稷，时势造英雄。
水咽春波绿，尘埋战血红。
即今遗垒在，凭吊意无穷。

带甲满天下,纵横侈壮猷。
如何专阃使,绝少建威谋。
死比泰山重,功垂淮海流。
鬼雄如可作,叹想到千秋。

题曹公亭
柳诒徵
频年闻国葬,勋伐止残民。
脱手河山贱,摧眉寄译神。
伊谁及亭户,奋死走鲲人。
千载横刀立,英威自有真。

题曹公亭
孙 徽
横刀立马表先贤,其地其人四百年。
苍昊不教强寇遏,中原几见恶氛延。
堂堂铁汉死犹壮,莽莽神州弱可怜。
安得男儿尽曹顶,驱车朝食海山巅。

曹公亭
陈三立
四百年间话战功,堂堂身手更谁同。
一亭留溅哀时泪,国命如丝系鬼雄。

春夜宴桃李园赋

曹景桐

曹景桐，乃余西武惠堂曹氏迁通第十九世（由余西播迁如东河口镇曹家庄），官至五品，善诗文，与如皋名人沙元炳、徐琪等为友。曹景桐诗文较多，今选其赋一篇，原文略，此文由缪铭先生翻译。

暮色降临，圆月当空，春风吹拂，云烟飘漫的夜景融汇于芬芳四溢的桃李园，花团锦簇的风光衍生自妙不可言的大自然。桃李缤纷落红，为与席间之人同醉而忘归处；兄弟同吟美文，尽皆胸臆舒展畅达而无穷尽。只因在桃李园会宴，才有此等谐趣欢乐啊！

为何要在此设宴叙兄弟天伦之乐呢？难道没听说过大诗人李白闲居所赋《春夜宴桃李园序》吗？可谓景同此境，境同此情。你看这花园之中，疏松密柳环绕屋舍厅堂，一些地方桃树栽种在堂前，一些地方李树植长在亭西。我曾偶尔夜间到此点烛看书，自酌自乐，读百篇，饮斗酒，直觉文思涌动。我最喜欢在园中恣意游玩时乐而忘忧的那种感觉。花园不只为畅游畅饮所设，这座有很多意趣的名园傍依绿水，早春之时，门前蜜蜂成群结队，飞鸟鸣声啾啾。桃花盛开，半遮青葱竹屋；李花绽放，辉映上阶绿苔。花园春暮，可于芳香树木寄情；园林春满，则借葳蕤花卉悦目。井上新枝萌芽，令人观赏不厌，溪边香蒲沐雨，惹人嘉兴系之。于是信步空阔廊阶，怡情亭台小阁，美好景色随时探赏，清新诗文独自研习。我爱桃蕾芳菲华艳，我慕李花风姿绰约，赏桃鉴李，含英咀华，足以让幽怀畅阔，情愫纵驰。由此看来，寻求快乐何必一定要讲究排场，设文人吟诗饮酒的盛宴？哪里要兄弟们都来，坐饮站赋，讲究排场？但如不设宴，又岂不辜负这样美好的春景？于是，我们还是相约会宴。今晚宴席上皆系年轻秀杰，大家斟起金波美酒，奏响悦耳音乐，我带着他们，尽情唱和对饮，兴致极浓，醉意来袭，而带绯红，冠冕不整，又有何妨？当夜空气清新无尘，一轮明月高悬，桃李芳馨袭人。园亭之中，陈列各种菜肴果品，我们素来爱好传杯以行酒令，今番机会适逢。月光甚明，描绘树影，不必秉烛，这正是天留不夜之春辰，花香伴我入琼林之仙境，大家游嬉，兴味盎然，你饮我罚，借佳酿以畅情怀，真乃其乐融融啊！酒香阵阵，弦歌声声，欢娱同源，情怀同抒，宴如琼林，邀明月共至席前。此园非玄宗玉环相约之地，何必吟咏长安牡丹，令景致不同村野？居于乡曲，即便如赴春社，醉归醉卧，也极有情趣。依说我辈也称得上酒仙了吧？我辈之交往也缘于这怀中之物啊！

夜深兴尽，宴罢偕归多为兄弟，很少有朋辈。我们广袖拂动，路边花丛之中的梦蝶应有所感吧。我们一路再觅芳草，兄弟们仍不忘依礼依序而行。我辈本来就无心于利禄，只喜欢自由自在，今宵大家高高兴兴相聚于桃李园，饮酒赏景，吟诗作赋，共成妙句，还预约明晚再次会宴畅叙情怀。

五岭烟霞记

曹大同

郡治之南，襟江负海[1]，拔地而玉立，上插苍碧者曰狼山，山左如军、剑山，右如黄泥、马鞍，离列参拱[2]若子弟，俨[3]侍于长老尊严之侧，合而为岭五焉。《周礼》职方氏祭祀三公者[4]，以其能兴云雨，产万物，通精气，有益于民，则祀之。而兹山不载于山经[5]。若以为僻处穷壤有类于畸人贞士[6]，隐伏逃窜于寂寞之滨，而王公大人，礼聘弗加名誉，弗达[7]焉尔。

己巳[8]之秋，余与友人约越宿而集修秋禊[9]也。笋舆咿轧[10]苍雾中,憩观音岩,岩洞倾圮,寻崖刻剥蚀,不可读,酾[11]酒吊陈迹焉。遵麓而西,选石爽垲[12]可坐,复持觞行且饮。抵西岩,得流水虢虢[13]漱石齿,掬[14]而咽之,涤肠胃之尘。又跨山脊,仄足而转,乱石如蹲,而洼者、凸者、跂者、伏者、仆而僵者、散而布者,如羝[15]之乳、如鹿之奔。乃命酒樏[16]行炉,各举觞小醉。朔气逼林薄[17],同类金奏阕[18],而石声间作,栖烟霏霞,游空而下,殆不可穷其状也。扪萝[19]而上,入半山亭,云气冉冉堕几席。山僧出鱼虾茗蔬之供,焚香倚锡[20],清言名理,雅有玄尚之致。又历二亭休力,溯[21]萃景楼登焉,东望沧溟千顷,吞吐两丸,不信天壤间着此瀛海也。

一客嘲予曰:"君能不惮以足殉目[22]乎。"二客摇手谢弗再往。予复蹑屐穷浮屠[23]之巅,涛风簸扬栏楯[24]中,计蓬壶[25]可借鹤背往也。置身穹窿[26],毛发起竖,二客不能从焉。时军岭之绣波[27]卷崖,剑岭之岚气到地,黄泥、马鞍之虚青旁拥,俯仰烟霞,溰浥浮郁[28],煜煜天门,而气泽润野服[29]也。以竹如意[30]击缶[31]作楚歌曰:"长烟兮蒙沧州[32],灵霞兮挂丹邱。候彼羽人[33],偯偯[34]兮相邀游。"歌罢两童掖[35]而下,客举觞,觞[36]余曰:"羡君独往吁嗟乎,名场利薮[37]群而趋焉,见崎岖梗涩必矫[38]足而进,知退者鲜矣。至悾侗[39]无人之境,弗群而趋焉;间有空谷足音[40],一临幽阻颓矣,丧魄锐往[41]者谁与?"客曰:"然哉,五岭烟霞君能专[42]之。"予笑而不答,作《五岭烟霞记》。

【注释】

[1]襟海负江:抱海背江。王勃《滕王阁序》:"襟三江而带五湖。"

[2]离列参供:分开排列,环绕参见。

[3]俨侍：恭敬庄重地侍候。

[4]《周礼》职方氏祭祀三公者：《周礼》，儒家经典之一，关于周王室和战国时代各国制度的书。职方氏，官名，执掌地图、邦国、人民、物产、祭祀等职。三公，指华山主峰西南的三公山。据说其山神特别灵验，是汉代常山郡祭祀祈雨的重要场所，"吏民祷祀，兴云肤寸，遍雨四维"。

[5]山经：我国先秦古籍《山海经》的一部分，主要记载上古地理中诸山。

[6]畸人贞士：不合世俗的异人和坚贞之士。

[7]达：显贵。

[8]己巳：指明代嘉靖二十四年（1545）。

[9]修秋禊：春秋时节，古人常在水滨举行的祭祀，著名的是兰亭修禊。

[10]笋舆咿轧：竹轿发出咿呀声。

[11]酾（音shī）：斟酒。苏轼《赤壁赋》："酾酒临江，横槊赋诗。"

[12]爽垲：地势高而干燥的地方。

[13]虢虢：流水声。

[14]掬：捧。

[15]羝：公羊。

[16]榼（kē）：古盛酒器。

[17]薄：草木丛生处。

[18]类金奏阙：类似金属的声音在宫阙中奏响。

[19]扪萝：摸着丝萝一类的攀缘藤条。

[20]锡：僧人所用的锡杖。

[21]溯：反方向。

[22]以足殉目：因为足力（不行）而牺牲目光（的享受）。

[23]浮屠：亦称浮图，佛塔。

[24]楯（shǔn）：栏杆的横木。

[25]蓬壶：古代传说中的海上仙山。李白《秋夕书怀》："始探蓬壶事，旋觉天地轻。"

[26]穹窿：屋之圆顶。

[27]绣波：日光下的波浪像彩绣的花纹。

[28]渰（yǎn）浥（yì）渟郁：渰浥，云起含湿气，渟郁，振足茂盛貌。

[29]野服：古代称居住在山野的人的服装。

[30]如意：一种象征吉祥的器物，用玉、竹、骨等制成，同呈灵芝形或云形，柄微曲，供赏玩。

[31]缶：古代一种瓦质的打击乐器。

[32]沧州：沧通"苍"，此处指青色的地方。

[33]羽人：神话中的飞仙。《楚辞·远游》："仍羽人于丹丘兮，留不死之旧乡。"

[34]傞（suō）傞：醉舞不止貌。

[35]披：叉着胳膊。

[36]觞：古酒器。这里当动词用，意为向人敬酒或自饮。《吕氏春秋·达郁》："管子觞桓公。"

[37]名场利薮（sǒu）：指名利场。薮，人和物聚集之地。

[38]矫：举起，昂起。

[39]倥侗：蒙昧无知。

[40]空谷足音：绝难得的音信与事物。

[41]丧魄锐往者：使人害怕的地方，也迅速前往。《孟子·尽心上》："其进锐者，其退速。"

[42]专：独自掌握和占有。

（徐振辉注）

曹文麟诗词选

观梅欧阁诗录

新诗出南州,光气莹珠玉。
珠玉从何来,天花洒余馥。
佛家色相空,清净戒五欲。
而有十六观,观观丽以肃。
仙风动法音,微妙诸天乐。
宝华千亿光,如来现金粟。
心性本来虚,感美即离俗。
所以偈语间,色色常攒簇。
梅欧皆天人,神远气清淑。
赞叹复何加,吟声起鸾鹭。
寄语诸少年,降心净无黩。
忽等闲情诗,漫浪花前读。

谒曹将军祠

不葬单家店,不归余西场。
碧血城南土,倭坟兀其旁。
剑光土中出,深宵寒有芒。
里族设像祀,断指强不僵。
巍然墓道后,松柏森祠堂。
我闻将军系,久已不可详。
父为曹氏育,便作曹家郎。
繄唯我始祖,元末辞吴阊。
鄙视盐铁使,挈弟来垦荒。
佃佣许同姓,养子多成行。
至今余东西,族姓称繁昌。
真赝虽杂处,能辨支与房。

将军救国邑，宁惟宗族光。
哭墓愚可哂，熊光空彷徨。
亦仅随众士，嘘唏悲国殇。
又闻清中叶，修祠理衰梁。
当事歉吾族，独断不一商。
书榜易为庙，一若有所防。
里人诚且朴，数世未肯忘。
称祠兼及桥，口碑犹昭彰。
夷考嘉靖间，余西盗亦强。
我祖鲁山令，城南迁新庄。
兄弟合一宅，有园山可藏。
将军生同时，或亦相扶将。
悠悠四百载，两朝阅兴亡。
我族宅及墓，多未离南乡。
一姓千百人，先后来荐香。
此缘永千古，念之愈惶惶。
欲劙南山石，为建义勇坊。
岁邀诸学子，古礼修烝尝。
神州梦方觉，东海云飞扬。
相与践京观，豪气吞朝阳。

与怡生谈诗

有谣有谚有歌讴，诗境因时益广修。
未以楚骚更雅颂，百千支派任分流。

满江红·县立女子校校歌

　　山矗江头，诏吾辈、及时自立。更观感、崇川水逝，永无休息。珠媚园中怀胜景，吕家巷口留前迹。求佳处，建舍弦琴书，南郊适。　　大同世，今将及。平等观，人相习。复谁能强别，须眉巾帼。博学广推苏蕙巧，自由善用罗兰说。冀他时，并起策殊勋，兴邦邑。

舟过焦山北固山间

揖盗中庭强笑歌，后人辜负紫髯多。
降幡一片蒙天际，如此江山可奈何。

端阳三首

其一

青苋黄鱼正及时，主人谊厚我怀悲。
于今亦若无家客，眠食宵晨更不辞。

其二

远念孤嫠依仲氏，不能号哭泪滂沱。
我生无此端阳味，盘溢糖霜苦尚多。

其三

传闻和菜古风俗，亦始端阳避此奴。
岂独齐人悲九世，举觞莫漫醉模糊。

村间儿

市上儿玩重阳旗，村间儿捉秋蟋蟀。
蟋蟀满篓不肯卖，归佐爷娘宵饮卮。

通海垦牧公司

驱波高耸幕畴堂，千百星罗远近庄。
卦画田塍沟洫直，班分树木道途长。
台招爽气卑观旭，地吐余咸薄负霜。
心血卅年终古在，会须力御更开场。

桃柳行

去年惊看柳枝绿,今柳迎春雨中浴。
去年愁说桃花红,桃今又向春风融。
去年桃柳不可见,二百里外逊归燕。
海角寥寥仅数株,偏共晨昏强对面。
桃乎桃乎倘我仇,不仇直欲相为俦。
将挑离恨起羁愁,抑慰岑寂来醒眸。
今朝况值清明节,昨朝大耻曾谁雪。
松楸尚未奠先灵,闾阎犹复悲残血。
击我心弦逗汝能,便有寒雪图欺凌。
雪飞远不及前年,前年花朝雪满天。
一阵轻飘忽然已,日光明映云如绮。
纵有西来狂吼风,蒂衔条拂曾非靡。
我亦从之笑口开,满腔忿怼随飞埃。
会须摄影纳诸箧,他时喜与归装偕。

驱风谣

海气腾云玄无光,来作大雨乘风狂。狂风卷地八千丈,十里八里涛飞珠砰磅。霎时天地变水国,蛟龙之宫鬐鳞张。怪云成海风亦抟海浪,虐哉汝风心与谁轰搪。我今安稳坐于室,不致赤足淋肩亢。途中行人有千百,茅檐在望都踉跄。更有新堤筑始成,在海西南安能当。汝知天公降好雨,木禾渐壮棉茎长。天为斯民尽厚意,汝胡借海来残戕。驱之驱之百神奔走执帝命,纳汝空谷锢汝天之南缸。

曹玉麟先生晚年诗作选

北京行

天安门前旧游地,四十年来弃置身。
故宫历清垂千载,古松画栋又一春。
西后祝寿营颐园,耗用库存造舰银。
动物园里熊猫乐,毛氏书法慕年心。
牡丹樱花正盛开,中山万寿恬而精。
北海白塔俯京城,国宝天坛天下闻。
含真藏古人工妙,坛影花影屐齿临。
熙儿孝心惊天地,手挽爷娘游北京。

赴古沙访洪善怡谒夷老子美

幼年同窗共磋磨,壮年观鱼临濠河。
虎跳龙跃右军峰,行芳志洁屈平歌。
西山博会蕨薇尽,南郭滥竽韭芥多。
难得三生此聚会,迎来四化献嘉谟。

访老友卑自牧临别赋句留念

多才善变縻有遗,久别重逢在金余。
肝胆照人比仲叔,高风亮节赛夷齐。
白头偕老君真健,黑夜梦回我独奇。
欣看万民奔四化,常放眼量享期颐。

赠名中医曹筱晋

卅年暌别惊相逢,救死扶伤建大功。
术搞伤寒证独列,经传儿痘现神通。
临床诊断师佗鹊,执意仁慈效景彭。
手浇桃李千行绿,誉满通海百里红。

七十述怀（二首）
其一
时逢清和叶正浓，举国上下庆年丰。
学史未成惭左马，谈天自问逊雕龙。
世态炎凉系足论，人间是非证沧桑。
耄耋仍宜学改造，夕照余晖志未穷。

其二
岁月蹉跎七十秋，吾生多难志未酬。
萧政戚族过从少，关注妻儿情意稠。
钝拙一身如驽马，忙碌终日似走牛。
人生聚散寻常事，世间盛建焉能留。

（马锡华整理供稿）

曹敬亭诗稿

曹敬亭，名铨楼，字敬亭，号竞霆，清光绪二十五年（1899）出生于通州余西古镇，20世纪初毕业于国立南京高等师范学校（国立东南大学）教育科。一生致力于师范、中学教育事业。对诗词、书法、古文、训诂、古典文学、地方文史等都有一定的造诣和研究，著有《竞霆诗稿》《驹隙留影》《假中杂作》以及教育学、心理学方面的论著20多部。

四月十六得家书
孤城风雨动闲愁，一夕乡心喜复忧。
千里传书春渐老，不堪回忆是南州。

凤城晚眺
遥望齐州几点烟，岂堪沧海变桑田。

痴心追问前朝事,芳草斜阳欲暮天。

登北九华山
山色葱茏四野清,春光已走透重城。
蓦然触起兴亡恨,独立苍茫不胜情。

游明陵
背山面水气堂皇,开国丰碑诉肺肠。
五百年来历劫后,依然翁仲对斜阳。

龙兴寺谒明祖像
一代豪名垂宇宙,千秋萧寺拜容颜。
胡儿猖獗犹前日,几见英雄奏凯还。

雨后闲步皇觉寺故址
青山绿树夕阳红,新浴郊原映碧空。
天际霞虹齐展彩,人行遗碣断碑中。

鄂行绝句(三首)
其一
应谢长房缩地功,轨轮毕竟胜艨艟。
可堪暮色苍茫里,遽别鸠江望大通。

其二
小孤新沐碧如油,夹岸丛山拥激流。
泪湿青山怀白傅,前途争说是江州。

其三
大江东去水悠悠,玉笛犹闻黄鹤楼。

一阕乡思凭浪寄,武昌鱼好不淹留。

张公亭观江
昨今遥隔夏徂秋,风雨江头气不侔。
最是春潮响晚急,苍茫天际有归舟。
堤外新杨绿满枝,孤亭终古伴遗碑。
英雄多少浪淘尽,敢问潮神知不知。

登黄鹤楼
浃旬风雨断人行,难得今朝报晚晴。
天际云峰凝黛滴,洲边烟水衬霞明。
渔歌互答轻帆远,市渡无争归步轻。
赞罢楼头好风景,江山心迹喜双清。

晚游蛇山
如此江山如此心,四方多难我登临。
江流浩瀚萦如带,山色葱茏郁满襟。
人物百年留奥略,神仙千古鲜知音。
晚来江上涌明月,愿励中流酌与斟。

中秋夜望月
凄凉孤馆独凭栏,万里无尘一玉盘。
为问琼楼何处是,星河垂露不胜寒。

谒中山陵
钟岭峨峨淮水清,松楸永护此神灵。
我来瞻谒空悲切,先哲长眠众未醒。

(曹颙武整理辑录)

诗歌余西

季祠观花木（四首）
顾未杭

吟俦小集季家祠，一雨平畴麦秀齐。
行尽长堤泥滑滑，入林深处少人知。
古柏寒梅老屋西，牡丹花发上檐齐。
留贻三百年来物，如此幽居合借栖。
尘世沧桑几变迁，故家乔木尚森然。
此间怀葛风犹古，父老依依话昔年。
古殿庄严佛像尊，僧厨为我设盘飧。
归来一醉醒尘构，衫袖犹余旧酒痕。

侍客游季家祠（二首）
瞿镜人

其一
故家人物散如烟，犹剩崇祠傍水田。
点点梅花片片月，那堪风景说当年。

其二
危堤百丈少人过，寂寂空庭岁月多。
千劫何知桑海事，摩云老树自嵯峨。

季家祠小集
马小村

幽溪环掩季家祠，几阅星霜未露奇。
三月莺花觞野客，一龛香火诵牟尼。
孤芳已分空山歇，散木何期大匠知。
春色难藏容易老，扁舟载酒更何时。

暮秋访余西故镇
赵鹏

沉寥天过经霜地,触目萧森小驻车。
村犬畏人深院吠,藤花无主断篱斜。
长街石冷空商市,老屋垣颓有世家。
惆怅沧波腾万变,更谁逐梦掇余霞。

寻民族英雄曹顶遗迹感赋
汤俊峰

英雄业绩动苍穹,光大人文巧借风。
应葺遗存昭日月,高标华表引飞鸿。

余西怀古
汤俊峰

遥归大海望狼峰,但使英雄浩气钟。
见问盐船唐宋月,何闻衙署鼓槌冬。
大师节义千秋表,小巷碑坊远近宗。
忽有仙潭开碧眼,啸吟腾雾驾青龙。

余西访古
汤俊峰

绿围盐埠一城河,石径青墙上碧萝。
欲问明清船上月,儿童笑指水中鹅。

余西古镇采风
徐振辉

工字长街店幌稠,护城绿水泊盐舟。
汲水衙署留龙眼,挂匾华堂空锈钩。

杏老犹温残月梦,桂香正醉好风秋。
苍颜善待延文脉,古色斑斓再展眸。

余西咏古

徐振辉

　　袁灶粮站原为富商熊氏餐厅,屋梁上保存着清代咸丰年间的三国戏人物雕刻。"文革"时职工为了保护文物,用石灰涂盖,幸免一劫。今屋已陈旧,亟待整修。

其一

汉室风云绕屋梁,玉人斟酒劝客尝。
蛇矛怒喝惊寒胆,鹤扇轻摇付锦囊。
细刻毫芒神态活,智逃劫难骨筋伤。
犹闻残喘谁怜惜?老屋悠悠对夕阳。

其二

邀朋品戏论英豪,忠义神谋壮碧霄。
刮骨枰边刀悉悉,抚琴城上马萧萧。
常留月露滋兰蕙,莫让春花掩草茅。
阅尽红尘多陌路,沧桑只待与诗聊。

咏曹贯珠

徐振辉

关雎声里互凝眸,诗最撩人已暗投。
芳愫翻澜曾海誓,梦魂盼露忽霜秋。
箧中珠泪红颜劫,月下清流碧血酬。
吟客彷徨何处祭?哀鸣夜夜在河洲。

古镇怀古

陶汉清

"龙眼"

流光不觉已千秋,两眼汪汪望九州。
水色澄明无杂色,为君消得几多愁。

大悲殿

高台净土殿风吹,暮鼓晨钟忆旧时。
古杏招摇春世界,化开尘世万年悲。

节孝坊

泪迹斑斑数百年,栉风沐雨拨云烟。
皇恩岂解村姑怨,半是忠贞半是怜。

蓝印花布

田埂天生模特台,自然灵秀绝尘埃。
村姑一袭青花布,不用化妆古韵来。

龙 街

旭日风迟透碧窗,龙身一抖闪金光。
商家吆喝惊春梦,滋味千般入水乡。

精进书院

墨蘸兰亭池水浅,书声曾破九重天。
而今风雅虚琼室,春去春回又一年。

朱理治
陶汉清

混沌觅方舟,清华举子愁。
投身纾国难,掷笔赴洪流。
敌后忠贞见,军前义胆遒。
心飞沧海去,碧血写春秋。

朱理治(右)

西虹桥
曹甫成

曹顶战死,乡亲出西门跪拜恸哭,天忽雨歇虹现,众疑曹公显灵。桥名也由此而得。

当年西拜祭忠英,
哭断桥头积雨声。
一道彩虹灵圣显,
乡亲惊异得桥名。

水调歌头·余西古镇
曹甫成

史册闪光彩,古镇展千秋。余西曹氏儿女,懋绩遍神州。漫步龙街老巷,举目故居名院。无数史诗留。振兴春风起,古韵孕新游。　　承遗产,传文化,护河修。风光胜昔,龙城靓丽水悠悠。一代宗师若在,定作评书一曲,醒木笑开喉。古镇翻新后,龙地更风流。

春游余西古镇(二首)

曹洪江

杏林春燕

杏林飞燕至,时序恰逢春。
细雨沾衣湿,轻风试剪新。
寻觅旧屋主,乍醉新丽人。
花绽千枝艳,帘垂一桁嗔。
呢喃惊蝶梦,睨睆和莺邻。
悠游古街巷,声声闻歌频。

桃红蝶舞

指点桃源里,春来看又红。
时光何太急,风韵不尽同。
竹外花娇艳,窗前日正融。
莺声听缓缓,芳讯报匆匆。
蝶舞恋枝头,丹霞接云彤。
情寄世外源,游乐兴无穷。

秋游余西古镇(六首)

曹洪江

其一

秋蝉吸露轻,冷咽枝头音。
前度鸣琴去,今唱月三更。

其二
秋月正团圆,玲珑似玉盘。
当空凉欲泻,移花影栏杆。

其三
秋色景无穷,萧瑟一夜风。
黄花风骨影,玉盘承露中。

其四
秋云似新裁,影映倒窗台,
片片排空去,刻刻新歌来。

其五
堂前燕欲辞,玉剪舞新姿,
值此秋风起,恨是别主时。

其六
秋来燕思归,旧主难留帏,
分别应有约,新年报春晖。

孝子曹溥

曹洪江

孝感天人何复在?龙街百代有怀思。
隆冬暖枕尝汤际,盛夏薰蚊伴寝时。
敦牧家风盐志载,莱衣美誉里闾驰。
数声渔笛秋光里,一叶钓舟淡月诗。

余西好（四首）

曹 强

其一

余西好，取名意蕴高。
"余庆""西溪"字首挑，
曲似龙游古海漕，
地依龙形建城貌。

其二

余西好，旧时地险要。
扼江控海港汊交，
盐民饱受祸海潮，
范公筑堤免侵扰。

其三

余西好，古迹梦萦绕。
四座城门四高桥，
节孝牌坊老地标，
精进书院国学教。

其四

余西好，乡杰妇孺晓。
曹顶抗倭立功劳，
敬亭宗师本姓曹，
故里造堰狄遵老。

民间文学

民间故事

曹秀升打官司——认输

曹秀升是清朝咸丰年间的秀才,通州余西场人。一年,当地发生水灾,颗粒无收。而地方官吏粉饰太平,竟不顾百姓死活,照例征收钱粮,搜刮民财。曹秀升看到百姓怨声载道,无法生活,就前去余西场署,请求报荒。场官听了,理也不理,随即端茶送客。

曹秀升在余西场署吃了闭门羹,又到石港分司衙门去陈诉。谁知这位分司大人与场官如出一辙。说曹秀升夸大灾情,欺官犯上,念他是位秀才,否则重打四十大板。

曹秀升一气之下,回到余西。乡邻们听说曹秀升两次去官署报荒免赋,都未获准,公推曹秀升再去扬州运盐司衙门告状。于是曹秀升执笔写了联名诉状,并以"七尺黄岸三尺蒿,蒿子头上浪滔滔"来形容当时灾情的严重。

前往扬州途中,曹秀升投宿在一古刹。因心绪不宁,夜不成寐,不断在室内来回踱步。庙中老僧,见他尚未睡觉,就推门道:"相公,三更已过,尚未安寝,想必定有心事。"曹秀升便把前往扬州告状之事告诉了他,并拿出诉状:"请老师父过目。"老僧看后便说:"此状甚好,但你场遭水淹,其他场何尝不淹?依贫僧浅见,状告一场一分司为私,上告十场一分司方为公也。"曹秀升听后,说道:"老师父所言极是。"便提笔将一场的一字加上一竖,把余东场、金沙场等十个场官统统告在案内。

曹秀升到了扬州，前往运盐司衙门递上了诉状。但一隔数天，不见动静。一打听，这位运盐司也并不清正。曹秀升就在扬州城内，到处诉说灾情及报荒经过。百姓听后，无不同情，议论纷纷。运盐司出于无奈，只得发下话来，传讯十位场官一分司，到扬州候审。

一位秀才竟告了十场一分司，所以老爷坐堂这天，运盐司前人山人海，挤满了平民百姓，都想看看如何审理此案。只听得堂鼓击过，两班衙役一声吆喝，分立两旁，都司大人开堂坐定。这时只见堂上发下十一个大红垫，由石港分司领衔，口称："卑职们叩见大人。"说完一齐跪在大红垫上。曹秀升却跪在大堂前的青石板上，他灵机一动，高喊一声："曹秀升打官司，认输！"都司大人将惊堂木一拍，喝道："曹秀升，本司尚未查问，为何高喊认输，分明是一刁民！"曹秀升答道："大人！被告个个跪在大红垫上，唯独原告生员跪在青石板上，如此不同对待，岂不官司认输！"都司大人怒喝一声："你竟敢冒犯本司？"曹秀升一面回答："生员不敢。"一面指了指大堂前院中两棵高大的银杏树说："此树虽然高大，生员只要摸到它的根须，也不怕他不倒。"都司大人一听，曹秀升话中有话，觉得不好对付。心里暗想，如果事态扩大，引起百姓公愤，朝廷怪罪下来，岂不断送了自己前程。不得不发出告示："余西等场，因遭水荒，免征钱粮一年。"为了挽回官府面子，以"庶民告状，对上不恭"之过，革去曹秀升的秀才。

曹秀升虽被革去了秀才，但终于打赢了这场官司。从此，曹秀升打官司这个故事，在余西地区一直流传至今。

（马锡华）

曹秀升蒙脸打官司

曹秀升是清朝咸丰年间秀才，余西人，是位敢斗奸邪不法之徒的机智人物。通州有个州官，想治治曹秀升，手下的师爷，帮他出了一个点子，串通了一个在押的强盗，咬定曹秀升是个窝家。州官大人发了签子，就把曹秀升捉到衙门来对质。

曹秀升用只麻袋把脸罩上，进了大堂对强盗说："你说我是窝藏黑货的窝家，你见过我几次？"

"曹秀升，你是窝家，不要赖，我见过你多次啦，你是个瘦脸儿。"

"哦，你既跟我面熟，我问你，我这个曹瘦脸儿，是个白皮瘦脸儿、黄皮瘦脸儿、黑皮瘦脸儿、红皮瘦脸儿、圆瘦脸儿、长瘦脸儿、长胡子瘦脸儿、短胡子瘦脸儿、白脸麻子瘦脸儿、红脸麻子瘦脸儿、朱痣瘦脸儿、黑痣瘦脸儿呀？"

这一连串的黑的黄的、长的圆的，反而把强盗问昏啦，他两只眼睛直翻，回不上话来。曹秀升把头上的麻袋一脱，高喊冤枉。州官怕露了马脚，连忙喝令把强盗收押再审，宣布曹秀升无罪释放。

俗话说，捉人容易，放人难。州官晓得曹瘦脸儿这人不好惹，就悄悄地跟着曹秀升出了衙门。只见曹秀升围着衙门前的一棵大银杏树踱来踱去，州官问啦："曹秀才，你在做什么呀？"

"我要挖了你这棵树。"

"这棵树你挖了做什么？"

"大人，你看这棵树，把个明镜高悬的大堂都遮得阴森森的，见不到太阳。这些落下来的叶儿，把屋里屋外，弄得乌糟糟的，我看不过去，要挖掉它。"

"怎么个挖法？"

"用耳扒挖儿呀！"

"这棵树，树大根深，只怕耳扒儿挖不倒吧！"

"大人呀，好挖的，我用耳扒儿慢慢挖，大根挖到小根，小根挖到须根，根离了土，风一吹，树不就倒下来了吗？"

州官一听,曹秀升话里有话,心里一惊,接过来忙赔笑脸儿道:"曹秀升,你别弄我戏法啦,来,来,来,我后堂备了酒,特请你赏光。"说着,拉了曹秀升进了后堂,最后还派了大红轿子,挂起大红灯笼,把曹秀升直送到余西镇上。

曹秀升教训调皮少年

东社南边龙潭口有六个调皮少年:曹大、曹二、曹三、刁四、季五、赵六。这六个少年碰到一起就要聊路头。见到人家姑娘,直着嗓子哼荤山歌,满口的污话。一天,曹秀升从此路过,正遇上这六个少年在车水灌稻田。这班少年见来了个老头儿,使劲一踏水车,趁曹秀升跨缺口的当儿,把水溅得他满脸满身。曹秀升跨过缺口,朝这班调皮鬼瞟瞟,不曾作声就跑了。六个少年见了哈哈大笑。

哪晓得,第二天县衙门发下签票,派差人卸下车轴,叫六个少年扛着水车上大堂。

县官大人把惊堂木一拍,道:"你们六个泼皮无赖,不守家规王法,在外撒野聊路头。我问你俚,见到过路女子,可曾哼荤山歌调戏人家?"

曹大说:"开开穷心,弄弄戏法儿,这事有的。"

"岸边车水,把水溅到过路人身上可是你们所为?"

"是的。"

"你们这些小毛贼,不教不能成人,来呀,每人打十记耳光。"

堂差打过以后,县官大人又问:"本县教训得对不对?"

六个人一齐说:"大人打得对。"

"好,我再问你们,这车轴是哪一家的?"

刁四回话:"大人,是我家的。"

"现在有人在本县堂前告了,这车轴是你偷的,还不从实招来。"

刁四忙喊:"冤枉!"

县官大人说了声:"传原告人曹秀升上堂。"一声传,曹秀升一摇三摆地走上堂来。

少年们早就听说余西有个曹秀升,厉害呢,就是不曾见过面,这会儿偷偷侧头一看,原来就是昨天让他们溅了满身水的瘦老头儿,吓得汗珠儿直冒。

县官大人问:"曹秀升,这堂上车轴,你说是他们所偷,有何凭证?"

曹秀升回道:"我家车轴,在车轴榔头柄里写有'曹秀升置办'几个字。"

县官大人吩咐手下人卸下车轴榔头一看,果真有这几个字。其实,这几个字是曹秀升为了教训这班调皮鬼,半夜里派人卸下榔头偷偷写上去的。这一来,六个少年傻眼了。县官大人喝道:"赃证俱在,还有什么话讲?来呀,给我各打三十大板,再将所偷车轴扛送到曹秀升府上。"

堂上差人举板子要打,曹秀升忙挡住说:"大人,这几个无赖实属可恶,论理该打。可念其初犯,眼下又正是农忙季节,田间秧苗缺水,求大人将这三十大板免了,这车轴我借给他们临时急用。"

县官一想,这话有理,就照曹秀升说的饶了六个少年。六个少年连忙给县官大人和曹秀升磕头。从此,再也不敢聊路头了。

(曹汉宸　吴周翔)

曹秀升敢惹"尖酸蛮"

清朝末年,金沙街上有个女人尖酸出了名,别人家养猪有猪圈,还得下本钱喂食;她却让猪满街找食吃,还到处拉屎。别人对她的做法再讨厌不过,她却得意非凡,还说什么:"我家养猪就是不用喂,还长得肥。"有人忍不住说她尽做缺德事，她立即当街骂开了："你还是回家去修行修行，趁早上西天！"她就是这样尖酸刻薄，蛮横无理，无人敢惹她，大家送她一个绰号"尖酸蛮"。

　　这事传到余西老秀才曹秀升的耳朵里，他肚里思量："妇道人家如此尖酸无理，老夫倒要见识见识，为街坊除去祸害。"说也凑巧，一天他要到通州去会见一个朋友，正好见机行事。早饭后，他写好大红泥金拜帖，换上长袍马褂，雇了一辆小车动身了。快到中午时分，进了金沙东街，他关照推车的："进了街头，不管前面有什么阻拦，你只管把车子推上前。车子坏了赔新的，一切包在老夫身上。"那推车的知道老秀才从来说一不二，便满口答应了。过了西桥，果然看到一只百来斤的肥猪在街心里啃菜根，边啃边拉屎。来往行人只好靠檐下走。那猪大概是习惯了，听见声响也不挪步，只管赖在街心。曹秀升向推车的使了个眼色，说声："快！"那推车的鼓起劲朝前猛推，只听"咯"的一声，车轮碾在猪腿上，猪痛得直叫。车轴一震，也断了，车子侧倒，曹秀升趁势往地上一坐，长袍的下角正好沾上猪粪。他则佯装大口大口地喘着气。

　　那女人远远听见猪嚎，只以为是谁打了她的猪，一股劲儿地骂了过来："哪个杀千刀的，它是猪——"一些看热闹的，也闻声围拢来。有些人发现地上坐着的就是大名鼎鼎的曹秀才，于是便议论开了："老秀才此等模样，底下可有好戏看了。""这回'尖酸蛮'是小鬼遇上判官，碰上敢惹的了。"曹秀升只当没听见，瞅准这个女人，随骂声走进人堆，便来了个先发制人："这是谁家养的猪？街道如此狭窄，竟然让猪阻碍交通，这还了得！"旁边看热闹的人平时恨透了"尖酸蛮"，有人也想出口气，便故意高声说："曹老先生，大概是场官大人请你老人家来办事的吧。您老人家受惊了。这猪嘛，就是这钻进来的女人家的。"那女人本想发作，听到刚才说话的口气不对,再看看那坐在地上的老人装束也不平常。她也听过余西的曹秀才了不得,因而早没有使蛮的劲了。她正要跑过去看猪,曹秀升说话了:"你过来,你竟敢做出如此违法之事。你可知罪?"那女人一听,强作镇静地说:"是你轧断了我的猪腿,我犯什么法?""嘿嘿",曹秀升冷笑两声,随即反问,"老夫问你:此处是大街还是猪圈?如果没有你的猪阻碍交通,老夫的车子怎得损坏?老夫的袍服又怎么会受污?耽误了老夫的公干,你吃罪得起吗?"这接连几问把那女人问愣了。旁边看热闹的有心要整治"尖酸蛮",也你一句,我一句地向她施加压力:"曹老先生问得有理,堂堂大街本来就不应该让猪糟蹋。""曹老先生从来出门离不了车,这回车子坏了可怎么办?"那女人翻不出歪理,于是玩了个脱身之计,说:"该我倒霉,我也不要你老先生赔猪了。"说完,就要过去拖猪。曹秀升急忙大声制止:"事情没这么便宜。你当街养猪,阻碍车辆行人来往,致使老夫车辆损坏,此罪之一也;猪粪玷污老夫袍服,耽误重要公干,此罪之二也;罪证俱在,竟敢强词夺理,侮辱老夫,此罪之三也。按此三罪,猪该充公,你该枷号示众三日!"说完,他从身边取出大红泥金拜帖,有意当众扬了扬,吩咐推车人:"你拿老夫这帖子,由前面朝北,就是场官衙门,叫他们派人来把这犯法的锁了。"那女人听说要报衙门办罪,这下可慌了,忙上前求情说:"老先生,千万都是我的不是。我情愿将老先生的车子修好,将衣服洗干净。""不行!老夫从来秉公办事,何况这事还关系到今后,当街养猪,成何体统?一定要枷号示众,以儆效尤!"曹秀升故意提高嗓门,一本正经。这时,看热闹的人插话了:"请曹老先生高抬贵手,千万不能按律办罪。""这枷号示众的滋味可不好受,何况又是个妇道人家。""我们街坊求个情,就这么吧,老先生的袍服固然要洗干净。车子嘛,换辆新的。老先生受了一场惊吓,现在临近中午,就再加一桌酒菜,向老先生赔罪。我们看,这算是便宜的。否则,猪充公,人示众,这可受不了。"这名义上是求情,实际上是两面夹击,逼"尖酸蛮"认输。这办法果然生效,那女人苦着脸一一答应下来。不过,曹秀才还不同意,他提出:"老夫的车子、袍服事小,街坊观瞻事大,她得答应今后不再放养猪,不再重犯!"经不住众人连声"是,是",那女人也满口应承。这时,有两个看热闹的人过去搀起曹秀升,对那女人说:"老人家就是告倒十场一分司的曹老先生。今天算你额角高,亏得大伙儿求情,不然,就真的要吃大苦头了。以后,可万万不能重犯啊。"

事情就那样了结了。从此,街上不见猪乱跑啃菜根了,那"尖酸蛮"也渐渐地改好了。大伙都说是曹秀升为金沙做了件好事。
(宋建人)

玉蟹碑

古镇余西龙街东"镇海门"南有座古刹镇海寺(俗称东佛殿),直至1949年后该寺的东墙上还嵌有一块石碑,石碑的左上角有一洞,据说原来藏有玉蟹,当地称此碑为玉蟹碑。

相传此寺东临大海,为镇海所建,故名镇海寺。一天,海面上忽然漂来一块四尺多长、二尺多宽的青石,寺中老僧见了觉得奇怪,于是叫几个沙弥把青石捞起,放在古寺院内。

此事一传十,十传百,不几日就传开了。一位自称游客的识宝商来到寺中,愿出白银三百两购买此石。老僧心黑,想此石一定价值连城,便诡称:"此石乃我镇寺之宝,少于三千不卖。"识宝商摇摇头,只得怏怏离去。事后,老僧一想:"此石如此贵重,若被人盗去,岂还了得?"便唤来几个沙弥将青石搬入禅房,置于床下。

几天后,识宝商又来到寺中,表示愿按老僧要价购买。

老僧将识宝商领至禅房，识宝商一见，大惊，摇头叹道："此石即便是三百两也不值了。"老僧问其缘故，识宝商道："此石中有玉蟹一只，前几天还活着，如今被你置于室内，日不见阳光，夜不沾甘露，已是一只死蟹了，如何还值这许多银两？"老僧听后懊悔不及，只得自认倒霉。后来，人们将此青石重新放到镇海寺院内。玉蟹虽然再也活不过来，但看的人多，此石便成了有名的玉蟹碑。

（马锡华）

五牛子传奇

相传清朝嘉庆年间，八甲河畔（今余北社区居民委员会14组）季家老祖又添第5个儿子。该子天生骨骼粗壮，少时就食量过人，取名五牛子。到十三四岁，饭量是成人的5倍。家人除种田外，母亲纺纱，父亲织布，还常常挨饿。有一天母亲下田前，不忍五牛子挨饿，吩咐他到笆斗里盛一碗面粉自己擀面条去煮。待回来一看，家中仅有的一笆斗面粉已空空如也（少说也有十多斤），全部被五牛子吞下肚，心中暗暗叫苦。

转眼五牛子到了十五六岁，身高已逾2米，虎背熊腰，父亲见他有把力气，便将家中一点积蓄置办了高车，让他赶牛拉盐。一日五牛子赶车到海边遇到一泼妇，泼妇不准牛车从其家前场中经过。五牛子问："人可以走吗？""可以。"五牛子二话没说，展开大手，将两牛左右挟住，头顶高车，几个虎步，连牛带车一跃而过，场中留下几个半尺深的脚印。这一下泼妇恼羞成怒，令几个伙计持棍打他，谁知五牛子力大无穷，把伙计一个个拎起，如扔草把一样扔入河中。泼妇眼睁睁看着五牛子赶着牛车离去，一动也不敢动。

余西衙门听说五牛子打死了人，就派了3个衙丁前来缉拿，他们到了五牛子家，五牛子正在场中。衙丁问："五牛子在家吗？""不在！""你是谁？""伙计！"说完，从墙前一手轻轻地拎起一只300斤开外的石碌，放置场上，随后用抹布擦了一下,对衙丁说:"请坐。"接着转身拿起一根碗口粗的毛竹,双手一捏,毛竹裂开成一片片,取下到灶房烧茶。三个衙丁吓得浑身是汗,默不作声,明知对面是五牛子,却大气也不敢喘一下。

苏州府得知有此奇人,特地雇船派人前来请五牛子去当保镖。他们寻得五牛子家,向五牛子说明来意,并说船在余西高桥下等候。五牛子说:"那你们先去,我打点一下行李,随后便到。"五牛子将场中两条石碌用被单包裹好,当作被头,来到余西高桥下的船边,说:"两条被子放在船舱里。"说着往船中一扔,船中砸出两个大窟窿,船沉了下去。来人知"五牛子"无意去官府当保镖,只好悻悻而回。

五牛子28岁那年,患上伤寒症,英年早亡。"文化大革命"期间并坟,五牛子坟地一丈见方,坟上长满草。当时几个毛头小伙将坟挖开,其灵柩特别大,其髁骨如牛骨一样粗壮,虽埋在地下160多年,依然结实非常,用铁铲猛敲不损。有人问五牛子力气到底有多大?传说有5头牛那么大,当年威名南到余西运盐河,北到八甲盐皇岸,这方圆十多里,无人不知无人不晓。现今如有人自以为力大,人们总会反问:"你是五牛子?"

(季海堂 季金标 曹甫成)

龙游沟的传说

相传很久很久以前,长江口的北岸是一片茫茫盐海。平常,龙王以涨潮、退潮的办法分别把盐送往五湖四海,让老百姓享受食用。自从那哪吒闹海以后,龙王一气之下,下令不再给五湖四海送盐,于是一场空前的盐荒向人间袭来,使人们个个面黄肌瘦,四肢无力。

一天,青龙公主领着白龙公子出宫游玩。母子俩一路西行,看到民间百姓的疾苦,处处有人死亡,不见往日的繁荣景象。他俩招来各地的土地一问,才知道这是缺盐造成的。

回到宫中,青龙公主立刻去拜见父王,陈说人间百姓疾苦,要父王火速分发食盐,拯救生灵。龙王哈哈大笑说:"你太蠢了!要是让他们吃了盐,个个身强体壮,再闹出几个像哪吒那样的浑小子,我就要像泥鳅一样被他们任意宰杀了,这是万万不能的!"青龙公主不敢强求。白龙公子见母亲闷闷不乐,就附在她耳边献了一计,公主点头称好。

第二天,公主、公子化作道姑、道童来到人间,逢人便告诉他们囤盐宝地所在,叫他们自己去挖运,解决盐荒。人们闻讯赶来,越聚越多。

龙王得知此事后勃然大怒,连忙下令把母子二人捉拿回宫,听候惩罚。母子两人正忙着发动大家运盐,忽然间,天上乌云翻滚,电闪雷鸣,知道事情已经泄漏,龙王派兵来问罪了!大难即将来临。运盐才刚刚开始,速度又很慢。青龙公主急中生智,拔出银钗点点划划,附近港汊里立刻出现了无数只船。运盐的人知道公主相助,连忙用船抢运。谁知龙宫兵分两路,一路捉拿青龙、白龙,一路拦截运盐船只。他们在各条港汊里筑起一道又一道泥坝,阻挡船只行驶。青龙公主力战追兵,见船被阻,忙唤白龙公子用身躯开道。母子二人作起法来,一时间乌云滚滚,大地颤抖,经过的地方立刻出现一条弯弯曲曲的大河。这时龙宫追兵已经围了上来,先将青龙捉住,套上锁链。白龙见了,回头来救。青龙大喊:"儿啊,不要管我,开沟要紧!"白龙含着眼泪,狠命开沟;每开一段,回头望一眼青龙,每回头一次就拱出一个深潭;总计回头望了八九七十二次,拱出了七十二个"望娘潭"。青龙最后被拉到扬子江口,紧紧拴在锁龙柱上。白龙筋疲力尽,在开出通向黄海的最后一段河沟后,也倒下了。

风停雨止,一条大河畅通无阻。一只只运盐船顺利通过,驶向四面八方。人们为了纪念青龙公主和白龙公子为民造福,把这条河称为"龙游沟";人们把青龙公主被拴的地方取名"青龙港";在白龙公子倒下的地方造了一座庙,叫"白龙庙";把龙宫追兵设置的一道道泥坝称为"六甲坝""四甲坝""四杨坝""丁家坝"。这些称呼,后来成了地名,并一直沿用到现在。

(吴家欣)

革命斗争故事

坚贞不屈姜老五

姜老五,1907年出身于二甲镇东姜家园(现海门市国强乡)贫苦农民家庭。1929年参加革命,同年加入中国共产党。1930年4月被敌人杀害。

1930年2月,中国工农红军江苏第一大队在东乡张家宅正式成立(后编为红十四军第一支队)。时任中共余中区委委员的姜老五,积极为部队筹集军火、粮草。同年4月2日,姜老五在去上海购买枪支弹药时,因奸细告密,在途经宋季港时,被四甲坝敌保卫团抓去,押往二甲镇据点。

姜老五被押到敌据点后,江苏省警察部队大队长杨春亲自拷问,并加之以"土匪"的罪名施以种种酷刑,但姜老五始终坚贞不屈。随后,敌人又逼迫二甲镇18家商号出面联合申述,要置姜老五于死地。敌人原来准备把姜老五解送南通城,后因害怕红军游击队在途中劫走,便于4月4日上午把姜老五剖腹挖心,残忍地杀害了。牺牲时他年仅23岁。

(顾广仁 徐崇乐 王士明)

视死如归徐惠昌

徐惠昌,1919年2月出身于袁港二保(现袁灶乡公路村)贫苦农民家庭,以种田为生。1942年参加农抗会,同年冬被敌人杀害。

1942年，徐惠昌被选为袁港二保农抗会会长。他积极发动和组织群众开展减租减息工作，并参与割断南通至金沙敌人的电话线、烧毁顾家高桥等对敌斗争行动。

同年秋，因为保长吴汉清告密，徐惠昌不幸被盘踞在袁港据点的日军、伪军抓去。在据点里，敌人软硬兼施，先诱骗他，说只要他交出领导人和同伴，就放他回家，并给予奖赏。徐惠昌不受利诱，不吐一言。敌人见诱骗不成，就对他施用酷刑，并以死相威胁。徐惠昌忍受着肉体上的巨大痛苦，视死如归。最后，被敌人杀害，年仅23岁。

（徐惠龙　季谅　黄兆元　马超群）

渡工曹德清

曹德清，诨名卖糖扣，1916年出身于明辨乡丁家埭（现袁灶乡马东村）贫困农民家庭，以种田为生，兼作摆渡工。1942年被敌人杀害。

抗日战争时期，敌人把运盐河作为封锁线，企图切断金余至余西两岸抗日武装力量间的联系。新四军为打开这条封锁线，决定选择由曹德清摆渡的余西四甲渡口作为两岸来往的秘密通道。明辨乡乡长高云鹏找到卖糖扣，征求他的意见，他一口答应下来，并约定了联络暗号。从此，卖糖扣一年四季，不管寒冬酷暑，刮风下雨，冒着危险为往来两岸的新四军战士摆渡过河，从未出过一点差错。一次，在盛夏的一天夜里，雷电大作，大雨倾盆，住在河南岸的卖糖扣听到对岸叫渡船的联络暗号后，立即披蓑衣登船，冒着闪电雷雨，把整整一个班的新四军安全渡过河。

1942年冬，卖糖扣为新四军摆渡的事被余西的日军、伪军得知，日军把他连人带船抓到余西据点，拷打逼供，要他交代为新四军摆渡的情况，他矢口否认。日军又逼他在刺骨的西北风中脱光衣服,并把他推到运盐河里,从河南赶到河北,又从河北赶到河南,反反复复,来来去去,直到他精疲力竭,身上结了冰,才把他拖上岸。在日军的残酷折磨下,卖糖扣仍然不吐露半点真情,结果被敌人残酷地杀害在余西东北大悲殿附近的乱坟场里。

(陈华英 曹祖铭 丁留光 龚乃冲)

挺身救民郁海涛

郁海涛,1921年出身于明辨乡丁家园(现袁灶乡马东村)贫苦农民家庭,以种田、捕鱼为生。1941年参军,同年加入中国共产党,1945年年底因病复员。1947年7月被敌人杀害。

1946年郁海涛积极参加土改运动,带领群众与地主阶级进行斗争。1947年7月18日,国民党乡长陈综探得郁海涛、丁志成(区武工队战士)在家,就带着20多人来抓他们。两人得知消息后分别隐藏起来,敌人错把丁志成的叔叔丁马涛当作郁海涛抓起来,进行拷打。村民陈兆林母亲把这个情况告诉隐藏在北边王毛家的郁海涛,叫郁赶快逃走。郁海涛得知情况后说:"敌人有一天抓不到我,丁家埭的老百姓就一天不得安宁,共产党员一人做事一人当,不能连累老百姓。"于是他挺身而出,朝敌人走去说:"你们既要抓我,就把他(指丁马涛)放掉,不要冤枉他!"陈综放了丁马涛,要郁海涛跟他们走。郁海涛斩钉截铁地说:"我不走!只有共产党叫得动我,我愿跟他们走!你们反动派叫我走一步我也不走!"陈综恼羞成怒,即叫手下王昌新开枪把郁海涛打死在丁留光家屋后的路上。临死前郁海涛高呼:"共产党万岁!"

(丁志成 丁马涛 丁留光 龚乃冲)

邢朝富夫妇献身保群众

邢朝富,又名杨七,1890年生;邢妻沈翠仙,1892年生。均出出身于沙南乡二保（现袁灶乡南海村）的贫苦农民家庭，以种田为生。1947年元月被敌杀害。

1946年秋，原七九区办事处主任陈仲张叛变革命，组织地主反动武装还乡团盘踞在袁灶港，疯狂迫害革命干部和群众。

邢朝富家在南通、海门两县交界的海界河边，由于住地偏僻，不易被敌人注意，夫妻俩又为人忠诚，这里遂成为中共地下工作人员活动和联系的落脚点。沈翠仙还时常受沙南乡民兵队长刘志周的委托，装着上街买东西探听敌情。

1947年1月7日，刘志周与民兵茅凤明约定晚上在邢朝富家会合。那天天下着雪，到了约定的会和时间，茅凤明还未来，刘志周觉得情况有异，立即隐蔽到东边费家的小竹园里。

不一会儿，茅凤明（后来亦被敌人处死）和十来个便衣来到邢朝富家，为首的对沈翠仙说："我们是新四军，来找刘志周谈事情的，你叫他们出来。"沈翠仙一看讲话的人有些面熟，突然记起他是袁灶港的还乡团分子季成来。就说："我认得你，你哪里是什么新四军，你是小明昌的儿子季成来！"敌人见被识破，就原形毕露，逼她说出刘志周等人的下落，沈翠仙一字不说。敌人即将邢朝富夫妻二人拖出门外，残酷地将他们双双戳死在东山头的雪地里。他俩为保护革命干部献出了宝贵的生命。

（刘志信　孔德辉　陈绪　龚乃冲）

季兆章严惩叛徒

季兆章，1913年出身于余西乡宝云山村贫困农民家庭。1946年加入中国共产党，曾任民兵队长、区队排长。

解放战争时期，余西区余西乡原翻身组长曹三花叛变投敌，拜倒在国民党乡长姜卫脚下，充当走狗，经常狐假虎威，横行乡里，敲诈勒索，向国民党反动派告密，致使余西乡乡长曹松山、指导员曹洪才遭敌杀害。人民群众对他恨之入骨,区、乡民主政府决定严惩叛徒,为民除害,并把任务交给了季兆章等人。

1948年9月的一天,曹三花再次带敌人下乡抓人。季兆章获悉后,立即带领3名基干民兵,隐蔽在敌人必经的路上。当敌人来到三甲时,季兆章等人突然开枪射击,敌人慌忙各自奔逃。曹三花眼看走投无路,就跳入三甲界河中,企图泅水逃跑。季兆章眼尖手快,也跳入河中将曹三花擒获。经上级批准,当天下午在周家湾油榨东边将叛徒曹三花处死。

消息传开,群众无不拍手称快。　　（曹建山　周洪发）

英勇不屈陈汉章

陈汉章,1927年7月出身于区东乡五保(现余北乡兴隆村)贫苦农民家庭,以种田为业。1946年任乡财办员。1947年1月英勇牺牲。

1947年,国民党反动派纠集地主反动武装还乡团对国华乡疯狂"清剿",中共地方干部和民兵遭受重大损失。在此严峻情况下,乡财办员陈汉章和乡里的其他干部一起继续组织乡武工队员、积极分子进行反"清剿"斗争。这时,民主政府余西区区长曹永安给他们写信,鼓励他们要在困难面前稳得住,并就开展对敌斗争的部署作了指示,使他们受到极大鼓舞。一天晚上,因奸细告密,一群国民党反动派冲进陈汉章家,陈汉章立即把曹永安写给他的信吞进肚里。敌人发现后,即追问信的内容,陈汉章不予理睬。敌人把他抓到东社据点,以坐老虎凳等酷刑折磨他,但他始终坚贞不屈。敌人又残忍地将陈汉章双腿折断,陈汉章于第二天早上壮烈牺牲。组织上为纪念他,将他所在村改为汉章村。

（陈国香　陈汉军　成国仁）

民间歌谣

堂烛点火

堂烛点火亮晶晶,红灯花轿稳场心。
四个金砖垫轿脚,八个仙女把轿门。

堂烛点火轿门开,轿里搀出贵人来。
贵人头上四盏花,喜得公婆乐开怀。

堂烛点火亮晶晶,大步跨过七盏灯。
踏板头上"坐富贵",走过长冬到新春。

堂烛点火豪一豪,夫妻喝杯和气茶。
白糖没有红糖甜,从此双双同到老。

堂烛点火黄一黄,王婆娘娘来铺床。
两头铺对鸳鸯枕,中间放点子孙糖。

堂烛点火亮晶晶,有令不说是何因?
是因酒饭不周到,还是小菜不称心?

堂烛点火喜开怀,请勿嫌我说不来。
说得不好犹认可,另请高明进房来!

(崔祝彬 曹甫成)

山 歌

天上星多

天上星多月不明,河里鱼多水不清。
朝里官多闹成反,小奴奴郎多乱花心。
天上星多月不光,马绊草里下白霜。
霜怕日头雪怕雨,小奴奴惧怕后婚郎。

打樱桃

日出东天白浩浩,姐儿起来打樱桃。
棒儿厌矮树厌高,双手招郎托奴腰。
打到樱桃平半吃,打到树枝造仙桥。
八十岁公公仙桥上过,跌断拐棒磕断腰。
十八岁情哥仙桥上过,不成相思也成痨。

嫁妆十要

小奴奴打号子响铜铃,一阵狂风吹到北京城。
皇帝老儿看中我,请张天师出来做媒人。
皇帝看中不打紧,只要十项礼金称奴心:
一要小小猪头狼山大,二要老酒坛子海洋深,
三要蚊子骨头作衣架,四要珍珠做成洗脸盆,
五要苍蝇脑子重四两,六要跳虱卵子半斗升,
七要蜻蜓翅膀织罗帐,八要蚂蟥骨头打摇床,
九要上八大神仙来抬轿,下八大神仙来点灯,
十要四个金砖垫轿脚,八个仙女把轿门。
皇帝老儿拿起算盘算一算,算到半夜二更半,
江山卖掉也娶不成。

(曹甫成 崔祝彬 季荣芝)

送 房

照新人

牙床踏板油漆新,踏板头上坐新人。
我把新人来照起,有请新人立起身。
手提红灯照新人,新人打扮真齐整。
一照青丝和细发,犹如乌云盖头顶,
二照眉毛弯弯,眼睛圆圆喜人。
三照楚宫细腰,系的八幅罗裙。
四照绣花小鞋,三寸金莲地上蹬。
新人打扮多标致,赛过当年王昭君。

喜 酒

一杯喜酒照东方,两条金龙游上空。
上照五湖与四海,下照送子麒麟童。
二杯喜酒照南方,南山观音送二郎。
连送五男并二女,个个朝中伴君王。
三杯喜酒照西方,西天佛国贺新郎。
新嫂嫂头戴金银宝,新相公身上着龙装。
四杯喜酒照北方,三亲六眷闹新房。
至亲好友堂中坐,我在闺房贺新郎。
转过身来侧过背,跨上踏板到牙床。
绣花帐檐上边挂,银纱罗帐金边镶。
红绫被褥叠得好,一对鸳鸯分两边。
福字枕头床头摆,夫妻共睡万万年。
花烛点起红一红,有请王母娘娘来摊床。
两头摊的鸳鸯枕,中间摊的子孙堂。

贺 菜

第一碗菜一枝花,文武双全姜子牙,
仙山学道四十载,斩将封神保周朝。
第二碗菜已成双,生得哪吒保周王,
陈塘关上来出世,父是托塔李天王。
第三碗菜桃花红,文王渭水访太公。
该应太公时运到,年届八十受皇封。
第四碗菜四吉祥,姜尚身骑四不像。
师父赐他打神鞭,出阵打仗打神仙。
第五碗菜热气腾,三只眼睛是杨戬,
上照神仙各登位,下照十八层地狱门。
第六碗菜烧得咸,雷震子修道终南山。
桃园传授黄金棍,独保文王出五关。
第七碗菜绿油油,哪吒生来手段能。
火尖枪一把拿在手,脚下又踏风火轮。
第八碗菜烧得好,当初有个黄天化,
自小上山去学道,手执双锤本事高。
第九碗菜烧得肥,说起文王在西歧。
造起灵台与池沼,与民偕乐世间稀。
第十碗菜上完成,雷震子本事实在能。
黄金棍子拿在手,两个翅膀长背心。

(成玉清)

盘 歌

(一)

嗲个开花花对花?嗲个开花丫对丫?
嗲个开花不结籽?嗲个结籽不开花?
棉桃开花花对花,豇豆开花丫对丫,
雄桑开花不结籽,母桑结籽不开花。

嗲个开花白如银？嗲个开花黄如金？
嗲个开花珍珠塔？嗲个开花聚宝盆？
辣萝卜开花白如银，青菜开花黄如金，
荠菜开花珍珠塔，胡萝卜开花聚宝盆。
嗲个长长近靠天？嗲个长长在佛前？
嗲个长长街沿卖？嗲个长长姐面前？
银河长长紧靠天，板香长长在佛前，
豇豆长长街沿卖，辫子长长姐面前。
嗲个弯弯近靠天？嗲个弯弯在佛前？
嗲个弯弯街沿卖？嗲个弯弯姐面前？
月亮弯弯近靠天，寿面弯弯在佛前，
菱角弯弯沿街卖，梳子弯弯姐面前。
嗲个双双飞过沟？嗲个双双水面游？
嗲个双双同到老，嗲个双双半路丢？
鹁鸪双双飞过沟，野鸭双双水面游，
夫妻双双同到老，姐妹双双半路丢。

（季玉英 曹菊娥 成玉清）

（二）

嗲个圆圆近靠天？嗲个圆圆在河边？
嗲个圆圆街沿卖？嗲个圆圆姐面前？
月亮圆圆近靠天，河蚌圆圆在河边，
烧饼圆圆街沿卖，镜子圆圆姐面前。
嗲个长长近靠天？嗲个长长在河边？
嗲个长长街坊沿卖？嗲个长长姐面前？
老龙长长近靠天，水车长长在河边，
粉丝长长街坊沿卖，裹脚布长长姐面前。
嗲个尖尖近靠天？嗲个尖尖在佛前？
嗲个尖尖街坊卖？嗲个尖尖姐面前？

宝塔尖尖近靠天,烛钎尖尖在佛前,
粽子尖尖街坊卖,小脚尖尖姐面前。
嗲个方方近靠天?嗲个方方姐面前?
嗲个方方街沿卖?嗲个方方在宅前?
鹞子方方近靠天,镜子方方姐面前,
茶干方方街沿卖,小菜地方方在宅前。

(丁网林 成玉清)

情 歌

日落西山一点斑,十条田岸九条弯。
田岸弯弯注得住水,奴奴手臂膀弯弯会勾郎。
石榴花开头靠头,黄花女担娠夜夜愁。
一心想到郎家去,又怕晚上不把我留。
东方日出白皓皓,姐在河边把米淘,
淘箩里边雪白米,淘箩外边把花浇。

(成玉清)

话利市

说利市就是说好话,这一说法最早来自苏北的里下河地区,后来流行于江南江北地区。在通东地区,如果有结婚庆寿,砌屋造船,或春节期间,有专门艺人说利市即话利市,说好了主人会给予犒赏,或多或少,或银或物。"红招财来绿招财,我送利市上门来;八仙桌子朝下摆,大红桌帏铺上台!"这是开头常说的一段利市连头话。说利市其中还有一项名堂,叫作"跑节节高","跑节节高"是高级乞讨。乞讨的人拿着铃铛,拖着小孩,拎着篮子到一家家门前喊:"节节高,节节高,发财馒头发财糕!"主人一给钱或东西,说利市的人就去另一家再讨。

送喜房利市

一步踏金阶，二步上莲台，
天官赐福齐到来，玉盘珍珠进宝来。
手捧银壶亮堂堂，转送新人入喜房。
一送长命富贵，二送儿孙满堂，
三送三元及第，四送四喜如红，
五送五子登科，六送六六双全，
七送七子团圆，八送八仙上寿，
九送九子十成，十送实实在在。

长寿面利市

左踏金来右踏银，主家老爹有福分，
六十花甲今来到，百支鞭炮滚流星。
南极仙翁堂中挂，寿星老人手位扶桃，
三亲六眷来祝寿，堂里堂外多热闹。
亲眷朋友乐陶陶，大锅小锅下面条。
面条长又长，福如东海流水长；
面条雪雪白，寿比南山青松柏；
面条一碗碗，阳寿万古享不完；
面条喷喷香，老爹奶奶像个活神仙；
面条多又多，金银财宝装千箩；
面条筷子挑，全家幸福乐逍遥。
长寿面来面长寿，台中菜肴来搅面。
寿星老儿寿星高，晚上再吃鱼和肉。
八仙桌子放不下，酒醉饭饱再用茶。
老爹奶奶礼周到，亲友临跑带面条。
东海有水流不尽，高山柏树青又青。
老爹奶奶喜笑颜，荣华富贵万万年。

登高挣梁利市

脚踏木梯步步高,寿星老儿把手招,
问他招的是什么?招的主家福寿高。
脚踏木梯步步高,和合二仙把手招,
问他招的是什么?招的金银朝家跑。
脚踏木梯步步高,王母娘娘把手招,
问他招的是什么?招的紫薇星君已来到。
脚踏木梯步步高,八洞神仙把手招,
天上金鸡一声叫,主家上梁时辰到,
地上草鸡一声啼,正是主家上梁时。

建房利市

（一）

上梁圆子下梁糕,三亲六眷来送糕。
瓦匠师傅本事高,手拿灰板和砖刀。
上梁圆子下梁糕,左右邻居来送糕。
木匠师父本领高,手拿斧头共锯条。

（二）

新起楼房铜瓦盖,黑漆大门朝南开。
一起是正埭,二起是厢房;
三起是餐厅,四起面店与粉坊;
五起是钱房,六起是账房;
七起七十二爿杂货店,
八起八十八个南货房。

（三）

我左脚踏到你家金砖地，右脚踏到你家凤凰身。
主家老爹青布罗罗头，喊声邻居掮木头！
大号木头根朝东，二号木头根对西。
主家老爹金丝灯笼一对对，大红蜡烛配成双。
看到东房山脚踩得高，一对银元宝；
看到西房山脚踩得高，一对金元宝。
南厢房造典当铺，北厢房造织布房。
要造前三埭后三埭，三三得九二九十八埭。
凤凰飞不过，喜鹊来做窝。

祝福利市

红招财来绿招财，我送利市上门来。
八仙桌子朝下摆，大红桌帏铺上台。
大红剑条铺地心，大鞭炮放来噼啪响；
小鞭炮放了两麻笼，大糕大鱼拿出来。
主家奶奶赏我团，你家子子孙孙中状元。
主家老爷赏我糕，你家代代儿孙做官高！

跳钱龙

钱龙钱龙来得早，只长棉花不长草。
钱龙钱龙头对东，寿比南山不老松；
钱龙钱龙头对南，子子孙孙中状元；
钱龙钱龙头对西，邻里和睦多欢喜；
钱龙钱龙头对北，世世代代都享福；
钱龙钱龙调尾巴，大人小孩乐哈哈；
钱龙钱龙跺跺脚，金银财宝往里搭。

（曹甫成　曹发清）

民间俗语与方言

俗语
城河里砖头也有翻身时
矮子里头拔将军
矮子肚里疙瘩多
八败星
把死猫儿说成活猫儿
没有一点斑麻破相
扳死桩子
半爿人脸,半爿鬼脸
办酒容易邀客难
驴子面前送把草
背后戳壁脚
壁滑旺亮
不死也要脱层皮
不要气,只要记
茶八酒十

撑硬头篙子
大伙马儿大伙骑
大熟年成隔壁荒
大眼瞪小眼,小眼翻白眼
胆大吓煞胆小
当方土地当方灵
倒八辈子霉

颠过来葫芦拆开来瓢
僵尸鬼搽脸
跌个跟斗抓把泥
钉头碰铁头
屙屎离他三尺
饿狗抢屎吃
二姑娘倒贴
佛争一炉香,人争一口气
夫妻没有隔夜仇
耕不到耙也耙到
工钱十五,饭钱十六
锅里不开铁罐里开
经一道手,剥一层皮
过头饭好吃,过头话难说
好狗不挡路
好马也跑折脚
横竖横,拆牛棚
红眉毛绿眼睛
嗓子里打坝
胡头乱,困猪圈
黄龙朝嘴里流,顺个

闷钝猫儿捉好老鼠
磨子不回牛
拿客气,当福气
年过半百,头发花白
牛系在桩子里也要老
脓头早晚要破
碰鼻子转弯

破归破,苏州货

七翘八裂

牵丝攀藤

清明送百虫,一送影无踪

清明断雪,谷雨断霜

穷不与富比,民不与官争

稻怕秋枯,人怕老苦

人无过头之力

人有人朋友,鬼有鬼朋友

人越戏越懒,嘴越吃越馋

人情出于往来

认帮穷,不帮侯

认断不弯

日里说到夜里

菩萨还在庙里

肉多嫌肥,瓜多脱皮

山东驴子学马叫

上通州,弯吕四

上面放个屁,下面跑断气

烧了裤子要烧膀

蛇配花子捉,马配相公骑

生铁补锅,手段拿钱

声不做,气不透

虱多不痒,债多不愁

一分行情一分货

一个要补锅,一个锅要补

一家丫头,不吃两家茶叶

一口大话,一把小钱

一钱不落虚空地

有钱陪丫头,无钱卖丫头
有福吃福,无福吃力
鱼到酒止
鱼落猫儿口
鱼死眼不闭
圆子说成扁子
月大不怪怪三十
多个朋友多条路,多个青虫碍棵菜
好起来头碰头,不好起来拳头揎拳头
硬的地方拖锹过,软的地方插一锹
有钱楼上楼,无钱楼下搬砖头

(周 忠 曹甫成 黄锦芳)

谚语

家有千口,主管一人
吃豆腐,报肉账
吃光用光,好上西方
吃家饭,屙野屎
吃也三扁担,不吃扁担三
痴婆娘看堆作
痴头怪脑
赤豆里榨不出油来
假充人儿墩
重孙有理告太公
出门带根绳,省得求教人
除了狼山还有庙
船头里吵架船艄里和
春雪烂麦根
从小一看,到老一半

从小属嗲，到老属嗲
回炉烧饼不香
床里面火朝外烧
嫁出去的丫头泼出去的水
拣日不如撞日
见眼儿生情
大拇脚趾头朝外
酒是水做的，阎罗王是鬼做的
开场锣好敲，压台戏难唱
开饭店不怕肚子大
看着脚趾头走路
癞和尚做不出好斋事
癞巴不吃人，架子难看
郎不郎，秀不秀
痨病鬼儿开药店
冻天年年有，不在三九在四九
连头带尾，夹尿夹屎
脸放在裤裆里
临到享福，鼻子头儿对北
六月里鲜鱼得价就卖
砻糠圆子搓不拢
麻雀儿落烟囱，有命也无毛
麻花儿雨也湿身
蛮斫三斧头
满嘴仁义道德，一肚灭门绝户
慢人有慢福
慢而稳，不走滚
没有家鬼不死人
没尾巴鹞子

十七八，快手娘娘杀只鸭

锯树捉老鸦

说大话，用小钱

说起来神，做起来浑

塌皮烂骨，鼻塌嘴歪

添客不杀鸡

田鸡要命蛇要饱

铁嘴豆腐脚

头顶磨子，不知轻重

兔子不急不咬人

推死人过界

脱头落襻

为人不怕衣裳破，就怕肚里没有货

文不像秀才武不像兵

先进庙门为师傅

先下河，先湿脚

话越盘越多，果子越盘越少

乡下龙灯乡下舞

小八辣子

心重不得过海

新相公划一字

虚花盖顶

老酒炖炖，吃吃困困

丫头大过娘

盐多菜苦，儿多母苦

阎罗王也怕拼命鬼

眼睛长在额角头上

野豁豁

一把年纪活到狗身上

一步三个谎

眼睛靠鼻子,早不见晚见

阵阵不离穆桂英

侄子算半子

只有修桥补路,没有断桥绝路

皱皮打裥

猪八戒过河,不带嘴拱

猪头三脾气

桌子板凳一样高

自己屙屎自己吃

做一样生活,换一样经络

做官也要想想情

做贼心虚,放屁脸红

穿裤头着袜子,脱空一老截

困到娘头说娘好,困到爷头说爷好

买了便宜草,烧了夹底锅

状元三年出一个,老卵一天出三个

(周 忠 曹甫成 黄锦芳)

歇后语

曹秀升打官司——认输

屙屎吃瓜子——进口小出口大

盲人买扁担——寻敲疤

扁担搁在裤裆里——抬卵托屁

膝头盘上搓圆子——一手一脚

道士老儿帽子——前低后高

蚊子叮菩萨——认错人

吃了早饭做豆腐——中作

乡下人吃海参——第一回

老太婆吃海蜇——不响
瘸子过缺口——出把劲　　　　　（黄锦芳　曹甫成）

二甲方言词汇

做阵头	戏脚	活宝
乌云黑暴	上半天	痨病鬼儿
太阳恶	黄昏头	人物头儿
麻花儿雨	将天亮	老哥台
下露水	年脚下	老雀儿
消好天	暖天	少豪
还潮天	明后朝	少死鬼
阵头雨	明年子	好角色
闪霍闪	清早起	小刁码子
喷小雨	腊月心里	养偷侯
明星亮月	一复时	面糊盆
落雨搭煞	天王老子	
瘟牲	连裆码子	
今朝子	神气码子	掮旗打伞
五忙六月	痴子、痴候	赶骚雄鸡
夜心里	痴伢儿	
皮舞痢子	没脚蟹	没尾巴鹞子
化生候	细伢儿	白脚猫儿
拖身货	赌钱鬼儿	老辈里
拖尾巴蛆	土佬儿	侯娃
讨汉精	猪胎	
三时末节	酒漏斗	郎丈两个
陈年里	麻雀儿瘟	瘪奶儿
陈年八代	寡嘴	嗓子嘎
春三二月	哭泡精	（周　忠　曹甫成）

沙里方言及避讳语

通甲路南为沙里人，全部是外地迁居过来的，有来垦荒的农民，也有来煮盐的盐民，更有不同时期来这逃难的难民。方言也繁多复杂，有源自吴语的沙里话；有江淮口音的南通话，也就是卷舌的南通话；还有江北话、通东话等。这里因为濒临海门、启东，当地人大部分说启海话又叫沙里话。吴语是汉语中历史最为悠久的方言之一，其祖语可以追溯到2 600多年前的春秋战国时期。启海话隶属吴语，承载了很多历史文化的遗存，至今仍然保存着一些在现代汉语方言中已经消失的古汉语特点，说来都是文绉绉的。如把"爱人"称作"娘子"，称"自己"为"吾"，称"他（她）"为"伊"，称"不"为"弗"，称"找"为"寻"，称"父母"为"爷娘"，称未出嫁的年轻女子为"小娘"，将"脸盆"称作"面锣"，将学生交的"学费"称作"学钿"，将"穿衣服"称作"着衣裳"，等等。启海话有着古文的精练。"不要"是"拗"，"不要吃"就是"拗吃"，"不要说"就是"拗话"，"不要开"就是"拗开"（听起来像英语中的OK），喝酒进行到白热化阶段，在讨论是否再开酒时，凡启海人都会警觉，这是最能锻炼人的听力的。根据语言学家对声母、韵母、声调的分析，用启海话来诵读古诗文，在平仄的掌控和押韵的协调上更臻美满，尤其是仄声中入声字的处理，颇有吟唱文化的特质。

凡文化底蕴深厚的方言，莫不以生动形象为特征。启海话中有很多富有地方特色的用法，很值得玩味。如启海人将跑得很快，说成是"跳出来跑"。试想，还有什么能比跳起来离开地面跑得更快的？启海人称"小孩"为"小官"，称"新郎"为"新小官"。"小官"是人生的起点，"新小官"是结婚后在人生旅途上的另一个起点，可见启海人对于婚姻的重视程度。再比如,启海人称"男孩"为"猴子"。男孩,好动而顽皮,这与猴子的习性相似,这一借喻手法的运用,将男孩的特征表现得入木三分。类似的例子不胜枚举,如将人身上的"积垢"称为"黑漆",将"闪电"称作"忽闪",将事情"没有进展"说成是"蟹沫无气",将"打嗝"叫作"打急勾",将"去年"叫作"旧年头",把"明年"叫作"开年头",将"干爹"和"干妈"称作"寄爷""寄娘",将"碰巧"称作"当当碰了恰恰上",等等。

方言是一个地方的注脚,如果对启海话加以仔细考察,我们从中还颇能听出些文化来。比如在农村,常称"种地"为"种花地"。有人对"种花地"这种说法不甚理解,原因海门素有"江滨乐土、粮棉故里"的美誉,在经济作物中以棉花居多。因此,在下地时很多人都称"种棉花地",但这种说法不免冗长,为便于表达就逐渐简化成"种花地"了。再后来,就成了"种地"的代称。"种花地"与"种地"之间仅一字之差,却诗意顿生。如果这种推断成立的话,启海人倒是有着几分浪漫的。启海人称"中饭"为"点心",是启海人好客,恐中饭不丰怠慢了客人,而把"中饭"轻描淡写地说成"点心"?还是因中饭为午时,刚好为一日之中心而得名?真是不得而知了。还把"勤俭节约"称为"做人家",一个"做"字,将海门人持家的细致、精巧描述得极其传神。启海人常会把做事不负责任、不考虑后果的人斥为"海蜇",这未免让人云里雾里,"海蜇"又何以成为骂人的代名词?其实,海门有几十千米的海岸线,我们的先祖以出海捕鱼为生,而海盗常滋事扰民,"海蜇"实为"海贼"之意,表示对海盗行径的深恶痛绝。启海话在描述"烫""刺"等感觉时,还会在这些词语后面加一个"人"字,"烫人""刺人",一切以人为中心,很有些以人为本的意思。

启海话中有些词的表现力更是惊人,光形容颜色的就有

"碧波爽清""绯红炽拉""腊扎金黄""花离斑斓""赤乌滴黑""灰色堂堂""煞白敞亮",等等,外地人要全面掌握这些词汇其难度可想而知。启海话是较"土"的方言,有些话与普通话根本挨不上边,如怕人想(怕痒)、好子客(老实本分)、有心相(有耐心)、初光生(基本上)、老油条(油腔滑调的人)、小揩面布(手帕)、泛乌百老(很多),等等。

人们在日常生活中往往不愿说出犯忌的话,常常用其他委婉和吉利的话来替代。沙地人特别回避"死"这个字,实际生活中死了人说成"人喜了""人老了",小孩夭折说成"跑脱了",把办丧事说成是"白马肉"。其次,因为"贼"是小偷,名声不好,"蚀"是做生意亏本,赚不了钱,而这两个字启海人都把它读成"十",所以为回避这两个字,"十大队""十村""十组"都说成"中心大队""中心村""中心组"。把"猪舌头"说成是"猪赚头",连"海蜇"也说成"响菜"。再次,就是避讳"霉"。日常生活中把煤炭、煤饼都叫作"兴旺",遇到物品生霉叫作"出兴旺",平时烧饭就叫"旺饭",烧菜就叫"旺菜"。此外,还避讳说"少",对存放的米面食物吃完了说"满了",如锅子里的饭不多了,叫作"巧饭";在过年或操办婚丧大事时最忌讳说"少",也不能扫地,因为"扫"与"少"同音,一定要扫地时,只能从外面往里扫,叫作"囤";连乞丐讨饭也不说"少",而说"涨涨""再涨点",这里既有伸手再要之意,又有祝愿主家发财的含义。

这些避讳语既是富有地方特色的文化遗产,也反映了人民群众对美好生活的向往和热爱。　　　　　　(曹甫成)

民企商贾

店铺商家

隋唐时期，余西一带还是一片汪洋，长江与黄海水流交汇处，泥沙不断沉浸淤积。至五代十国之时才见大大小小的沙洲浮出水面，一个个土墩呈现在黄海之滨。但那时这些沙洲和土墩上还没有人类活动的痕迹，大约距今1 000年前的宋代早期，方才有人在此从事捕捞、烧盐等活动，始有人群来此谋生的迹象。江南的镇江、句容、丹徒等地居民迁来这里"制海水为盐"，成为本地区最早的一批居民。

随着范公堤、沈公堤的修建，运盐河的开通，水利事业的发展，海潮侵袭减少，垦殖业兴起，又有仪征、溧水、常熟、苏州等地人群来此开垦荡田，挂牌经商，繁衍生息，是本地区又一批居民。

元末明初，海岸线进一步东移，陆地面积随之扩大，垦殖业不断发展，市场繁荣，民风淳朴，吸引了启东、海门，乃至上海、苏州等地大批讲吴语的人迁入本地。他们主要居住在今通甲路南一带，从事垦殖业和商业，是本地区迁入的第三批居民。元末至正年间，张士诚率盐民起义，占据苏州，与朱元璋争夺江南。朱元璋打败张士诚后，为泄愤，于洪武二十年（1387）驱逐或强迁苏州阊门一带的百姓4 000余户至淮南各盐场，充当烧盐煎丁。其中一部分到通州海门，亦是本地区居民的祖先之一。清代咸丰年间，太平天国农民运动兴起，长江流域一带大为震动，不少经商客户迁来此地做生意。有经营酒业、茶食业的镇江人、扬州人，经营茶叶、典当业的安徽人，经营糖果、海鲜业的福建人，以及经营药业的浙江宁波人，等等。另外还有山东、山西等地的人群，因避战乱或自然灾害，而迁至江淮之地，为求生而经商糊口。加上外省市来经商办企业的客籍商人，余西二甲地区手工业和商企贸活动愈加繁荣。

（沈志冲）

三益斋南北货店

余西古镇的龙街南端，在繁荣地段的东侧紧靠老商铺码头曾开设过一家著名的三益斋南北货店。余西是风水宝地，随着盐业的发展，农业的兴旺，商业也随之繁荣起来，成了名镇，吸引了许多外商客户和本地有远见卓识的经商者，开设了数十家商号，呈现出一派商贾云集、百业兴旺的繁荣景象。三益斋南北货店就是其中之一。据三益斋老板季国琦的女儿季素娥（93岁）和儿媳曹淑筠（84岁）两位老人的回忆，早在20世纪初，余西镇颇有经营意识的季国琦抓住商机，与其他两位同人合资经营开设了南北货店，同时也经营茶食点心。为体现三家的共同利益，便取店名为"三益斋南北货店"。店铺雇有员工七八人，所经营的南北杂货门类齐全，十分畅销，自己加工制作的彩纸、蜡烛、红白对子等更富有地方特色，满足了当地百姓的消费需求。经营的茶食点心，充分体现了余西的饮食文化，在当地非常有名，除常年供应日常的茶食糕点外，还能精制时尚的各色月饼、特色糕点等，深受百姓喜爱，有的还被作为高档的馈赠礼品。三益斋品质好、信誉高、生意红红火火,余西镇的十里八乡无人不知晓的。到了30年代以后,因战乱等原因,其他两位店主各自另立了门户,三家店主经过商定,决定将店铺并转给季国琦,由季国琦一家经营,店名仍沿用"三益斋南北货店",为与原三益斋有所区分,另加上"琦记"二字。由于季国琦善于经营,坚守诚信,为人厚道,店铺生意一直非常好。30年代末,季国琦因病过世后,三益斋便由其夫人掌管经营,其儿子季仁、女儿季素娥协助管理,分管门市和内外账务。季夫人是个善于经营的女强人,精明能干,不仅保持了三益斋一贯的经营传统和特色,而且坚持人性化经营、薄利多销的原则,因此在当时,余西码头乃至方圆数十里的乡亲都以选购三益斋的食品为荣,三益斋的生意空前的兴隆。季夫人待儿子季仁熟悉经营业务后,便逐渐放手给儿子独立掌管,并为儿子娶了能说会道、能写会算的书香闺秀曹淑筠为媳,从此三益斋又多了位好帮手、好管家。所以,三益斋在百姓中一直保持着非常好的声誉。中华人民共和国成立后,三益斋走上了合作化道路。店名改为"益民商号",店主也都成为社会主义企业的新主人。三益斋就此画上了一个圆满的句号,但在群众中一直流传着三益斋的好口碑,它的声誉一直留在人们的记忆里。(王兴相)

杜谊茂绸布庄

余西百年老字号"杜谊茂绸布庄"位于古镇龙街十八弯口,为余西古镇"商业一条街"最繁华地段。杜谊茂绸布庄由杜谊茂创建于清末,建筑为前店后宅,各为两层楼。前店为两滴水屋面,屋面材料为黑色蝴蝶瓦,地面为方砖,墙面抹灰。建筑结构为六界穿斗。该建筑充分利用了建筑空间,将中间四界设置为两层,为承受上层结构,下层使用了硕大的扁作梁,仅在六界进深的中间设柱子一根。上层为穿斗式四界进深，屋架圆作，木地板。后宅为两层建筑，建筑面宽三间，进深六界，观音兜山墙。二层走廊梁悬挑，作云头状，撑拱支撑，撑拱装饰卷草纹浮雕。窗户装饰弯曲菱形格。正贴为六界进深两柱落地，边贴六柱落地。院落为四水归堂，青砖席纹铺地。建筑北侧为厢房，单层，穿斗式结构，进深四界，两柱落地，为厨房和门楼。

杜谊茂绸布庄前店

杜谊茂绸布庄后宅

杜谊茂绸布庄里屋

杜谊茂绸布庄里的呢绒绸缎、丝麻以及各色布匹，一应俱全，应有尽有，比当时南通城里最大的布店——"荣大祥"销售的品种还要多。布店在清末民初达到鼎盛。

(摘自《余西古镇汇编》)

蓝印花布与染纺业

二甲的蓝印花布是具有悠久历史的民间印染工艺品。

蓝印花布的历史可追溯到宋代,由当时松江府嘉定县的一个姓归的人所创造,时称"药斑布"。"药斑布"在明、清两代称为"浇花布",由于用靛蓝(从靛青中提炼出来的染料)染色,印成的花布蓝白分明,色泽沉着,故又称"蓝印花布"。南通的蓝印花布以当地生产的纯棉白布为面料,用靛蓝作染料,以石灰、黄豆粉作防染剂,用柿漆纸或桐油纸作雕花型板,经过十多道工序加工而成。因有石灰作防染剂,所以不怕虫蛀。

染坊

碾布石

染缸

南通地处江海之交,是江苏的重要棉区之一。随着植棉业的发展,棉纺织手工业越来越兴盛,不少农家都有织机、纺车,农忙耕作,农闲纺织,二甲镇周围地区也是如此。蓝印花布印染技艺作为棉布的一种加工工艺,随着土布业的发展,也得到了发扬。据史料载,自明、清以还,南通地区的平潮、石港、二甲、四甲、石庄、白蒲等产棉的集镇,每地都有数十家染坊。用蓝印花布制作的被面、蚊帐、包袱布、帐套等日用品遍及每个农家。

二甲的染纺业中,最早的要数余东人曹氏开设于清道光年间的"曹裕兴"染坊,这个染坊迄今已有170多年的历史,开办时所染的品种有蓝花布、月白布、老蓝布、青布、黑布等。使用的都是一些老式生产设备,有大小染缸50只,染布架子两个,划石(踹石,成品打光之用)一个,因其成元宝状,故又称之为"元宝石","文革"前,笔者曾看到过,后来就不知去向了。生产、生活用房近20间,常年雇佣工人20名左右。染坊所用的原料(本靛)都是从如皋、溧水两县购进的,生意兴隆时,一次购进一二十船。

民国初年,"曹裕兴"染坊的生意更加兴盛,每天总要染上五六缸布,出布总在200匹左右。经营范围东到余东,南到海门,北至范公堤,西达金沙,方圆二三十里,全年业务量在万号以上。曾有"裕国财源通中华,兴隆事业达华洋"之誉。可见其生产规模之大,产品销售之广。在该染坊兴旺时,还在余西开设了一家分店,经营印染业务。

民国时期,染纺业在二甲镇及周围地区愈益发展起来,达到了20余家。二甲的染坊计有"复茂""鸿裕""红和""德和""孙鼎丰"等,都有一定的规模。在这些染坊中产生了不少经验丰富的看缸师傅和制板刻花艺人,他们在生产工艺上继承了民间手工印染的传统,使老蓝印花布的质量一年比一年高。其中比较突出的是周锡广,他是范公堤北灶君庙附近人(原属忠义乡,现属三余镇),1929年在二甲开设了"仁和"染坊,采用中国传统印染法,成功地配制了靛缸,印染老蓝印花布及其他土布。

1954年,上述几家染坊合并,成立了地方国营二甲印染厂,生产品种在原有基础上发展了双面印花、复式印花、彩色印花、壁挂、门帘、台布、沙发套等蓝印花布实用品、装饰品、手工艺品。手感丰满厚实,色泽雅致自然,纹样朴素大方。特别是浮色洗去后,花纹越发显得清晰,虽旧而色不褪。党的十一届三中全会以来,随着对外贸易的发展,蓝印花布获得日本、中国香港等地商人的好评。二甲印染厂成为我国出口蓝印花布的主要基地之一。盛开在江海平原上的蓝印花走向了世界。1980年,该厂生产的255蓝印花布获得了江苏省优质名牌产品证书和优质奖,"蓝麒麟"牌商标被评为"著名商标"。1986年获得了全国工艺美术百花奖。近几年来,二甲的蓝印花布生产保持了良好的发展势头,并成为国家级非物质文化遗产蓝印花布生产技艺的展示基地。

(王士明)

张家布庄

钱京生布庄

曹裕兴染坊

在二甲的染纺业中，最早的要数曹国忠于清朝道光年间创立的"曹裕兴染坊"，已传承五代人，至今已有180多年的历史。曹国忠先是在余西开设染坊，后迁至二甲。据说店的招牌还是张謇先生题写的。曹裕兴染坊开办之初，蓝印花布以当地织造的纯棉白布为面料，用靛蓝作染料，以石灰、黄豆粉作防染剂，用桐油纸作雕花型版，经过十多道工序加工而成。因有石灰作防染剂，加之靛青亦是一种中草药，所以不怕虫蛀，且有消毒作用，人们非常喜爱这种布料。

后来，染坊传至曹铸渊，帮助经营染坊的，是其子曹喜山，其女曹淑贞。曹淑贞一生未婚，行事果断，颇有男子气概。小辈们都尊称她为"三姑爷爷"。年轻时的"三姑爷爷"身材微胖，穿着旗袍，年纪大后，"三姑爷爷"满头银发，气度不凡。染坊在曹喜山、"三姑爷爷"的精心打理之下，业务蒸蒸日上，兴旺发达。

时光流逝，传统工艺却没有流失，时至今日，曹家依然坚守着祖辈传下来的手工艺，制作、销售蓝印花布。"曹裕兴染坊"第四代传人曹建雄和第五代传人曹晓峰、曹庆峰被定为南通非物质遗产传统技艺、蓝印花布的传承人。曹家染坊的精湛工艺，曾带动了周边其他染坊的发展，一度成为业界的翘楚。近年来，在制作传统产品的基础上又不断研发新品，陆续有出口服装、鞋帽、壁饰、工艺包、坐垫、台布、门帘，还有家纺用品等蓝印花布工艺品。产品纹样朴素大方，特别是洗去浮色后，花纹愈发显得清晰。古老的蓝印花布，以其浓郁的乡土气息和地方特色，向世人展示了这一民间艺术的特有风貌，正如一位名人所言，越是民族的就越是世界的。

（曹庆峰）

袁灶薛涌森染坊

早在太平天国战乱时,薛涌森全家从溧水迁到通州袁灶,买下东街房屋,开办了小镇第一家染坊——永森染坊,东距蓝印花布之乡二甲镇仅10余里。嗣后因南侧又有孙鼎峰染坊问世,群众为了便于辨认,称薛涌森为老染布店。那时"织青布,做衣裳"是不少农家的传统副业,土布服饰几乎"一统天下"。"吃了重阳酒,夜头不歇手",染坊工人的顺口溜,说出了业务的兴旺红火,薛涌森在金沙还开了分店,店的招牌由张謇先生题写。

印染工艺过程,复杂多变。当顾客将独幅"尺一五"白土布送上柜台,店员丈量后,用淡褐色"土笔"(类似教学用的细粉笔)在布上写明姓名、尺寸、染色,再转录账簿。然后把土布一角蘸水,手握白色圆柱体表面粗糙的专用石头多次摩擦布角,便于晾干后用毛笔抄写上述数据,再卷紧布角用"关草"扎牢。"关草"就像编织草席的干草,韧性强,不易折断。此后布匹不管在染缸中长时浸泡搓捏,或是在大铁锅燃料沸水里反复翻腾,晒干后,去掉关草,布角黑字清晰可辨,确保布归原

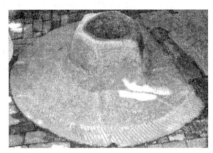

染坊百年古井(现在仍可使用)

元宝石(废弃)

主，不出差错。

　　工坊里的八只特大染缸，对称排列，用青砖砌成方形整体，行话"一组八缸一颗印"。缸上有两块组合式有提把的木盖，缸的前下方呈灶膛结构，用清水洗涤除浆，再放进由靛蓝和适量老白酒、石灰水的混合染液中浸泡，工人多次用竹竿撬捣，以利染料渗透布内，技术熟练可获"撬缸师傅"的称号。而后再将湿布捞起放在"标蓝"里，"标蓝"呈圆盘形，由较阔竹片编成，深达半缸，是洞眼较大的容器，上有翻边，可固定在缸上，便于工人双手翻动搓涤，细致操作均匀染色。中老年喜欢深似藏青色的"老蓝布"，浸染24小时；年轻人最爱阴丹士林布色的"月白布"，浸染时间较短。染色用的"靛油"，外观呈蓝黑色厚稠糊状物，装在木桶或铁桶中，"靛油"从南通买回，据称是从植物蓼蓝提炼出来的染料。

　　天井里高耸半空的四根木柱上，安装多根横档，专供晾晒布。操作时两人协作，一人左手持布，右手抛起湿布一头；一人用长竹竿挑动布头，拨动到木架横档上，长布悬空下垂容易晾干。干布皱褶重重，需经元宝石碾压除皱。元宝石，多由青石加工制成，体积巨大竖起约一人高，重三四百斤，行话"竖石"，常竖起安放。工人踩踏时，右脚先踏在下面一角，纵身跃上后，左大腿使劲冲撞上面一角，元宝石立即向左倾倒，工人抓住上方木杠后，右脚快踏元宝石，从而延续上下左右交替运行。碾平布匹的工艺流程有规范的配套设备。工厂上方有"扶手架"，用两根平行木杠，相距接近工人两臂伸展长度，两头牢牢固定。

砚贴（废弃）

工人踩踏元宝石时,双手紧握木杠,便于稳定身体重心,出劲发力,减少初学者失足掉落的危险。木杠前下方地面,安装一块长方形的、浅黑色质地的、细腻光滑的、中间稍凹的石器,行话"砚贴",其上放置一粗壮圆柱状枣木配件,行话"滚筒",耐重压,不变形。工人把染色后皱皱巴巴的布匹缠绕其上。在布层与"滚筒"之间,还要安放"插子",所谓"插子",是用层数大小适中的布经糨糊黏牢晒干,同家庭主妇做布底鞋时的"衬子"相似。使用前应抹擦一层石蜡,经元宝石反复多次碾压"滚筒"后的布匹,闪光发亮,皱纹全消。在"砚贴"后方地面,有一长方形人工空穴,行话"站脚膛",供工人走下元宝石换位站立,整理布匹时坐位操作。

红、绿、黄、灰、黑颜色染料,均为粉末状,是染料家族中的"后起之秀","一染定终身",只要适量投入大铁锅的沸水中,再放进白布,用竹竿经常翻动,煮沸约一小时,染色即可完成,比较简捷方便。

古老的染坊工艺流程如此微妙,粗活细作,环环紧扣,干净利落,一气呵成,展示了祖先的睿智、勤奋。

蓝印花布

蓝印花布是二甲镇的国家级非物质文化遗产保护项目。

二甲镇位于长江下游入海口的北岸,属亚热带季风性气候,四季分明,雨水充沛,温度适中,适宜棉花的栽培。旧时,这里的四乡百里家家纺纱,户户织布,土布生产成为家庭传统产业。棉纺业的发展带动了传统手工蓝印业,在这里民间蓝印花布的生产有着悠久的历史,过去通州二甲所产的"小青缸"还被选为向清代朝廷进贡的地方特产。直到今天,二甲镇生产的蓝印花布仍然远销海外,享誉天下。2007年2月,二甲镇蓝印花布被评为国家非物质文化遗产蓝印花布展示基地。2012年振兴染坊王振兴被评为国家级蓝印花布遗产传承人；2010年代表江苏省参加中国首届农民艺术家会议，受到国务院回良玉、孙家正、蔡武等中央领导同志的好评，被原文化部（现文化旅游部）、原农业部（现农业农村部）评为优秀作品，其中有三幅作品（《龙凤台布》《秋之韵》《春夏秋冬》）被收入中国农业博物馆。

蓝印花布展示基地铭牌

　　二甲镇的蓝印花布从制版、印花到染色，全部手工操作，用植物中提炼的靛青作染料，采用传统的"小青缸"工艺技术，历史悠久，是我国古代劳动人民智慧的结晶。全镇有蓝印花布加工专业生产单位5家，分散加工户近400家。其产品品种有印花布衣料、台布、门窗、窗帘、壁挂、帐沿、围兜、丝巾、帽子、坐垫、杯垫、各种大小包及各种工艺装饰品等，畅销国内外市场。国外的有日本、美国、韩国、法国、加拿大，国内市场有北京、上海、南京、南通等地。2001年7月，日本复日新杂志以"中国地产产业的现况——南通蓝印花布"一文及多幅照片报道了二甲振兴染坊及其产品。2002年10月，中央电视台播出该厂传统"小青缸""土靛"染色工序的采访。该厂还多次被江苏电视台、香港凤凰电视台、南通电视台录播。通州二甲镇印染有限公司生产的蓝印花布在江苏省质量评比中荣获优质产品称号和工艺品百花奖，并荣获中华人民共和国对外贸易部荣誉证书。

二甲镇除生产一般的蓝印花布外，还生产扎染蓝印花布，生产蓝印花布单位、家庭之多，人数之广、销路之大，不愧为江海平原上的蓝印花布印染之乡，中国蓝印花布发源之地。

王振兴是蓝印花布传承人，1938年出生，1958年他到二甲印染厂当学徒，深得老师傅的喜欢，师傅们乐意将自己的一些绝活传授给他。没几年，好学的王振兴就掌握了一套蓝印花布生产本领，他负责的染缸成色好，产出的花布质量高，因此他逐渐成长为生产骨干。20世纪70年代，老一代染布师傅都退休了，他就担任该厂生产经营方面的负责人，带领全厂职工共同努力，生产的蓝印花布质量不断提高，获得"江苏省优质产品"称号。

王振兴在蓝印花布生产方面有较深的造诣，1982年他受上级委托，起草制定了《南通地区蓝印土花布企业技术标准》，几经修改，1988年由南通市标准局批准，沿用至今。1990年王振兴退休，受南通市工艺美术研究所聘请，负责靛蓝扎染台布生产。当时该所没有生产设备，老王因陋就简，使这项工艺及时上马，很快就完成80 000多件靛蓝扎染台布的生产任务。接着又受南通市旅游工艺品研究所聘请，负责靛蓝扎染和蓝印花布生产，并为该所培训了一大批技术工人。1995年，他回家创业，白手起家，利用自己的几间旧房子，带着老伴与三个儿子和儿媳妇创办了建烽蓝印工艺品厂，即"振兴染坊"，恢复了传统的蓝印花布"小青缸"土靛发酵法染色生产技术。

王振兴做事一向严谨，操作工艺道道亲自把关，所以产品质量上乘，出厂的蓝印花布工艺品一打入市场就有订货。后来生产规模逐渐扩大,现在已经具有"小青缸"和"长缸组"等成套生产设备,能生产各种规格的蓝印花布和蓝靛扎染制品。如白底蓝花、蓝底白花、双面印花、复色、套色蓝印花布的扎染制品,有传统花样图案和现代产品近四百种。"正兴染坊"很重视传统产品,许多蓝印花布纹样是明清时代的老花样,如龙凤呈祥、年年有余、凤穿牡丹、梅兰竹菊等传统图案。用这些花布制成台布、门帘、壁挂、女装、提包、鞋帽、围裙、玩具、布伞等日用工艺品,具有鲜明的地方特色,在旅游市场上很受青睐。他使用的面料也很有特色,除普通的土棉布外,还有麻布、丝绸、棉麻混纺、丝棉混纺。这些高档产品是日本传统和服的高档面料,也是现代时装的高档材料。其产品除供应国内市场外,主要出口日本和韩国。人们高兴地看到,"振兴染坊"生产的特色产品在走向国外的同时,也将中国传统文化传扬到世界各地。

近年来,王振兴和"振兴染坊"越来越受到社会各界重视。南京艺术学院教授龚建培多次到该作坊采访调研。2001年7月,日本复日新杂志在振兴染坊实地拍摄照片,向日本各界介绍这项传统工艺。2002年10月,中央电视台"文化与生活"栏目组也派专题组来该作坊制作节目,向全国介绍王振兴和他的家人生产蓝印花布的情况,重点报道了他的"小青缸"传统土靛染色工艺。2004年,浙江《丝绸》杂志第七期专门介绍这家小作坊因地制宜生产传统蓝印花布,运用民间技艺、保护非物质文化遗产的生动事迹。2006年继南通电视台"江风海韵"栏目播放了振兴染坊的生产情况和产品的节目后,上海继高影视中心和凤凰卫视也来二甲镇寻访王振兴,专门为他制作节目对外宣传。其他中外作家、民间艺术研究专家来访甚多,都在国内外纷纷报道了他的蓝印花布。

(周 忠)

蓝印花土布生产工艺

圈布

刻版

刮浆

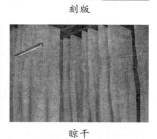
晾干

转缸

染色

出白

整理

成品

小青缸工艺流程

刻 版

小青缸

放置标签

加染料

放石灰水

染 色

氧 化

晒 布

出 白

成 品

种植蓝草

蓝印花布成品

(周 忠)

油 坊

二甲镇的油坊业是原南通县的佼佼者,"南通东四坊"中有两家在二甲。这两家油坊规模较大,历史较长。油坊业在二甲镇经济发展的进程中占有重要的地位。

二甲油坊

二甲镇的油坊业是随着粮食业的发展而发展起来的。油坊规模的大小以油箱多少与打本作(自营)、打客作(代农加工)为标志,最多者有油箱32部,少者1到2部;打客作者多,打本作者少。早在清代光绪初年,二甲镇就有了油坊,由龚炳荣开办,坊号"龚义盛",规模不太大,主要是手工操作,用牛带动石碾,把黄豆碾碎,再人工把油打出来。后来油坊规模逐年扩大,养牛20条左右,碾石约万斤。

另一家规模较大的"鼎隆"油坊,清光绪年间由安徽歙县人程泽夫开设,其址在镇南定兴桥,是程氏从丁家开设的"裕隆"油坊盘过来的。民国时期,又向上海德商谦信洋行购进20匹立式400转每分的柴油机一台,使油坊有了机械动力,人们称为"机器油坊"。一台柴油机带动一副轧辊、一副磨子(或双轧辊),每小时可以轧料500至1 000千克,工效比石碾提高了七八倍。该油坊拥有资金10万余元,房屋70余间,油箱28部,雇职工50多人。1921年,因程家在上海经营交易所折本抵偿,该油坊闭歇。

以上两家油坊与包场西的"顺成"油坊和合兴镇的"姜德茂"油坊合称为"南通东四坊"，与南通钱庄也有往来。榨油后的副产品——豆饼远销苏南的白茆、常熟，苏北的如皋、白蒲等地，声誉卓著。

民国年间，随着粮食业的兴盛，二甲镇又增加了几个规模较大的油坊：1938年由陆桂芳开设的"陆裕泰"油坊，有45匹柴油机一台，碾米机两台，砻子一部，油箱24部，以后增加到32部，资本数万元，职工近70人。陆桂芳的长子陆泽之经营的"陆裕民"油坊，有油箱16部，职工近60人。两家油坊均在新市街。

另一家"德兴隆"油坊。前身为盐城人刘维新开办于20世纪20年代初的"刘新记"粮行。1927年，刘维新患伤寒病逝，年仅40余岁。其妻刘夏氏是当时二甲镇有名的"女强人"，有较强的决策、理财、组织能力。1931年，刘夏氏在二甲坝东南侧开办"刘新记"货栈，堆放下沙来的蚕豆、元麦和里下河来的大米、稻谷、黄豆，收取佣金。1938年，日军入侵，通城沦陷，粮食交易日见惨淡。刘夏氏利用货栈的房屋、场地开办了"德兴隆"油坊。有厂房50余间，购买机器等筹建费用计4万多元。该油坊以榨油为主，兼营轧花、机米等。拥有油箱16部、轧花车8台、碾米机2台。日产油250千克左右，加工米百余石、皮棉二百余石，雇工人近70名。

二甲镇油坊中开设较早的还有开办于20世纪20年代的瞿顺兴南坊、北坊，地址在镇北五福桥附近，经营时间不长即关闭。其他还有一些小油坊，开设在二甲及周围地区。

蒸料的设施由土蒸灶发展到土锅炉，最后发展到锅炉。压榨由用脚踏饼，发展到用预压机，以后使用了红车，踏饼、预压、打油这些工序都没有了。炼油也从土法炼制发展到烧碱精炼，大大提高了生产率、出油率。

1949年后，在党的"发展生产、繁荣经济、公私兼顾、劳资两利"政策的扶持下,二甲镇私营油坊曾有所发展。1950年,数人合股开设了"建新"油坊。1956年,随着对资本主义工商业的社会主义改造,二甲镇的几家油坊实行了公私合营,建立了"二甲油米厂"。　　　　　（王士明）

曹恒兴油坊

曹恒兴油坊位于南街临河,店房采用混合结构,临街木门板,内部抬梁式,进深七架梁,屋面蝴蝶瓦,硬山建筑。作坊规模巨大,是南通地区最早使用进口德国机械设备的民族工业之一。

临街店面

作坊

码头

库房

国药业

通州二甲镇在光绪初年（1875）,已经成为通东地区的粮食、土布集散地，各行各业也应运而生。其中就有中药店，时称国药业。

二甲镇国药业中，有不少都是百年老店，如"瑞森堂""中和堂""永和堂"等。最早一家药店开设于清光绪初年，由一姓刘的宁波人开设，店号为"瑞芝堂"，地址在中心街。该店经营范围较广，北到范公堤，东至海门的国强，南接海界（通州、海门交界处），西通余西，方圆数十里。清光绪十三年（1887）以后，这个药店改名为"瑞森堂"，由刘氏子刘亭芳经营，拥有房屋十余间，常年雇佣人员五六个。瑞森堂出售的膏丹丸散等药品达数百种，在通东一带较为有名。到了清末民初，天德堂，天寿堂、德生堂、大生堂、慎余堂等药店相继开设，规模较大的药店主要有"瑞森堂""天德堂"等，这些药店一般拥有较多的资金，社会关系较优越（主要是经营药材业的家族渊源较深），经营有术，精通业务，擅长识别和制作药材。制药手续非常复杂，药材的处理，需经过蒸、炒、煅、灸、浸、水飞、霜冻等，要求严格。有的药材制作要经过四十几道程序，十分考究。另外，这些药店服务态度也好，配药认真，划价公道，故经营范围较广。上述药店除主营中成药外，还经营少量西药，兼营染料。

这些药店虽属同行，但内里却分"本地店"与"客帮店"。本地店一般规模较小，店规较松。而客帮店规模较大，资本较多，店规也严。店里都聘用管事。"瑞森堂"的管事洪存粟，浙江慈溪人，后自己到平桥镇开设"万和堂"药店。客帮店供奉关公神像，每年农历五月十三轮流主办关帝会，共庆"关老爷生日"。在国药店中还供奉神农氏神像，尊之为"药王菩萨"，每逢农历四月二十八，店中即备早面、晚菜，一以"敬神"，二来则全店会餐，还邀请邻里参加，以"共沐神庥"。

客帮店店规较严，对店员的使用，都依其经验、技术水平等，分出不同等级，交予相应的职责。如药材制作工就分为三个等级，一刀能制作高光切片，二刀要求能精细制作，三刀则制作容易加工的草药。货房管理按药材的贵重程度分为三种，即细货房、中货房、粗货房，以分别保管。负责门市营业的店员，也分为五等，分工操作，各负其责。头柜：具有较丰富的药理、病理知识，能解决柜台上发生的疑难问题。二柜：能配制细料、腊壳丸药，及安宫牛黄丸、六神丸、苏合香丸等名贵成药。三柜：会破木冬、破天冬等药材，能接方配药。四柜：辅助二柜、三柜工作。五柜：做些裁纸等粗杂事。

1956年2月，医药行业实行全行业公私合营。二甲镇各药店也合并成立了国营二甲药店，其址在中心街原瑞森堂药店处。以前药店中的有些好经验，仍然保留下来，并得到发扬，特别是那些技术过硬、经验丰富的老职工在新的国药店中仍然发挥了技术、业务上的骨干作用。　　（王士明）

黄家油榨

黄家油榨地处二甲镇定兴桥村24组（原圩洪村4组），创始人叫黄万福。清光绪年间，黄家老一辈居住在老圩洪村一组、二组的六甲镇村东南约500米的地方，黄万福的父亲叫黄朝贵，黄朝贵膝下有三子，长子黄万伍，次子黄万清，三子黄万福。每逢清明节、春节，黄朝贵带领一大家族人聚在一起，上坟祭祖，春节团圆过着农家丰衣足食的生活。后来，三弟兄家各生了子女，人多起来了，父亲黄朝贵也去世。三兄弟商议，以后清明祭祖传统不变，三兄弟轮流做东，老大先来，老二随后，老三跟进，依此类推。黄朝贵的子孙们这一天都得回来。拜祭祖宗，喝酒聊天。热闹非凡。兄弟妯娌之间也关系亲密。这个传统一直传至中华人民共和国成立后。中华人民共和国成立后，各家子孙满堂，越来越多，每次聚会都比较的拥挤,才把这个传统结束,开始分别祭祖。但要是有稍微重要一点的事情,小辈们还是一直在相互来往。互送人情。互赠礼物,从未间断。

说起黄家油榨,还有一段悲惨的历史。

民国初年,黄朝贵所生的子女们都大了,逐渐开始自立门户了。黄朝贵对儿子们讲,还是"分分开,发发棵",父亲的话语,得到了子女们的认可,在父亲黄朝贵的引导下,小儿子黄万福和大哥黄万伍兄弟俩,从西边老宅搬出,搬到距老宅向东约二里的地方,买田置产(圩洪村2组)。据黄万福的小儿媳讲,黄万福当时挑着一部纺车和行李离开老宅,安家落户。开始创建东黄家宅,安家落户。黄万福聪明,好学,人又勤快,肯动脑子,也讲义气,渐渐地买了一份田地,和老大黄万伍合砌一房子,老大住东头二间,自己住西头三间,兄弟俩相敬相爱,和睦相处。黄万福夫妻俩(后来又续了二房)生了二子二女。长子志风,次子志岩,长女志美,小女志芳。到了大约民国十年,家境渐好,大儿子亦已经结婚,一家人耕田生活倒也其乐融融。有一年黄万福家种的大豆丰收,黄万福挑着大豆去施家油榨换油。因这天换油的人很多,他想插队换油,早点回家,不料插队却惹起了祸端,几个人话不投机,就动手打了起来。施家老板赶紧出来调解,说了黄万福一顿,黄万福一气之下挑起大豆就回家了。于是自己筹钱举债,买了机器,雇请了几个工人,创办了油榨厂,开始了油榨的生意。黄家油榨由此而来。

到了民国20年,二甲镇地区先后创办了好几个油坊,其中二甲镇的陆家油坊设备好,资金足,实力雄厚,而黄家油榨设备简陋,以人力为主,逐渐缺乏竞争实力。加上经营不到位,逐渐萎缩,生意也越来越清淡,借的债又要还息付本,在这种请情况下,黄万福和自己的大儿子商量,想把厂交给儿子,儿子黄志风已经到了而立之年,年轻气盛,毅然答应。

黄志风接管父亲的油坊后，励精图治，精打细算，夫妇俩省吃俭用，大胆经营，加上黄志风人又聪明勤快，勇于学习，勇于创业，生意又逐步红火。黄家油榨的名声又开始火起来了。来此换油的人络绎不绝。经过几年的打拼，逐步偿还了父亲的债务，并小有积蓄，又雇请了几个机工、伙计，其中有一个本地人曹长标，就一直住在黄家油榨，协助老板管理，此时黄家油榨的名气已在四邻八乡叫响。

抗日战争时期，日军在中国烧杀抢掠，余西二甲也有日军的据点，当时社会动荡，民不聊生，匪盗横行。在二甲一带，就有陆国珍、高三狗等土匪强盗肆虐乡里，打家劫舍，危害百姓。据黄志风的叔婶讲述：1938年正月一天上午，海盗头子陆国珍派他的母亲，假装捉地鳖虫去黄家油榨踩点，陆母看见黄家油榨老板夫人朱小元在家门口拣菜，就说笑着走进黄家，到厨房装模作样的到处摸索。无意间在柴堆里摸到了一只洋铁桶，一拎很沉，发现有钱财，听见主人的脚步声，又不声不响地把桶放回原处，然后与主人打了招呼，大模大样地出去了，等到第三天晚上，五月初十，陆国珍就指使强盗高三狗，带了一班人，直扑黄家油榨，翻墙砸门。伙计曹长标和主人黄志风穿过西工房，沿着墙角扑沟逃生，却被埋伏在那里的土匪逮住，直接用枪打死。而夫人朱小元则被用油浇身活活烧死。当时黄志风37岁，朱小元才35岁。闻此噩耗，全家人悲痛不已，此事在当地的老百姓中也产生了很大的震动。听到儿子遇难的噩耗，黄万福连夜从三厂赶回来，帮助料理儿子的后事，殡葬那几天，多少乡亲伤心落泪，都咒骂着这个黑暗的社会，十恶不赦的强盗，盼望着社会的安定。

黄家遭此劫难后，只剩下了兄妹五人，老大友相才16岁，在海门读书。最小的友新才6岁，后来老大友相就停学在家，幼嫩的肩膀早早地就负担起了照顾兄妹的责任。黄家油榨从此后走下坡路，1941年就倒闭了。到中华人民共和国成立前夕，黄家油榨只留下两排住房，供子女们居住，空荡荡的砖场。中华人民共和国成立后，杀害黄志风夫妇的凶手也相继被人民政府镇压。但是这个惨痛的悲剧，却永远刻在黄家子孙心中。中华人民共和国成立后，黄家兄弟三人相继步入社会，老大在当时的南通县粮仓局工作，老二在嘉定橡胶厂工作，老三1957年就参加了中国人民解放军。　　（黄友鸣）

曹家酒店、朱家肉铺

曹家酒店、朱家肉铺位于龙街最繁华的地段，昔日车水马龙，生意火爆。

曹家酒店

朱家肉铺

马一行烧酒坊

马一行烧酒坊位于龙街东侧,采用下商上宅模式,结构为抬梁式。建筑面阔两开间,进深七架梁。双层坡屋顶,屋面蝴蝶瓦,尖山硬山建筑。

马一行烧酒坊

酒坊发酵间

沈意斋南北货店

沈意斋南北货店位于龙街南段繁华地段。

沈意斋南北货店

廉家京货店

廉家京货店位于龙街正街。

廉家京货店

天生堂药号

天生堂药号位于龙街中心，是余西老字号药店。采用前商后宅模式，临街建筑为两层，采用砖混结构。后面住宅分为前后两进，有中庭，正房为两层，面阔三开间，进深七架梁，梁下有雕刻，屋面蝴蝶瓦，硬山建筑。

天生堂药号旧址

天生堂药号门面房

永泰和茶叶店

永泰和茶叶店位于龙街北段,是余西古镇上老字号茶叶店。

永泰和茶叶店牌匾

永泰和茶叶店旧址

手工作业

捕捞业

　　二甲镇范围内河流纵横交错,以东西方向的运盐河为主干河道,每一甲都有一条南北方向的甲河,少数的甲河之间还有横沟相连。由于水域多,河面也比较开阔。当年的农民利用自然条件,就在农闲季节干起了捕鱼的副业。在二甲镇范围内有两处以捕鱼为主要副业的地方:一处在今余西西河南三甲,即通运桥村60—64组,共有七八十户;还有一处在余西东河南四甲北头河岸上,即二甲镇三甲居第13村民组。

　　此两处的渔民都分别使用渔蚕丝网、鲫鱼蚕丝网、苎麻线网捕鱼。三甲居第13村民组的十几户曹姓人家中还有几户用卡子捕鱼。

　　用网捕鱼的渔民都有小船,这种船前后呈月牙形,大家称作丝网船。捕鱼时,船上站两个人,前面一个人撒网,后面一个人撑船。余西古镇西郊的渔民还用罛网罛鱼。其他方式捕鱼的还有耥网、拖网、筀网、罩网、罾子、拦河网、掼网等。

丝网船捕捞

鲫鱼蚕丝网

　　鲫鱼蚕丝网是用蚕丝编结而成的小眼渔网,网眼四五厘米,一般在秋冬或是春天使用。网撒出时呈曲折形,因为鲫鱼在水底生存,所以鲫鱼网的脚子较重,让网沉到沟底。正在河底游弋觅食的鲫鱼不知不觉地接触了丝网,此时有的继续向前游,有的向后退。不管向前游,还是向后退,只要一动就被网包裹住了,越是挣扎,渔网就会把它包裹得越紧。此渔网现已淘汰。

苎麻线网

苎麻线网系20世纪70年代以前,本地渔民从南货店里买回来的苎麻分成丝,合成线,用梭子编结的大眼渔网。网眼直径6—12厘米不等,用来捕捞0.5千克以上的青鱼、鲢鱼、鳙鱼等较大的鱼,也可以捕黄鱼、鲻鱼。此渔网也已淘汰。

卡子

卡子是用有弹性的短节的毛竹枝作材料制削而成。每根削成七八厘米长,火柴梗粗,两头尖细,扳成"U"字形,套上一个套子(用将成熟的嫩芦苇晒干剪成,俗叫"卡芦",长四五毫米)。"U"字形竹针的脊背上系一根20厘米的短棉线,俗称脚线,再固定在一根1 000多米的长棉线上。长线上每隔3米左右系一根含卡子的脚线。放卡子前,每个卡子的套内须插入用元麦面摊成的烧饼剪成的面条(2毫米见方,长约为2.5厘米)作鱼饵,然后把一根长卡线上的所有卡子整齐地盘纡在像筛子状的卡筛上,每次外出卡鱼都要准备好三四把卡筛。

卡子船

即丝网船(有的地方是方底船),站两个人,前面一个人撒、收卡线,后面一个人撑船。撒卡后,沟底的鲫鱼闻到鱼饵的香味就来吃食。鲫鱼嘴一嚰,不牢固的卡芦就断了,卡子由"U"字形变成扁担形,鲫鱼的嘴就被卡住了。撒完卡子后一般要等两个多小时收卡线。三四盘卡子大约可以卡到三四斤鲫鱼。因为卡到的鲫鱼鳞鱼一个也不少,活蹦乱跳,特别受顾客青睐。

罛网船捕捞

罛网系大型的渔网,高度两三米。底部用铁片作脚子系在下纲上,上纲每隔60厘米装上一块长约30厘米,宽约5厘米,厚约2厘米的木板做漂浮物,网的长度30—50米不等。网的上、下纲均分别系一根较粗的线绳。下网时,由船上的一个渔民一只手撑船(向对岸),另一只手逐渐把网体撒入河中,靠近对岸时转弯向右,再沿河边继续下网两三米。这时早已分成两组的渔民在撒网起点的一侧拉着连接上网的牵绳向前拉去,待牵绳拉直时把牵板贴在腰部慢慢后退。船上的渔民弯着腰,两只手持纲。岸边的渔民把罛网向前拉了约二三百米,慢慢地把渔网收缩呈弧形。待大部分的渔网收上岸时,几个渔民上船把网内兜的大大小小的鱼(多为细小的鱼)拉至船帮倒在船舱内。

其他方式捕捞

耥 网

耥网是"T"字形的袋兜式的捕鱼工具。"T"字形的"横"就是耥网的横档,长1.5—2米;"T"字形的"竖"就是一根7米左右的竹篙,竹篙的根部开个槽,直抵横档的中点。网呈三角袋兜形,网口正中依附在横档上,网口两侧纲绳的长度与横档差不多,它的延长线绷紧后系在竹篙上。耥网的网眼直径约2厘米,用纯棉线编结而成。

下耥网前选择的河面,河边要适宜于站立。网耥出去3米多以后,竹篙要上下晃动缓缓向前推进。河面窄的推至对岸河边,河面宽的推到竹篙的稍部。收网拉到河边时,要把耥网反复推拉,以便把网底的泥浆洗净,然后把捕捞物倒在脚旁,把杂鱼、河虾、螺蛳拈进鱼篓子里。

拖 网

拖网由一口袋兜形的网系在一根两米左右的竹棒上，网口的纲绳系上铁片做的脚子。棒的两端系有"Y"字形的长线绳，下网时把网掷向河中，让网口紧靠河底。渔民立在岸上把系上绳子的牵板贴在腰部慢慢地后退，退拉了几百米收网。

牮 网

牮网是一种比耥网大的渔网，渔民立在河边把网体向河中伸去，让下纲慢慢伸入河底。因网竿斜撑着，犹如牮歪斜房子的撑柱，故称牮网。左手扶住网中间一根竹竿，右手拿着装有木槌的竹竿在网的内侧反复舂捣约一二十遍后，然后拎起网把捕捞物倒在河边拣取鱼虾。

罩 网

罩网是一种用竹篾编成的、有眼的、上小下大的圆柱形的捕鱼器具。夏秋季节的下午三四点钟，渔夫在河边撒些鱼饵，到晚上逐一到撒过鱼饵的河边捕捞。使用时双手抓住罩网的上口，上身向下卧倒，胸部接近上口。这时，左手扶住罩网的上口，右手在罩网内摸鱼虾。

罾 子

罾子的网眼2厘米，在边长为4米左右的网片的四角分别用四根相等竹竿的梢部缚住，然后把四角绷紧，再把四根竹竿的根部捆成弯曲如弧的"十"字状。再选用一根五六米长而较粗的竹竿，把竹梢的部分绑在"十"字架上，把粗的一端支撑在水边处的泥土里。"十"字架上系有一根粗绳连到渔民的手中，把罾子放到河底后十来分钟，渔民拉线绳起网一次。本地渔民多数在夏秋的大雨后,把罾子支在水流湍急的地方捕鱼。

拦河网

二甲镇范围内的拦河网,特指通运桥村60组成锋及其祖辈横支在通盐运河上的拦河网及罾子。拦河网的长度、高度跟罛网差不多,只是网眼大一点,只要能阻止鱼虾通过即可。拦河网不是垂直方向支在河面上的,左侧有罾子的一端与河面呈80度左右。河边搭有简易的木台,罾子支在木台前面可以转动的木架上。木台上有篷子,以避风雨,篷内有防风雨的玻璃灯。

夏秋及初冬的每个晚上撒下拦河网,点上灯。鱼虾是喜欢亮光的,当它们游爬到拦河网无法向前时,却看到了灯光,便慢慢地向灯光前面的罾子网处游来、爬来,渔民每隔几分钟起一次网,如有鱼虾的就用工具抄起来,分别倒进鱼篓里和坛子里。拦河网现已淘汰。

掼 网

掼网网眼3厘米左右,由若干个锥形网片拼成,下纲装有铁脚子。渔民站在船上或岸上把渔网均匀地呈圆形地撒向河面,待网沉下后便慢慢收缩系在上纲上的独根长线绳,直收至上纲的末尾,网体的中部,再把下纲拉至船上或岸边,然后把捕捞到的鱼取出。 (成玉清)

织 布

织布机用木料制成。织工两脚交替踩动踏板,用综带动经纱形成上下两个面,同时右手拉动拉线,使梭子带着纬纱穿过纱面交叉形成的通道,然后左手放松筘夹,让它向下方扎紧纬纱,使布密实。如此反复,把一根根纬纱不断嵌入经纱中，布幅也就不断加长。

织布时，两脚两手配合越密切，速度越迅速，织出的布匹质量越好。两只踏板的布机可织出平白布、芦扉花布，四只踏板布机可织出有色彩的格子布。现代织布机就是由这古老的原理发展而成。　　　　　　（马锡华　曹甫成）

补镬子

镬子就是过去在柴灶上烧饭炒菜的大铁锅，使用久了铁锅上就会出现破洞出现，需要补锅匠用特殊的手艺修补。补锅匠用焦炭作燃料，将废生铁放入一个很小的坩埚内加热熔化成蚕豆大小的一方铁水，迅速倒到一块由好几层布制成的"裈"上，再很快地按在锅的破洞上贴紧。在冷却过程中，用一专门工具烫平，最后用铁砂皮打磨光滑即可。

随着生活条件的改善，柴灶使用少了，补镬子也渐渐成为了历史。　　　　　　　　　　　（马锡华　曹甫成）

推笆、做芦扉

"芦柴"是沙地先民最早普遍使用的建筑材料。早期用"芦柴"编做栖身的"环洞舍"，美其名曰"滚龙厅"。用"芦头"充当房屋的墙，组成"芦笆墙"；用"芦头"编成床，叫"芦笆门床"；用"芦头"推成房屋的门，叫"芦笆门"；用"芦花"编成御寒的鞋叫"芦花靴"；用"芦青叶子"包裹立夏过节的"芦叶粽子"；用芦青秆制作简易的乐器"呜呜"。而用"芦花"填充的被子称"芦花被"；用"芦头"编成房屋的顶面则叫作"芦编瓦匾"。

在众多的芦苇编织法中，数推笆和做芦扉最富有代表性了。深秋初冬之时，正是芦苇收获的季节，沿河边开始"斫芦柴"。待"芦柴"在沟河边初步晾干后，便把"芦柴"

打捆成"芦柴个子",将它扛到自家宅前屋后,成排或成堆地码起来进一步"风凉",开始做推笆和做芦扉的准备。

"笆"实际上就是沙地人用芦头替代木材或砖块或甏砖的重要建材。从笆的结构来说,可分为一层头较稀的牛眼单笆和一层稀一层密的双层实笆;以笆的用途来划分,有床笆、墙笆、笆簠,有坑棚笆、羊棚笆、猪棚笆,有篱笆、篱笆门、隔床笆、隔柴笆等;从推笆的技艺而言,亦可分为右手笆、左手笆等。所谓右手笆,就是以右手抓起第一把芦苇开始操作,最终以右手结束。反之叫作左手笆。通常情况用的皆为右手笆。偶尔,床铺前面需要立块屏风笆,那就必须要采用左手笆图个吉利。

民间的推笆工艺,是一项很细致的活。笆匠先要就地将一把十来支精选出来的芦头,摆成十字绞花,然后均匀地依次推着井字形"笆花"。倘若推错了一把,笆花就会失序,影响美观。推到预定尺寸时必须将笆花调整至对角线完全相等,然后才能扳边。扳边后穿好篾针,并以半爿头竹片为箍头。而扎紧箍头用的一般是铅丝或篾线,并按照"铅不三篾不四"的扎箍诀窍操作。一块并不简单的"笆"就算推成了。据说,数"山头笆"和"笆簠"最不容易推,非由经验老到的笆匠合作不可。因为山头笆和笆簠是高大的双层实笆,用作承受重力的房屋山墙和屋顶,篾针必须穿得密实,箍得牢实,所用的芦头都是精选的。在推笆过程中,忌讳说与火有关的不吉不祥之语,更禁止孩童从芦头上跨来跨去,在笆上跳上跳下。

比起推笆来,做芦扉的工艺就简单轻松得多了,只是对芦头的选料更为讲究,要求根根笔直、粗壮,还要去了芦壳。做芦扉前,先要将选好的上等芦头剖成芦篾,然后席地将芦篾摆成十字,不断依次交叉加篾,用双手将芦篾推紧挤密。做芦扉最难的恐怕是"煞边",沙地老话说"嘴巴扁扁，就怕芦扉煞边"。意思是说，做事动动嘴皮子说说很方便，遇到芦扉煞边可就犯难了。当芦扉做到为四角煞边时，要求既要保持芦扉的花纹走向，又要巧妙折边收口。

（马锡华　曹甫成）

打 夯

打夯，是指从前造房时，以石夯、木夯或铁夯夯实地基，这是一项至关重要的基础工程。

造房时，首先要开墙沟，并在墙沟中铺二三十厘米厚的碎砖屑，于碎砖屑上盖些泥土再打夯。所谓夯，即砸实地基的一种工具。当年，常用的打夯工具是石夯。它的形状像只两三百斤重的秤砣，其高度为70厘米左右。夯体两侧上部各有一凹槽，在凹槽处各紧绷一支米把长的木棍，从木棍中间部分均匀地引出麻绳六根，供人合围拉夯之用。然后，由两人于木棍两端抬夯，六人紧抓麻绳拉夯，半夯半夯地逐步前进（夯地面则整夯向前），并来来回回、反反复复地夯，直至墙沟被夯得平整坚实。早年打夯时，曾有人采用一种将石夯向天上抛得老高老高的"抛夯"技巧，简直像杂技表演一样，着实令人心惊肉跳。

木夯从石夯改进而来，它比石夯轻便灵活得多。其夯体以木质坚韧的材料制成，高度为一米左右。夯体底部包着一块长方形的厚铁板，铁板的四角各钻一孔，孔上各系一根麻绳供人拉夯。木夯的两侧中部各置有一个把手，又在此把手向上的夯顶上也各设一个把手，便于人们双手把握操作。打夯的人数以4—6人为宜。操作时，全凭领夯者指挥，由他掌握着夯体的平衡性与方向性，指挥人们将地基夯得扎实过硬。所以，领夯者必定是位经验丰富的能工巧匠，并肩负着领唱打夯号子的重任。其余人员只要具备吃苦耐劳、配合默契、服从指挥、齐心协力的条件就可以了。倘若有人偷懒的话,那就既乱了套又影响了质量。

铁夯,则与木夯大体相同,差异不大,夯体以铁制成,经久耐用。

打夯过程中,最引人注目的是一呼百应、节奏性很强的打夯号子。打夯号子中,有的是原汁原味的传统号子,有的是即兴创作的号子,见啥唱啥、想啥唱啥,随机应变,巧舌生花,风趣诙谐。

(马锡华　曹甫成)

商企名人

袁灶"首富"熊兆元

袁灶"首富"熊兆元,人称"熊半街",为清同治年间举人,与常熟清末重臣,一品大员,两朝帝师,曾任工部、刑部、户部尚书及军机大臣、总理衙门大臣等职的翁同龢为姻亲。熊公馆位于袁灶西街,建于清同治年间,四关厢七进五堂大院,熊公馆坐北朝南,宅基地面积2 000多平方米,有房屋50多间,缘于熊家与翁家的姻亲,建熊公馆时房屋按翁府式样建筑,历时两年之久方才落成。屋内有京剧《三国演义》折子戏的砖雕、木雕,均请江南能工巧匠精雕巧琢而成。熊公馆现为通州文物保护单位。

由于熊兆元为张謇恩师翁同龢之姻亲,又为举人、富商,故与张謇关系甚好。张謇去袁灶,必住熊家,这在《张謇日记》中均有记载。翁同龢每去袁灶熊家,张謇定在百忙中抽身去熊公馆恭迎,以尽弟子本分及地主之谊。熊公馆内过去存有的翁相和张謇墨宝早已不知下落,令人遗憾。

另外,值得一提的是,熊兆元先生为"百年老校"袁灶小学首任校长,这也成为袁灶历史文化上的一段佳话。

"富甲一方"朱晋元

朱晋元（1855—1925），清末民初通州余西场人，当地富商，"富甲一方"。为老一辈无产阶级革命家朱理治同志的同族长辈。始为猪行老板，后相继经营粮行、木行、盐业、典当等。

朱晋元故宅位于余西古镇老街和中街的交叉口西北侧。该建筑群现存朝东建筑一座，倒座和当铺。朝东建筑面宽五间，进深六界硬山建筑，结构为四界穿斗前后扎牵，东面檐廊，廊下轩梁雕刻以民间故事为题材的浮雕。山墙为观音兜。建筑高大，四阶台基，室内地面为进口地砖。临街部分为当铺和店铺。

丁松斋、丁润斋

清光绪年间，通州东部的二甲镇，随着商品经济的发展，已颇具规模，各业兴旺，商贾云集，店铺林立，人如潮涌。而在各行业中，又以土布、粮食、油坊、棉花四个行业成为整个经济发展的支柱。作为镇上屈指可数的大户之一的丁家，在上述四个行业中都占有重要地位。

祖籍镇江的丁氏，清道光年间迁来二甲镇，后在此开设了"丁裕大"花布行，其址在今二甲镇南首。丁家之盛，始于丁松斋、丁润斋这一代。清光绪年间，丁润斋曾任通州盐运分司。"丁裕大"花布行前的虎头牌系御赐之物，亦称"部贴"。有了此牌，可免纳税，且有独家经营之特权，故该行生意兴隆。丁家在镇上的西坝开办了"丁裕兴盛"过坝行，对来往船只收取过坝费。丁家还开设有两家粮行，字号为"丁大丰""丁贞记"。在镇东南定兴桥开设了"鼎隆"油坊。丁家不仅与官府声气相通，而且与张謇的关系密切。丁润斋的女儿是张謇的干女儿。这样，两家便成了亲戚，此后两家往来不绝。丁润斋女儿生小孩时,张謇特意派人送了几斤西洋参,以示关怀。1910年11月,丁润斋去世,张謇特作挽联悼念:"溯川载交亲,适馆授餐,曾共补经敦凤好;愿诸郎继述,傧筵饫酒,无忘易箦有遗言。"这副挽联回顾了张謇与丁润斋之间三十年亲密无间的交往,展示了两人之间深厚的友情,痛惜盛溢于言表。对丁家年轻子弟的谆谆嘱托,殷殷之情跃然纸上。读之令人唏嘘不已。另外,老通吕公路原定路线不经过二甲镇,因了张謇与丁家的关系,老通吕公路路线改经二甲,使二甲成了远近闻名的水陆码头,经济更为繁荣,贸易愈益兴盛。

清光绪末年,丁氏家族中的丁子贞(名志清,以字行),原在阜宁县任知县,为了显示丁姓的声望,就在二甲镇南首盖了一所别墅,称之为"南安小筑"。这一带原名"南安镇"(因运盐河北不太平,其地位于运盐河南较安定而得名,故取名"南安")。南安小筑为四关厢房屋,类似北方的"四合院",进门为一照壁,坐北朝南三大间为正楝,朝西、朝北也各为三大间,共有房屋12大间(包括大门堂),东边砌有围墙,据说围墙所用砖头是通州的旧城砖,这也是因了张謇的关系。

1925年,丁子贞的儿子丁鹤亭(曾留学日本,毕业于东京帝国大学医科,回国后在原南通医学院任过教)就南安小筑内开设私人医院,名"潜庵医院",院名系韩紫石老人所题,其书法以颜骨而兼欧法,握笔有挺秀圆润之致。

20世纪20年代的二甲镇,医药卫生事业比较落后,镇上虽有几家药店及私人开设的中医馆,但设施简陋,医药费高昂,一般患者无力负担,部分人处于贫病交迫之际,只能求神问卦,听从命运的安排。丁鹤亭学的是西医,且医学高明,为患者治病从不乱收费,故镇上找他看病的人很多。他为人随和,不摆架子,有时晚上还打着灯笼出诊,至今尤为镇上一些耄耋老人津津乐道。1949年后,南安小筑的房屋被改建为工厂,人们在老屋内还能看到张謇题写的匾额,可惜在"文革"中被付之一炬。以后,随着工厂的迁建,丁家老屋也被拆掉,已无从寻觅当年的模样,围墙上的旧城砖更是不知所踪。

(王士明)

瞿 氏

原籍苏南常熟,清代举家迁来二甲镇定居经商。瞿家先祖瞿旭堂带领三子十孙,先是经营油坊,其地址在二甲镇北运盐河畔。瞿家在经营油坊30余年,发家致富后,遂大量购买廉价的荡田,经营土地业。为经营方便,出资在镇北运盐河上建了一座五福桥,在此开设顺德药材铺,又经营砖瓦行、石灰行等,其范围自运盐河北至遥望港,方圆数十里。到了20世纪20年代,瞿家已拥有土地20平方千米,自夸从二甲向北走10千米,踏不到别人家的土地。

清末民初,瞿家通过经营土地建起了大粮仓,其规模在当时的南通县(今通州区)内可算是数一数二的了。瞿家仓分上、中、下三仓,共有房屋近千间。

上仓在二甲镇北运盐河边的五福桥一带,仅用作住宅的房屋就有500多间。上仓以经商为主,故有"瞿家五福桥半条街"之说。主要有"顺德药材铺"九架梁三间门面,还有砖瓦行、石灰行等七八间门面,都是在清代末年开办的,到20世纪30年代左右关闭。

中仓在必觉镇南(原忠义乡境内,现属三余镇),拥有一些土地,还开设油坊,规模较大,有百余间房屋。后来这家油坊于1943—1944年间迁至二甲,不久即闭歇。

下仓是三仓中拥有土地最多、规模最大的一个仓房,其址在拖灶庙南(现三余镇湾头镇村)。该仓房外有园沟两层,仓内有两套宅基,房子有二三百间,土地近13.3平方千米,设有大粮仓。后来瞿家为了扩大经营,在运盐河桥南用石块铺设了南北长200多米的竖街与二甲镇区联合,还用石块铺设了东西长2 500多米的横街,与古镇余西相通,由此,这里曾一度发展成为一个热闹的"五福桥镇"。

瞿家在经营土地和商业的同时,也兴办了一些教育、慈善事业。瞿家办有小学两所,一所在五福桥附近,一所在必觉镇附近。五福桥附近的这所学校创办于清宣统二年(1910)三月,称为"余西市立初等小学",1915年8月改称为"余西市第四国民学校"。校长为瞿名山(即瞿仰之,瞿炮堂之长孙,曾任省议员),有教员两人,学生26人,为初等小学,实行复式教学。1926年学生增至68人,1928年并入二甲小学。

瞿家还独资兴办了育婴堂,其址在五福桥南,为四关厢结构,有十几间房屋,1949年后收归公有,现在都住了居民。

二甲镇北运盐河上的"五福桥"就是瞿家建造的。瞿家在当时的余西范围内,还建造和维修了数十座小型桥梁。

瞿家开设的药店也曾对一些无钱治病的人助医施药过。瞿家油坊内经常停放着十多种棺木,间或施舍给一些无钱殓葬的人家。另外,还办过三架救火用的"水龙",以助地方消防事业。还兴办过其他一些地方公益事业。

20世纪40年代末,瞿家经营的油坊、店铺,或歇业,或关闭,其所有的土地,经过土地改革,也都分给了贫苦农民。曾经在通东地区显赫一时,历经百年沧桑的瞿家,就这样消失在历史的长河中。

(王士明)

季 氏

季氏大部分集居在北团镇,古北团镇面积约3 300平方米。东西街朝南门面依次有季氏粮行、季家酒店、棉花行、南货杂店、药店两爿；朝北门面有茶食加工场及店面，还有一爿理发店。南北街有五六间的大木行及其他杂店。街北还有一所私塾学堂。当地俗云："东社秤、余西斗、北潭酒。"季家酒坊祖传酿造"老薄酒"，醇香扑鼻，方圆十里闻名。逢时过节，买酒的百姓特别多，常常在店前排起长龙。季家茶食加工坊制作的"寸糖""大麻糕""大云糕"亦是可口食品，其店面生意十分兴旺。

（曹甫成）

民俗风情

节 庆

春节

正月初一为春节,亦称过年。1949年前,大家小户于清晨燃爆竹、烧利市。烧利市的祭物有荤、素之分,荤为猪头(神)、鱼、鸡;素为米、盐、豆腐。然后装香点烛拜神。许多人还于破晓上狼山烧头香,以求菩萨保佑。早餐吃糯米圆子,年饭是赤豆米饭。晚辈向长辈拜年,长辈给儿童"压岁钱"。一天不动刀、不扫地,忌污言秽语。20世纪80年代后,除夕看"春晚"已逐渐形成习俗。

元宵节

正月十五为元宵节,亦称上元节,俗称"正月半"。旧时从正月十三开始上灯,正月十八落灯,有"上灯圆子落灯面"之说。傍晚,农家有放烧火之俗。人们还要"磕鳞沟三姑",请鳞沟三姑和灰堆婆婆解答疑难问题。元宵节傍晚,农家把田头的稻根杂草堆积燃煨,称之"煨百虫";另将路边、坟地、沟岸、荒地乱草烧掉,谓之"剿虫窝"。入夜"放烧火",用芦苇或茅草扎成碗口粗细的草把,点燃后沿田边挥舞，并疾走高呼"正月半，放烧火，别人家的菜碍的，我家的菜旺的"之类吉祥语。

二月二

农历二月初二，有家家接女儿之俗，"接女归宁"，此俗沿袭至今。旧俗有"正月不空房"之说，在整个正月里，婆家为了吉利，是坚决不让过门不久的新媳妇回娘家住宿的，而媳妇却巴不得早回娘家看看，加上母亲爱女心切，趁二月二的说法接女归宁。

三月三

三月初三，古称"上巳"，是游春赏景的日子。俗云"三月三，荠荠菜花赛牡丹"。农民为了发财，把"荠"字谐音改读为"聚"字了。这一天，有踏青挑荠菜之习惯。

清明节

清明是一年24个节气中最为令人开朗的名称。风和日丽，桃红柳绿，春光烂漫，既清又明。清明祭祖上坟，由来已久，并随着人们生活水平的提高，而日趋隆重。古诗云："墓祭家家出郭门，清明新鬼待招魂。冥镪袋用桑皮纸，冷饭残羹酒不温。"如今路上车来车往，墓祭鞭炮震天，十分热闹。

立 夏

清明过后一个月就到了立夏，立夏尝新也成了一个习俗。农村人尝新比较简单：吃烧饼、煮鸡鸭蛋。最新鲜的应算"做冷蒸"了。另外，小孩喜欢把熟蛋挂在胸前，与小伙伴一起"斗蛋"。以前还有称体重习俗。

端午节

五月初五为端午节,是民间传统三大节(过年、端午、中秋)之一,受到特别重视。为纪念爱国诗人屈原,家家户户都裹粽子。五月,过去被视为"毒月",蚊蝇滋生,百虫活动。昔时有一些辟毒习俗:饮雄黄酒、门头挂菖蒲与艾叶。小孩有戴大红兜肚辟邪。

六月六

"六月六,晒红绿","红绿"是指五颜六色的衣服。农民合理地利用这一天炽烈的太阳曝晒棉衣和其余不穿的衣服,也称"曝伏"。六月六也是佛寺的一个节日。传说唐玄奘这天从西天取经回来,被乌龟精将所有经书丢落水中,捞起来晒干才保存下来。寺庙中叫六月六为"翻经节"。

七月半

七月十五日是古代的中元节,祭祀祖先,所以人称之为鬼节。与这节日相关的有一个"目莲救母"的故事。又据说七月是个"鬼月",阴间地狱开门,群鬼一齐放外,阳间有家的回到家中享受祭祀,无家可归的孤魂野鬼,全在路上游荡。因此,一到七月都叮嘱小孩夜晚不可随便外出。过去,放焰口、放河灯都是为的斋孤与普度。也有人用"毛昌"(用一幅表芯纸上戳许多钱眼折叠而成)在路边烧化,施钱给野鬼用,来保人间平安无事。过七月半,"吃烧经饭"多数在十五这天,也有在十三、十四、十六这三天中的一天的。

地藏节

农历七月三十为"地藏节"。地藏菩萨曾向如来请愿:

现天上有佛,地上有佛,独地下无佛,我愿做个地下佛!人们为了感激地藏"我不入地狱,谁入地狱"的救苦救难精神,过去不少人家在房屋四周或围墙地面上,遍插捧香,同时点燃,叫作"烧地头香",也有俗称"烧狗矢香"的。现在此习少见了。

中秋节

中秋节,俗称"八月半",是农历一年中三大节日之一。是夜,秋高气爽,一轮皎洁圆月,分外明亮,很自然成为古人崇拜的对象,祀月实际是赏月的虔诚形式。随着人们的生活水平日益提高,月饼花样越来越多,有的体积越做越大,价位也越来越贵。当地除了吃月饼外,还有吃河藕、吃芋艿之习。

重阳节

古代以"九"为最高个位阳数,九月九日是两阳相会,因此又叫重阳节。此节源起东汉,相沿1 800多年。传说一个叫桓景的人,全家臂缠茱萸登高避邪,逃过了一劫。自此有了登高之俗。重阳节合家团圆,以吃"重阳糕",食螃蟹为俗。随着社会老龄化,党和政府对老人倍加关怀,组织重阳慰问也成为新风俗。

十月朝

农历十月是冬季的开始,十月朝(初一)民间称为"十月朝"。有祭祖、上坟的习俗,如同春季的清明节。祭祖不拘朔日当天,有"前十天,后十天"的说法。

过大冬

冬至也是民间的一个重要节日。时间大约在农历十一月的中旬。因民间有"大冬小年"的说法,所以冬至日称为"过大冬"。为什么说"冬至大如年"呢？原来是一种历史推移的现象。更古的时候,有一种历法,以冬至为元旦,隆重庆祝。改用阴历以后,冬至才退居次位,不再是过年的日子,但民间积习难忘,仍惦念冬至的意义,故有"冬至大如年"的说法。"过大冬"照例要祭祀祖先。

掸尘送灶

腊月二十以后,各家都要进行一次彻底大扫除,箱笼橱柜一概翻身,墙角床底,乃至墙壁屋梁,全要把积年尘垢一举荡涤,俗称"掸尘"。将扫帚缚于竹竿顶,掸掉高处灰尘,清清爽爽,喜迎新年。二十三或二十四是送灶的日子,民称"灶家菩萨上天"。灶龛两旁家家有小对联一副:"上天言好事,下界保平安。"民间俗语"灶家老爷上天,有一句说一句",希望他实事求是向玉皇大帝汇报,保百姓平安。

贴春联

春联,本地俗称"门对"。宰相王安石的"总把新桃换旧符"诗中的"桃符",既是春联的代称,也是春联的来源。传说上古时,神荼与郁垒兄弟二人,善于捉鬼,住东海桃渡山上,每年岁尾站在一株大桃树下检阅百鬼,见有害人的恶鬼,就用苇索捆绑起来喂饲老虎。后来人们用桃木板两块分画神荼、郁垒两神,立于门旁以压邪祛鬼。时代进化,桃木板渐为纸张所替,二神像也改为唐初名将秦叔宝与尉迟恭。除夕各家门上都要张贴春联。过年春联常贴:"向阳门第春常在,积善人家庆有余。"厨房门上的对联是:"一人巧作千人食,五味调和百味香。"后门贴一副"前程远大,后路宽宏"。新有丧事或服丧未满的人家不用红纸春联，改用黄纸春联。春联书写或买来之后，要到除夕下午才张贴。除春联外，还有年画。其中"春牛图""丰收图""渔樵耕读""和合二仙"以及"刘海戏金蟾"等，深受当地农民喜爱。

除 夕

除夕，俗称"三十日子"，是阴历一年的最后一天，月大为三十，称过"大年"；月小为二十九，称过"小年"。所谓"除"，就是去旧更新的意思。这一天，尤其晚上，更显忙碌。一是敬神祀祖，鞭炮声中，点上红烛，分别在菩萨与老祖宗遗像前烧化冥纸，全家磕头致敬。二是吃年夜饭，合家团圆，欢聚一堂。三是"笃囤包"，用漏孔的小蒲包袋，内装生石灰，在粮囤周围以及户外四周地面，打印起密密匝匝的石灰印子，以防年兽，以示财产得到安全保护。四是通夜守岁。这一夜，有不少人家彻夜不眠，堂屋、房间都点起一对对大红的守夕烛。另外，过去三十日子也是要债还债的最后日子，现在仍有此习惯。

（周 忠 曹甫成）

余西古镇春节习俗

送灶、接灶

古镇几乎每户人家在厨房灶头上供有用红纸木刻印刷的灶君神像。两边都贴着红纸书写的一幅小春联。内容几乎家家相同，上联是"上天奏好事"，下联是"下界保平安"，横批是"司命府"。灶君的全称是"东厨司命九岑灶君"。传说他每年春节前，腊月二十四要回天庭汇报各家各户情况，到除夕才回来，所以二十四这天家家就得欢送他，俗称"送灶"。

送灶这一天,要在灶头上供上一碟供品,其中送灶糖和"马料"这两样是不可缺少的。送灶糖用麦芽糖做成,形成有红绿条纹中间夹心的条状,然后剪成一块一块扁圆形的糖块。此糖用银针钉好,放在火上烧,即会膨胀变软,香甜可口,又叫发丝糖,小孩最喜爱。送灶糖由各杂货店一年一次专门请师傅做,优惠老顾客请年货专供送灶用。"马料"则是用剪刀剪成不到一寸长的枯稻草,供灶君回天庭骑的马食用,故称"马料"。

然后老人们点上一对小红烛,焚上香,一边跪拜一边嘴里念念有词祷告:"灶君老爷上西天,好话多说,丑话遮瞒。"用一串纸元宝,请下灶君,把小春联撕下来连同"马料"一起焚烧。送走了灶君后送灶糖都给孩子们分吃了。

除夕灶君要回来了,就得迎接,称"接灶"。把寺庙统一印制发送的新灶君神像重新贴上,再贴上内容相同的小春联,然后供上一碟有豆腐黄干的素菜,和一小碗赤豆饭。照例点烛、焚香、叩头,最后焚烧一串纸元宝,就迎接灶君到家了,称"接灶"。

开井、封井

余西有很多井,大户人家基本户户都有井,仅明代古井现在尚存8口左右。尤其是明代洪武年间,位于衙门东西两侧的"龙眼"古井,水质清如"猫眼",群众仍在饮用。传说井有井神,就是井龙王,因此余西也就有了敬井神的习俗,即开井封井。

每年除夕前,有井的人家要请井神,也就是用白纸木刻印制的俗称"井栏"马纸,马纸上还涂着红蓝颜色。正中是一眼井的井栏,井口往上露出龙头和半个龙身,两侧站立着两个僮儿,上有"井栏之神"四个字。请到家后用黄百(一种黄色粗纸)分成一寸多厚做底脚,把马纸在黄百上折好，再用关草在上面捆扎，成空心半柱状，然后竖在堂屋供桌上。除夕下午，焚香点烛，摆上供品和一杯茶，叩拜之后，将供的茶倒入井中；然后用盖将井口盖住或锁上，任何人不得再从井中取水。这就是"封井"。

正月初五，把井栏马纸请到井栏旁，主人供上一碗红枣茶，焚香点烛跪拜后，用一串纸元宝把井栏马纸在井旁焚烧，打开井盖，将红枣茶倒入井中，主人从井中吊起第一桶水，这就是"开井"。

斋"真容"、拜年

除夕是农历的最后一天，每家多于中午前后贴春联，贴门神和年画，傍晚"笃囤包"，入夜先祭祖，后敬神。祭祖，不仅是"烧纸"，而且要斋"真容"。"真容"就是画师画的祖先遗容，又称"喜容"。

这些遗容都画在一幅幅挂轴上。一幅挂轴一般画夫妇两人，也有画一人。不论官宦或百姓，清末民初以前的"真容"，男的大部分都是头戴花翎（所谓顶子），身穿补褂（朝服），脚着朝靴，一身清代官员打扮。女的则头戴凤冠，身着霞帔，穿褶裙，一身明代服饰。也有一幅三代的，画面上画有三层的楼阁，旁边画有松柏，画的是祖孙三代，第一层是祖，第二层是子，底层是孙。也有不画像，在楼阁上画上牌位，填上三代人的名讳。民国时期画的真容就有些改动，男的就画成头戴瓜皮帽，身着长袍马褂脚穿布鞋了。这些画像千篇一律，都是民间画师所画，所以基本上都不像。

斋"真容"，就是把祖宗画像挂起来，前边放一张供桌，摆上香炉、灶台，在每位画像下放一只倒扣的酒盅和一双筷。还供上一块带红字的年糕，同时在上面放上宝塔形的大团儿或大馒头，然后供些水果或茶食之类的供品，最后焚香点烛全家跪拜。春节期间，族人、亲戚、朋友来访，除带上礼品外，首先必须到"真容"前点烛焚香行跪拜礼叩四个头，然后向在场的长辈叩一个头，才坐下喝茶叙谈，称为"拜年"。

初一年饭

午夜12点一过，古镇上鞭炮声同时响起，新的一年开始了，长辈就开始准备早饭，因为是新的一年第一餐饭，称为"年饭"。规矩特别多，孩子们不准多说话，大人们也必须讲吉利话。在除夕墙上就贴上"童言妇语一概无忌"的红纸条。

天蒙蒙亮就摆上大方桌，大户人家把桌连在一起形成大长桌，桌上一对红蜡烛。清晨一起身大人们分长幼相互祝福（一般不叫醒小孩），然后按辈分长幼依次坐下。只要是家庭成员，无论到场不到场，桌上都有一双筷一碗"年饭"，缺一不可。

"年饭"是用米和赤豆煮成的红米饭，饭上放二块红字年糕和一对小团儿（用米粉蒸热的小圆子）。以示全家团团圆圆步步高，吉祥如意的意思。桌上摆的菜也都是素菜，如豆腐、百叶、黄干之类豆制品和荠菜、芹菜、粉丝……豆腐意"头富"，黄干意"升官升职"，百叶意"百业兴旺"，荠菜意"聚财"，粉丝意"长寿"，芹菜意"兴旺发达"，都是讨吉利的意思。

"年饭"现在看是象征性的一种形式，每人一小碗饭，包括菜都不能吃完，必须要剩下一点，锅里菜饭也要剩下一部分叫"余了"或"囤了"，其意年年有余，永远吃不完。同时鞭炮也改成了高升，花生叫成"长生果"，小孩衣袋里零食吃完了也只能讲袋已经"满了"。大年初一，一般小孩不允许出门，只能在家里玩，大人们从除夕忙到初一都累了,大部分也都"自在"(睡觉)去了。

跳苍郎、跳财神

春节期间除了舞龙灯、舞狮子外,还有一人专门以哼唱形式说好话,如:"你家楼房亮堂堂,寿比彭祖还要长,合家老少多安康,家中必添状元郎……"等内容的,俗称叫话利市。也有二人一组带一些表演形式的如"跳苍郎"和"跳财神"。

"跳苍郎",就是用细竹片扎成,然后糊上白纸,再贴上五颜六色的纸片做成一条"苍龙"。"苍龙"只有二尺左右长,形状像平时所讲的龙差不多。龙头和龙尾下,各扎有一根小棒,表演者左右手抓住两根小棒上下舞动,一边表演一边哼唱,另一人和。

"苍郎苍郎头对东""好哇""旭日高昇满堂红""好哇";"苍郎苍郎头对南""好哇""子子孙孙中状元""好哇";"苍郎苍郎头对西""好哇""一对金鸡朝家飞""好哇";"苍郎苍郎头对北""好哇""子子孙孙享洪福""好哇"。以此祝愿全家兴旺发达,当然也少不了要给赏钱。

大年初五是"财神日",古镇各商铺开市正常营业,这一天就少不了要"跳财神"。"跳财神"也是二人组合,一人扮"财神爷"表演,一人敲大锣配合。表演者头戴乌纱花冠,身着龙袍,腰缠圆形玉带,脚穿朝靴,脸戴金色面具,黑须,手拿一只金色大元宝。锣声响起,表演开始,但只表演不唱,像现在演哑剧一样。表演者用左手把袍角拉起,形成斗形,把元宝放在其内,朝里朝外忙个不停,朝外用右手向四方招招,朝里从袍角内向店内招招。敲锣的人有节奏地不断敲着锣相配合,反复数次。锣声停止,扮"财神"的人,捧着"大元宝"双手放到店家柜台上,恭喜店家"生意兴隆,财源广进",主人开心地给"赏钱"。

年初五敬财神

古镇龙街是余西商业中心，年初五财神日各商铺正式开市，是新的一年第一天营业，为祈求新的一年里生意兴隆财源茂盛，各商家店铺都要敬财神。

清晨一早，除到寺庙，求神拜佛外，还要在家里"烧财神利市"。方桌上供上"财神马纸"（就是用白纸木刻套板印刷的财神神像），摆上烛台香炉和供品。供品供有一只生猪头（称元宝），嘴衔一条猪尾巴意有头有尾。猪头下有两只脚爪，称招财。同时猪头旁还摆一把菜刀，一块豆腐，在菜刀上还放一把盐，其意是"快到富"。在烛台和香炉之间各放一个红纸包，内各包两块银圆。其他供品有整鸡、鱼、肉等，各家不尽相同。然后主人焚香点烛，跪拜放鞭炮。用纸元宝焚烧财神马纸，送神后开店门，所谓开市大吉，开始新的一年第一天营业。

上灯、落灯

农历正月十五，是元宵节，旧称上元节，古镇旧俗正月十三上灯，十八落灯（农村也有二月初一落灯），从十三到十八谓五夜元宵，又称灯节。

上灯、元宵节、落灯，这三夜都祭祖。十三日家家在祖宗遗容前焚香点烛，供上圆子（用粉做的汤圆），全家行跪拜礼，然后在祖宗供桌前焚烧纸锭。这天晚上全家老小都吃圆子，俗称上灯圆子。正月十三这一天照例祭祖在祖宗供桌上供上菜肴及馒头和年糕。有人甚至把年糕在腰上围上一圈叫节节高。十八落灯，就是春节正式结束，这天要在祖宗真容前，供鱼、肉、豆腐、黄干等，同时在每位遗容前供一小碗面条，俗说"上灯圆子落灯面"。然后照例焚香点烛，跪拜、焚烧纸锭，最后收起供桌上的一切供品器皿，再把祖宗真容画像收卷起来，春节期间的祭祖结束谓落灯。

五夜元宵期间，除祭祖外，从正月十三上灯开始，古镇上家家户户门前都挂红灯，又称天灯。灯形也有不同，有圆形的"宫灯"，也有小型五六个上下一连串的小天灯，还有灯内转动的走马灯，猜谜灯等各色各样的灯。这几天孩子们成群结队，有的提着三脚蛤蟆灯、金鱼灯、荷花灯，有的拖着兔子灯、滚灯、狮子灯，还有的腰前装着马头腰后装着马尾的马灯等在古镇龙街等地串游。

古镇十大寺庙，更是灯彩纷呈，璀璨夺目，纷纷敬神拜佛，观灯，猜灯谜。

在五夜元宵节，特别是正月十五这一天闹元宵，人们敬神、祭祖、串街、逛庙，夜里古镇内外到处灯火辉煌，同时在镇外四周农村田野上人们纷纷放草火像天空星星，处处火光闪闪摆动。古镇上人声、锣鼓声、鞭炮声连成一片，形成春节即将结束前人们敬神、祭祖、欢乐、祝福新的一年，得到好运的新高潮。

（马锡华　周　忠　曹甫成）

沙地习俗

特殊习惯

廿四夜饭

腊月廿四晚上，家家户户都要煮赤豆米饭、炒菜头（寓来年日子红红火火、得个好兆头），还准备鱼、肉、鸡等荤菜，合家老小团聚一起吃夜饭，谓之"廿四夜饭"。

这一天，还要做一件事，就是送灶。所谓"送灶"，就是送灶家菩萨上天,到玉帝那儿汇报人间善恶,为期七天,到除夕夜再将他接回来。送灶是郑重其事的。晚饭前,女主人要做一碗小鸡蛋大的"团圆",名曰"接(送)灶团圆",煮熟后,面上厚厚撒一层红糖(传说是为粘住灶家菩萨的嘴,让他在玉帝前开不得口,不能说主家的坏话)。男主人净手之后,恭恭敬敬将团圆、赤豆饭、炒菜头端到灶王殿前,齐供灶家菩萨,并点上香烛(旧时沙地农家砌灶都要在灶山靠烟囱一侧砌个灶王殿,飞檐翘角,宛若寺庙的殿宇,内供纸画的灶家菩萨像)。晚饭之后,女主人洗好锅碗,男主人便恭敬虔诚地向灶家菩萨三叩首,然后撤去斋供,取出灶家菩萨像,同时将预先准备好的纸马(灶君上天后临时管理这一家的代理神)安放在灶王殿前。将灶家菩萨像连折好的金元宝银元宝放到户外阳沟潭里烧化,送灶神上天。

  沙地人为什么对灶神如此敬重呢?灶神究竟是什么样的神呢?《祀记·社器》有孔颖达疏云:"颛顼氏有子曰黎,为祝融,祀以为灶神。"灶神是保护这一家平安的神,灶王殿门两侧的对联曰:"上天言好事,下界保平安。"道出了灶王的职责。传说远古时,有个喜欢搬弄是非的"三户神",无中生有,向玉帝密报,说凡间的人诅咒天帝,并欲谋反天庭。玉帝听了大怒,即命"三户神"将咒骂天帝的人家,书写罪行于其屋檐下,让蜘蛛作网掩盖,作为暗记;又命"王灵官"于年三十夜(除夕)下凡巡视,将有暗记的人家满门抄斩。"三户神"心存不端,在所有人家的屋檐下都做上暗记,灶神发现了"三户神"的恶行,急忙联络各家的灶君,发动家家户户从腊月廿四起到除夕前,清扫房舍,除尽蛛网,里里外外打扫得干干净净。到了除夕夜,"王灵官"遵旨下凡巡视,看到凡间家家户户干干净净,一派喜庆祥和气象,便如实向玉帝汇报。玉帝火了,治"三户神"以欺君之罪，永拘天牢。灶家菩萨如此保护凡人，让人们免于灾难，沙地人于是更加敬重灶家菩萨，年终掸尘、大扫除，干干净净过新年的习俗也流传了下来。

那么，称为"廿四夜"，别处人们都廿四过，沙地人为什么廿三过呢？原来，从前有一种被称为"地陆上人"的人群，官府认定他们低人一等，让他们廿四过廿四夜，普通百姓则提前一天。老人说：人家嫁娶时，那些扛轿子、掮高灯、敲锣鼓、当送娘（即今之所谓"伴娘"）的人便是"地陆上人"。有人考证，相传明末流落到浙江、福建、广东一带的遗民，弄了船只逃亡在海上，历来称之为"蛋民"，他们流亡到沙地登陆定居后，即被称为"地陆上人"。这种说法尚无确切的依据。不过，1949年以后，"地陆上人"彻底翻了身，再也不低人一等了。

春节

当年踏进定兴桥这一片新涨出的沙地拓荒的先民，自然地把原籍崇明、海门、通州、太仓、张家港等地过年的习俗带了过来。年味便弥散着先民原居住地过年的韵味儿。

到了廿四夜，年味已很浓烈，能听到"年"的脚步声，看到"年"的门槛儿了。这顿饭青菜烧豆腐不能少，那叫沙地人的清（青）白。廿四夜与除夕夜餐桌上的鱼，则意味着年年有余（鱼）。

过了廿四夜，开始忙着蒸糕了。村民们会自发地集中在某一个农户家里，排起了队蒸糕。那儿一天到晚热气腾腾，糕香扑鼻。人们品尝着，点评着谁家的糕黏，谁家的糕甜。

上坟祭祖一年三次，元宵、清明、除夕。无论你有多高贵的身份身价，年三十那天，你会以极其虔诚的心，和你的族人一起，带上纸钱、糕点、酒水上坟祭祖。磕拜、烧纸钱、燃放鞭炮之后，孩子们便兴高采烈地在河边、塘边、沟边,堆集干柴枯草,燃草堆了。沙地人年三十和正月十五燃草堆,意在驱鬼避邪。孩子们各燃各的草堆,看谁烧得红火、旺盛、长久。傍晚沙地的原野上飘浮着的那一团团白色的烟雾,成为沙地人年味的一道景观。

建 房

20世纪50年代以前,凡有人建造新房,先请阴阳先生相风水,选择房址。房子的东南角,称"青龙角",不好砌房子。凡建造新房,亲朋好友都不请自来送礼,并帮助干活,礼品为酒、肉、糕点、对联、镜框等,叫作"送拣高头人情",女儿、女婿要加送鞭炮。当新屋框架建成,上梁合龙门时,要放爆竹,木匠师傅骑跨正梁上,往下向人群里抛馒头和糕点,称为"抛梁馒头""抛梁糕",表示发财的意思,围观者高兴地争抢。新屋横梁上贴"安梁大吉""福星高照""紫气东来""太公在此,百无禁忌"等红纸条。当上梁的木匠师傅敲完最后一只钉时,叫主人出来用围腰接斧头(借音"接富")。在上梁这天或新屋落成以后,主家要宴请各亲友,以示谢意。通东地区,上梁那天还有人上门说"利市"。60年代以后,"相风水"等迷信色彩逐步淡化,但礼物越来越重。

烧经作飨 祭祀祖先

定兴桥多孝子,对死去的先人,会经常念及他们对后人的功绩。为表永世不忘,子孙们每逢先人去世之日(俗称"忌日")要备办酒菜作飨、烧经祭祀,俗叫"烧羹饭"。

作飨,要放在前头屋(公堂屋)里,作飨时,要把台子横过来放,即台缝要跟前后墙平行,以示宴请阴间祖先(阳世之人的饭桌都是台缝朝着大门,如朝南房子,台缝就须南北向)。东、西、北三面放凳,空出南面,围上绣花台围,摆上香炉蜡扦，作飨时要点烛焚香。摆放碗筷数以本家去世的先人数而定，一般"请"到户主的祖父母辈，包括先祖先祖母、先父母，还有去世的兄弟姐妹（成年的）等，有的人家还"带"上去世的姑父母、姨父母等。之所以要带，或因其本家无子女烧经，或与所"带"之家关系特别亲近，视之如父母。——这就是"忌日羹饭"。"忌日羹饭"都由儿子或孙子烧，如兄弟几个的，则大儿子烧"正忌日"，即父母去世那天烧经，二儿子向前移一天，三儿子再向前移一天，依次类推。

农历年末，还要烧"过年羹饭"，"宴请"家族祖先，共同除旧迎新。桌上摆放的碗筷就得兼带族中之前有死去的祖辈和父辈先人。旧时，不少人家往往多达二十几只，一张桌子放不下，要南北并排放两张桌子。这种羹饭又称"烧总台"。通常，每家都定下固定的日子烧"过年羹饭"，如有祖先在岁末去世的，那么这次"忌日羹饭"就算是"过年羹饭"了。另外，新媳妇过门、生了儿子过周岁，要"烧总台"，通报祖宗，家里添人进口了，祈求得到祖宗庇佑；长辈六十、七十做寿，也要"烧总台"，通报祖宗，家里出了寿星，洪福齐天，与祖宗同庆。此外，下沙一带还流行烧"生日经"，即先父母生日那天烧经，不过"生日经"不是儿子烧，而是大女儿或小女儿烧。

烧经作飨，台上放菜也有定数，最少4碗，通常为6碗或8碗。"烧总台"放两张桌子的，则两桌都是同样的碗数一样的菜。用什么样的菜作飨，也有约定俗成的规矩。豆腐、茶干是必不可少的，百叶、粉皮都可上桌，所以，穷人家往往说"烧个豆腐羹饭"。其次得有一碗整条的红烧鱼，通常是白鱼（鲢鱼）、青鱼（草鱼），谓之"青青白白"。不用鳊鱼、黄链头（鳙鱼），因鳊鱼头太小，花鲢头太大，用此作飨，儿媳妇会生小头鬼或大头娃娃。摆鱼碗得鱼头朝里，是为让财气游进来。海蜇和甲鱼不能作飨，因为那是沙地骂人的话，用来祭祖是对祖宗的大不敬。其他作飨用菜，一般是红烧肉、狮子头、蛋饺子之类，鸡、蛋、虾等也可用于作飨。

祭祀先父母的"忌日羹饭"最隆重。嫁出的女儿不请自来，娘舅家、姑妈家、丈人家都要请来，大户人家往往还借此机会宴请一些知己朋友、世交，菜肴也更为丰盛，作飨台上放6种、8种至多10种，而作飨过后，宴请亲朋好友吃的菜则可多达16种（称为8冷8热），甚至20种以上。可见沙地人迷信观念并不重，烧经作飨，"宴请"先人，原本不过是个形式，即"做做触落"，先人还能吃什么？至多是"吞口热气"吧，丰盛的菜肴其实是宴请活人的。从前，沙地农家大多贫穷，平时很少买鱼买肉，烧羹饭了才不得不买，难得吃鱼吃肉，自然要敞开肚皮吃个痛快。这就叫"死人做个触落，活人吃个煞乐"。

有些人，父母活着的时候没有恪尽孝道，致使老父老母怀着满腹的怨气踏上黄泉路。父母死后，反而大摆排场，不仅把丧事办得十分气派，而且"忌日羹饭"也力求"体面"。这样奢侈的做法，往往受到别人的议论和批评。

再说作飨的程序。迎合阳世"酒过三巡"的俗规，祭祖烧经也要酒斟三次，三次酒斟过，就要盛饭。盛饭用茶碗，盛满后扣在另一茶碗里，使碗面隆起呈馒头状，寓"发"之意。一人一碗上桌后，再用一大碗，同样对扣后端上桌，饭上插一调羹，让祖宗们吃完一碗后再添。近时，沙地人这道程序简化了，不再给每一位先人盛饭，而只盛一大碗饭让其自己盛，也不再对扣了，而去街上买来馒头作飨，也寓"发"之意。

盛饭之后，晚辈们依次磕头。磕头的气氛很肃穆，在香烛前面地上放一草垫，男人们从死者的儿子（孙子）起依次朝北先唱个喏,然后跪下,双手按草垫,头舂下至额头近地面,直起身来再拜,共拜四下,再站起身唱喏,意态很是虔诚。旧时,女人是没有资格磕头的,由此也可见男尊女卑的旧俗。现在的年轻人对着过世的祖先磕头也"做做触落"了,草草率率地点几下头,连旧时称为"鞠躬"的姿势也没有摆出来。有人便戏言称之为"台底下锥跟斗"。

磕过头,就是"烧经"了。"烧经"本是烧化由孝子去庙里向和尚"请"来的经文,这种经文烧化可以超度死者早日脱离地狱,转世投胎。旧传,人们附会阴间社会与人世间一样,"有钱能使鬼推磨",为使死者少受或免受地狱酷刑,处处需要金钱铺路,便改为烧纸钱了。半个世纪以前,人们都烧化锡箔折制的"银子","银子"有多种折法,式样也就五花八门。还有就是黄草纸仿照古钱币式样刻出的"纸钱"和黄草纸裁剪成小块以关革线串起来的"锭"。后来,有人仿照人世间的纸币,以木板刻出"冥国银行"版子,手工印刷制作"冥票"。

(曹甫成)

婚丧喜庆

婚 约

旧式婚姻都是"父母之命,媒妁之言"的包办婚姻。男女联姻,先要有媒人说媒,男女双方要门当户对。男女经人说合,双方父母有意,就先"并八字""相亲""访人家",然后"定亲",男方认可,则请算命先生"排八字",进行合婚;如果八字不合,请媒人将女方的庚帖退还。 正由于包办婚姻,有些男孩只十四五岁,父母就为其联姻娶妻。

首先是小定。八字拼合后,男方择吉日、托媒人带礼物去下聘,正式谈妥,从此不能反悔,否则被看作赖婚而引起诉讼。男方赖婚，聘礼不退；女方赖婚，退还聘礼，赔偿办酒损失。小定礼物一般是手镯、戒指、钏儿等金银首饰或衣料及必要的茶食糕点。再是送节礼。每年端午、中秋、春节，男方备以鱼、肉、糕、酒、糖和茶食等礼品，通过媒人送给女方。女方除肉外，其他都退一半，并需成双成对，还要有糕，象征"高来高去"，称之"回礼"。然后是送日子。男方择吉日将迎娶的婚期写在"龙凤帖"上送交女方，随帖送去龙凤喜饼，茶叶与糖、枣、鱼、肉以及女方索要的红纸袋各一只。再后是抬嫁妆。结婚前，男方给女方带一定数量的迎亲礼，如鱼、肉、糕、糖、粽和名目繁多的红纸包、香烟、茶叶，派上亲朋好友上门取嫁妆。待女方满意后，才允许抬嫁妆。最后是待媒酒。结婚前天晚上，男方以上述规格的餐宴酬待媒人，并计划次日的婚礼顺利进行。

婚 礼

旧式婚事，多数穷苦人家限于条件，婚事简单，办喜酒菜只有10碗头，客气一点用12碗头。接新娘用独轮人力小车、黄包车、自行车，坐不起花轿。有钱人家的婚礼，却办得十分隆重，讲究排场，大摆筵席。结婚这天中午，新郎要去女家拜见岳父母，有钱人家随去3顶花轿，新郎、媒人、新娘 各1顶。下午，新郎等一行先行回府。新娘则待到夜晚时分（根据路途近远而定）出发，随带大批嫁妆，包括大量家具、铜锡器、瓷器、各式绸缎布匹、日用化妆品等，都用"食箩"抬着，排成行列，一路吹打，送抵男家。新娘出门上花轿时，头上盖2尺见方的丝绸红布，跨过盛满火灰的铜烘缸。离娘家时，还由她的弟兄在花轿后面泼水，谓"嫁出门的姑娘，泼出门的水"。花轿抬到男宅时，男方用稻草点"旺火"，请属龙属虎的男女宾相迎新娘出轿，并用布袋摊地，让新娘穿着花鞋从袋上走过，不沾尘土，谓之

"传代"。

民国后,逐步改为文明结婚。一是择吉日迎亲,男方同媒人带领喜轿一顶或几顶,和迎亲的吹鼓手以及带给女方姑表姨舅的礼物,到女方宅前。先鸣爆竹,女方响应后,从左侧上首进场,轿门对外停放。女方点燃男方带来的红蜡烛,请来人吃糕粽糖茶,新娘请丈夫健在有子女的两位妇人梳洗"上头"。等到男方3次"催亲",鞭炮响后,新娘罩上"红盖头",一定要在日落前,向父母兄弟长辈一一挥泪告别。上轿时,脚踩门前铺的草席,以表"传裔",然后由父或兄抱上轿。轿内有烘缸安放,代表"兴旺"。起轿时,双方鸣炮庆贺、泼水。在点灯后,女方才可到男家。新娘花轿进场前,女方鸣炮轿到,男方鸣炮相迎。花轿进场,鼓乐喧天,轿门对内停下,说合者即景出合。新郎在姨们的示意下,掀轿帘,挽出新娘。新郎手拉新娘手踏在预先铺设好的布袋上进门。新郎新娘进入中堂进行"一拜天,二拜地,三夫妻对拜"的仪式,然后同跨七星灯送入洞房。由妆妈婆扶至踏板的小方凳上"坐富贵",共饮"和气茶",新婚夫妻各呷一口后,先男方父母、兄弟姐妹,后诸亲等依次呷茶,以示阖家和气、幸福,新郎再发喜糖喜烟。二是贺房酒。男方宴请亲朋好友的当晚,预先留下新郎平辈的表弟兄、堂弟兄及其好友,参加陪新娘的两桌并台酒宴。酒台点燃一对舅舅送来的龙凤烛。宴时边饮边说合,倒酒、上菜,向新郎劝酒,伴随猜拳罚酒,山歌利市,热闹欢乐。三是闹新房。"新婚三日无大小",新娘与亲戚间不分大小辈分,无论老少亲友都可以戏言戏态引逗新娘,新娘只得低头做"富贵"。四是撒百花种子。由亲戚中的民歌能手,用青蓝腰布兜上花生果,俗称"长生果"(长生不老开花结果)、枣子(早生贵子)、桂圆(贵在团团圆圆)、蜜糖块(甜甜蜜蜜)等物,撒向新床的四角,撒向亲友,边撒边说百花、种子令。直到深更半夜放鞭炮，以示"登科"，他人才退出新房。五是开颜。次日清晨，鸣放爆竹，催新郎新娘起来。门一开，预先站在门口的人蜂拥而进，争到新娘被窝里摸糖果糕点。新娘由妆婆将看发（垂额短发，也称"刘海"）剪掉，颈后毫毛也用棉线绞去，称"车脸"，表示已婚。这一天，吃拜堂酒，新郎领新娘与男方长辈行见面礼，长辈们个个"出手钱"，同时女方兄弟或姨妹携带礼物到新郎家来做客，叫"接满月"。男方办酒款待新亲，并约定"回门"时间。一般婚后第三天新娘新郎到娘家"回门"，但逢八日子不能回娘家，称为"七不去八不归"。

生育送红蛋

头胎生育，男方第一天就要向外婆家和亲戚邻居发红蛋报喜。婴儿开奶也很重视。一般要寻找头胎母亲或比较聪明有名望的人家的母亲的乳汁开奶。

做满月

婴儿满月，做圆子，请至亲吃满月酒。还要请理发员到家里为婴儿剃头修面，俗称剃胎毛。

做期过

婴孩周岁时，宴请各亲友饮周岁酒，俗称吃"期过酒"。亲友出手给婴孩"红包"。

探病

一人患病，亲戚朋友都要探望，要送些食物或现金，表示慰问。探病时间一般在上午。病重住院的，病愈出院回家时，要放爆竹、吃面，以示消灾。事后，还要请酒，答谢亲友。

寄亲

父母生了儿女，为防止在成长过程中遭难甚至夭折，要选择"生肖"相合的人作"寄父母"（"干爹""干妈"）。后来，不少人家因为两家的关系好，也有让儿女认寄亲的。有的孩子在娘胎里就认定寄亲，有的出生后寄名出姓，也有和人家互认寄亲的，还有为了巴结人家甘愿认亲的。认寄亲后，大多经常交往，关系较好。

祝寿

人满整岁生日，其子女和亲戚前往庆寿。也有逢九，先为其预庆。中华人民共和国成立前，富裕人家祝寿，张灯结彩，设寿堂，挂寿幛，大摆筵席，收受礼物。父母寿庆，女儿做寿桃、寿糕，于寿辰前夕即来"暖寿"。当天，晚辈都要向老寿星拜寿。全家都吃面条象征长寿，并用大蛋糕祝寿，还要放鞭炮，热闹一番。20世纪70年代后，人们不但为老年人祝寿，还为满三十、四十岁的中年人祝寿，经济条件好的要办十几桌、几十桌寿筵。也有提前庆寿，只自家人吃面团聚。80年代，有为10周岁儿童祝寿的。一般50岁不祝寿（俗称乌龟生日）。因为"五"与"乌"音近而避嫌。

报丧

余西人对丧葬礼仪极为重视。人死了，由其直系亲属，主要是其配偶及子女负责料理丧事。丧事烦琐，迷信色彩浓厚。对诸亲及长辈，由亲生长子披麻戴孝，亲自前往报丧。去时手持雨伞一把，进门即向长辈跪拜。亲戚家需招待糖茶一杯。

搁三朝

先为死者剃头、洗身、换衣，然后将遗体安放在灵堂里，一般要搁3天。停尸的房前用毛竹、帘子搭起丧棚，还要请"吹鼓手"（现称哀乐队）吹打，道士做道场，扎库，剪冥衣，写牌位，布置灵堂。请木匠做棺材，邻居帮忙买菜，准备素饭等。到入殓前夜，请人扎一顶纸轿，内供死者牌位，连同死者生前衣服、被褥等，在宅旁点火焚烧，叫"送西方"。烧完后，子女及亲属回到灵堂发孝衣。这时，儿子身穿白布孝服，脚穿蒲鞋，头戴麻布凉帽（帽边挂4个白绒球），手持孝棒，向各长老行跪拜礼。晚上有人守灵、陪夜。

送 草

在死者第二天的下午日落前，全体亲属、亲戚人人头扎白毛巾，到指定地点去"送草"。由长孙背黄布包袱（包袱里是死者生前的枕头）走在前头，在哭声中出门，到指定地点将黄布包袱焚烧，人群围火堆转三圈方回。送草的目的，是通知当方土地，死者前来报到。也就是说，死者即日起户口迁入阴曹地府。

入 殓

这天宅前竖幡忏杆两根（状如旗杆）。上午，远近亲朋邻里陆续前来吊丧，带上纸帛、纸锭。有送纸币（称"代帛"）的，也有送挽联、挽幡、被面等。吊丧者都向死者牌位行跪拜礼，儿子在旁还拜，请的"吹鼓手"每当有人跪拜就吹一次号筒。请阴阳先生、道士和和尚诵经、拜忏、做道场。下午入殓前，由和尚诵经，化"九千七""二万四"，即一人边哭，亲属边烧纸帛。亲属依次向死者遗体跪拜，随即将尸体安放在棺材里，各亲属再绕棺一周向遗体告别，叫"小殓"；接着盖棺，用大铁钉钉盖封棺，叫"大殓"。最后，将棺材移放在公堂屋的东侧，棺前摆上供桌（称"坐台"），桌子横档放置布鞋一双，桌上放死者牌位、画像或照片、香炉、蜡扦、斋供等。每天早、中饭时间，由家人端饭。

七 数

旧时，从死者入殓那天起，每隔七天须由家人烧经祭祀（俗称"烧羹饭"），一般由儿子烧。逢三七、五七由儿子做，六七由女儿做。一般人家烧五七很隆重，要请和尚诵经、放施食、做道场、扎库，也有亲友前来吊唁，俗称"送人情"。第七个七数，称"断七"，再祭祀一番，七数结束。以后逢百日、清明、七月半和十月初一（十月朝），还要烧祭。在死者七数期间，女儿每天早、晚要在坐台前长哭一次，叫作"哭七七"。儿子不剃头，夏天出门不撑伞，不戴凉帽，鞋子或帽子上要缝块白布，冬天不穿皮毛衣裳（羊皮袄可穿），女儿不戴金首饰。明、清时代，读书人和做官的为父母奔丧期间，不能参加科举考试，不能外出做官，须在家守孝3年。

扎 库

对祖宗心怀敬意，后辈请扎库艺人扎一些纸房子或者生活用品，以在祭奠死者"七数"及各个祭日时焚烧，略表寸心，并在烧前请和尚、道士们做场法事。相传，扎明器起源宋代。有一父亲为儿子吃辛受苦盖了三间楼房，可儿子却忤逆得很，折磨父亲直至死去。阎王闻此大怒，命牛头马面去阳界将忤逆子房子烧了。其父闻言，又悲又悯，终难舍骨肉情深，托梦给儿子：明天赶快用芦、竹扎成房架，用纸糊上，并在路口放些纸冥，明朝一早烧化。儿子一一照办。第二天牛头马面到了路口，望见忤逆子房子火光冲天，心想已遭天报，遂随手捡捞起路边散钱（纸冥），回去复命了。自此以后，扎库蔚然成风，成为人死后子女尽孝的一种孝道。扎库亦与时俱进，近一二十年来，众楼房扎到别墅，众用具扎到冰箱、空调、彩电,还有轿车等。

(周忠 曹甫成)

磕"璘沟三娘"

自古靠土地为生的农民,一直认为土地公、土地婆这一对土地神仙掌管着人间大地。路中村农民还认为墒沟中还有颇有灵气的三位神仙姑娘,称之为"璘沟三",能知吉凶未来。每年农历正月十三到十八是璘沟三姑娘显灵的时期。一般在傍晚请"璘沟三"。首先备好一只大盘篮和一只手工编织的新畚箕,放到庙寺中的菩萨前,众人先做一番祷告。畚箕口由一块青布缝遮,畚箕底朝下,畚箕脑(畚箕扫地时手抓的部位)插入一只红筷,将畚箕恭敬地放在盘篮之中。然后选出德高望重的男女信徒各一位,两人虔诚地抬着盘篮走出庙寺来到大田中,将盘抬在墒沟上。此时跟随的众善男信女点上红烛,焚烧冥元宝等冥币,纷纷磕头恳请。两位男女信徒将早准备的竹片进行"占灶",竹片一上一下为"圣灶",暗示已得到三位神仙姑娘中一位允诺。若不是,再烧化冥币、焚香礼拜,再次"占灶",直到"圣灶"呈现为止。礼请完毕,将盘篮搭回庙寺中,由两位男女信徒用食中两指各托畚箕两边。于是众人一个个依次磕头求"璘沟三"神姑指点迷津。有人问新年田禾收成好差的,有人问身体健康与子女学习成绩的,也有人问新的一年生意命运的。每个人磕头求问后,畚箕就会显灵往下磕动,有磕一二下的,多的磕十几次。磕得次数越多越好。此所谓"磕璘沟三"之民俗。前来"磕璘沟三"的善男信女人数,少则有三五十,多则一百开外,大部分人都如愿而归。如今"静世庙"等地仍年年有"磕璘沟三"之活动。

(曹甫成)

二甲庙会

出会前由庙方（城隍庙）住持与会头联系，再由会头（发起人）参加组织，派人到各行各业用黄纸簿登门募化，筹集经费。每出一次会的费用，折算成大米为二三十石。

出会的第一天，要替菩萨"暖寿"、烧香，店主磕头，把菩萨请出神庙，换上新装。

第二天午后组织出会，第一道是马叉鬼手拿马叉开道；第二道由土地公公带路；第三道由会友扛旗敲锣执伞；第四道为钟馗嫁妹（新娘骑小驴），后面是嫁妆、化装成三十六行人士的会友；第五道有十二月花名；第六道是秋千台；第七道是平台；第八道是烧拜香；第九道是烧肉香；最后是皂班，各自手捐锡銮驾（由本镇酒业赠送），有的手拿罗牌"肃静""回避"，头戴高帽，身着长袍短褂，喝道叫老百姓让路。开道以后就是城隍爷坐的八抬绿呢大轿，轿后伴随护送的文武班子，敲锣打鼓，细吹细打，笙瑟齐鸣。

每次出会，当时镇上的香烛纸马业、熟食业以及酒店、旅馆、饭店，等等，都是高朋满座。各店的店员、伙计起早带晚，忙个不停，各行业生意兴隆，财源滚滚，外地走江湖的，如马戏、猴戏、卖伤膏药、唱道情的、卖唱的、测字算命的，还有木偶戏、提戏、口技等，都从远道赶来参加庙会，旅馆、客栈在庙会前三天就已经挂上了"客满"的牌子。

庙会这一活动历史悠久，群众对此印象较深，故出会时四方八村的群众，扶老携幼，纷纷前来观看。一时间人来人往满街巷，摩肩接踵拥挤不堪。各地前来参加庙会的总在数千人，大街小巷人山人海，水泄不通。

（王士明）

余西庙会

余西古镇,历史悠久,寺庙众多。在镇区有文庙、武庙、城隍庙、将军庙、大王庙、十甲庙、都天庙、大悲殿、三官殿、茶庵殿、贤林寺、镇海寺、报恩寺(元帅庙)、西来庵等十余座,其中有不少是历史名刹。早在明初地方选志余西全图上就标有摩提庵(茶庵殿)、城隍庙、大悲院(大悲殿)、贤林寺(红庙)、三官殿。这些寺庙都有数百年甚至近千年的历史。近代张謇先生也曾在余西为西来庵亲笔题写一副对联,留下了他的墨宝。

由于古镇庙宇甚多,每年都要办数次庙会,俗称出会。其中农历三月二十五、九月二十五的元帅庙会,农历五月十八、九月十八的都天庙会及城隍庙会等三大庙会最热闹。主要活动是迎神出会,即请神巡行地方,驱逐瘟疫。神像由庙起驾巡视称"出衙",通常用大轿抬着神像,沿着古镇主要街道巡游一周,然后抬回庙内直至神像奉安入座,称"回衙"结束。

三大庙会中,尤其是三月二十五的元帅庙会更是盛况空前。报恩寺供奉着元帅大老爷(人称温公元帅)的行身坐像(即木雕像,四肢关节会活动,能穿衣着袍脱靴,像木偶戏的木偶不易损坏,称"行身",泥塑的称"坐身"),头戴顶卷珠花冠,身着蟒袍玉带,脚穿朝靴,青黑色花脸,红须。传说他原来是一位书生,有一天他读书至深夜,发现有鬼魂在附近井内投毒,清晨邻里们来井内取水,他力阻劝说,乡亲们不信。他无法可想,只得自己投入井中,用自己的生命换取了百姓的安全。后来他魂上天庭,玉帝封他为元帅,成为玉帝灵霄宝殿八大将之一。人们为了纪念他,为他建庙祭祀,俗称元帅庙。

余西的庙会组织者由当地绅士、大施主、寺庙住持和懂事务的信徒等组成。他们之间的分工也相当明确细致,有专门向各行各业筹集资金的，有专门负责保管庙会期间各种仪仗实物和服装的，有专门负责经济收入和支出的，也有负责招募各种执事的扮演者，还有专门负责庙会秩序及伙食等具体事务的。筹备工作一般都在庙会前二十天内完成。

庙会前一天古镇各商铺就在柜台上摆好烛台香炉，供上用黄纸写的菩萨"神位牌"，同时还洗好茶缸，晚上烧好茶，加上盖，放好茶碗，准备第二天参加庙会的路过饮用。寺庙还得请出"太尉史"（管事务的神）扫街。"扫街"就是巡视检查准备工作。人们抬着太尉史乘坐的小轿，沿着第二天行走的路线巡回一圈，然后回到庙内奉安入座。同时还要把出会的神像从神龛中请出，脱下内衣及冠、袍、靴，换上全新的衣冠及蟒龙袍玉带和靴，准备第二天起驾出巡。

庙会的当天上午，各班执事到齐，准备完毕，准时鸣炮，神像乘坐大轿开始"出衙"。这时先行的是清道的马叉鬼。马叉鬼头戴鬼面具，青面獠牙，身着短带鬼衣，手执三齿铜叉，铜叉上装有金属圆片。手上下摆动，铜叉就会发出响声。所谓"清道"就是在街道两旁观会的人群前来回走动维持秩序，保证神轿和仪仗队顺利进行。

随后，在仪仗队前的是一对醉汉，两人赤露上身，左手持棍棒，右手握酒壶，一会儿摇摇摆摆，跌跌撞撞，一会儿躺在地上，一副醉态。有时两人招招手，拿起酒壶来喝酒，像演哑剧一样。在醉汉后紧跟着大头娃、小头鬼，大头娃戴着大头套，手执蒲扇，手脚不停舞动，与现代跳大头娃娃舞很相似。小头鬼一般有三四米高，上面有颗大概是木雕的小头，留着八字胡，戴着红缨帽，穿着长长的清代布褂，走着一摇一摆的方步。在他们后边是手执铜叉，擎着"捉拿"牌，戴着牛马头套的牛头马面，还有一群跟现代差不多的踩高跷队伍。然后是千秋台和平台。千秋台大多由10岁左右的女童扮演,她们身穿彩衣,分别坐在各自的千秋板上,左右两手抓住千秋绳,千秋架会上下摇动,跟现代电动摩天轮很相似。平台一般由10岁以下男童扮演,他们几个化装成一组如"唐僧取经""黄鹤楼""鸿门宴"等戏剧人物,端坐在平台上,做一些如饮酒等简单动作。最后是烧肉香的人群,他们赤裸上身,环头插着一圈纸马,裤腰围裹着红绿彩布条,像一条短裙似的,跟电影里的巫婆神汉差不多。更令人难以理解的是,他们用几根细铜钩钩住自己手臂下的肉皮,下面吊挂着一面铜锣或一面大鼓,甚至数斤重的金属大香炉。一边走一边还要敲响锣和鼓。吊着香炉的人有时还要表演将香炉晃转一圈甚至几圈,他们长时间行走,怕手臂承受不了钩吊着的器物重量,就用预先做好成月牙形的棍棒,一头支撑在自己的腰,一头用手掌牢牢地抓住。还有用棍棒绑在自己的手臂前后,行走时搁在前面人的肩上,以减轻自己手臂的负重。据说他们在神前许过大愿,就得这样做。最后是正式的仪仗队,最前面的是数十人的皂班,他们个个头戴红沿高帽、身着长皂衣外套红马甲。前面的扛旗打伞鸣锣开道,后面的分别扛着"肃静""回避"的告示木牌。而后是分别举着金爪、手笔、戈等的銮驾仪仗。随后是神轿前头戴盔,身着甲胄的值年、值月、值日、值时的四值功曹,分别站在神轿前左右两旁。后面就是神像乘坐的八人大轿,轿后还有一人举撑着黄色大华盖,高高地遮盖着轿顶。轿后跟着烧拜香的庞大队伍,他们个个手捧用手帕缠住底部点燃的板香紧随轿后,有数百人之多,多的甚至达到数千人。

神轿出衙后,沿途要落轿,停靠很多个临时搭建的茶厂(即供神饮茶休息的厂棚),然后供人们朝拜。茶厂里放数张方桌,连在一起,桌前摆放着烛台香炉,桌上供满了水果、茶食等供品和一盏碗茶。神轿到达后就落轿,将轿移驾至茶厂后面,焚香点烛,吹鼓手们就吹起笙笛奏起音乐。人们在茶厂外把未烧完的拜香丢在茶厂外,临时当香炉用的几只铁锅里,跪拜后中途退出。还有人甚至中途来的,可以重新点上一把香,随神轿走完全程。

在茶厂中,有四个规模最大。首先经过的是古镇衙门前登瀛门外的茶厂,其次是二河桥孝子牌坊前的茶厂,然后是运盐河北岸迎江门外的茶厂,最后是运盐河南余西坝头的茶厂。余西庙会一般一天时间,最后落轿在河南坝头茶厂时间较长,傍晚起驾,天黑时就回銮到庙内。特殊的有两天时间,在河南坝头茶厂过夜,点上汽油灯,在钟鼓声中,循宗教仪规举行仪式,焚香一夜,第二天起驾回銮。

每次庙会,古镇周边几里远的群众,扶老携幼都来赶庙会,不论男女老少,像过年一样,穿着自己最好的衣服,打扮得整整齐齐,有的来做生意,有的来观会游玩,更多的是来敬神。古镇上到处都是人群,尤其是神轿必定经过的龙街上,人们拥挤的难以通行。中华人民共和国成立初期,古镇庙会停止举办,庙会热闹的场面逐渐从人们的视线中消失,被人们所淡忘。

(马锡华　裴金钰)

特　产

蓝印花布

通州民间蓝印花布始创于明代，流传至今。经过一代代民间艺人，尤其是当代民间工艺家的不懈努力，从单一的土布制品走向多面料制品，从生活实用型走向装饰型，从田野阡陌走向城市都会，达到了它前所未有的辉煌。简单、原始的蓝白两色，创造出一个淳朴自然、千变万化、绚丽多姿的蓝白艺术世界。二甲是我国蓝印花布的主要生产基地。清道光年间的"曹裕兴"染坊，至今已有180余年，有"裕国财源通中华，兴隆事业达华洋"之誉。如今的二甲印染厂，继承传统工艺，不断改革创新，产品畅销国内外，是旅游者欣赏、研究蓝艺的良好场所。

扎　染

扎染古称"绞缬染"，是一种古老的手工艺品，初见于魏晋，南北朝，盛行于唐代，至北宋仁宗皇帝，因扎染服装奢侈费工，下令禁绝，使扎染工艺一度失传。

七十年代初，通州首先恢复扎染生产，并不断创新，使扎染技艺更趋完善。

扎染分扎绞和逢绞两大类，扎绞又称"鱼子结"，用线在米粒大的小点上顺序环绕打四道线结，工艺要求高，产品富有立体感和弹性，逢绞是用针线按设计好的图案造型穿行，抽紧而染，文饰活泼大方，韵味生动自然。扎染产品丰富多彩，既有时装、领带、围巾、包等日用品，也有和服、腰带、壁挂等珍贵工艺品，既有丝绸产品，也有棉麻织物。

木板年画

通州有一种古老的风俗,无论是平民百姓家,还是达官显贵府,除有人去世的户族以外,大年三十,家家户户都要贴年画。

木板年画的制作早先有一张木制模板作母板刷上黑色,勾画出人物的黑色线条轮廓,然后再由画师用毛笔填色。后因工作效率慢,而发展成都以木制的模板印制而成,一般六七套即可,色彩有红、绿、黄、蓝四种配制而成。其他有篆刻等。

木板年画制作(1)　　　木板年画制作(2)

糖醋黄鱼

糖醋黄鱼为通州名菜,采用产于黄海的大小黄鱼制作。黄鱼含蛋白质、脂肪、糖、维生素、钙、铁等多种营养成分。

黄鱼吃法较多,有红烧、煨汤、清蒸、风糟等多种食法。

其他特产有酿酒、鱼皮、海参菜、明泰泥螺等。还有曹顶跳面、曹氏方笼糕、季氏茶点、田氏糖果。

特色小吃有葱油狼山鸡、鱼皮海参、曹家盘饼、蒜蓉鳝糊等。

葱油狼山鸡

鱼皮海参

曹家盘饼

蒜蓉鳝糊

民间用具

古农具

木犁

稷板

稻床

老粪桶（约80年）

民俗风情

农家厕所

清咸丰年间的土布机

古生活用具

牛磨

长窠（约120年）

石臼

木风箱

升、斗

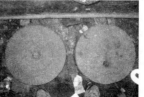
小石磨

古锡茶壶、酒壶

斗

斛

纺车

古渔具

拖网

农家用具

农 具

（一）耕翻平整

莳扶、犁、耙、石碌、锄头、石滚、铁锹、泥络儿、泥扒手、手扶拖拉机。

（二）灌水

水车、牛车蓬、风车、吊桶、提桶、抽水机、水葫芦儿（小型抽水机）。

（三）收割、脱粒、扬晒、贮藏

稠耙、镰刀、担绳、扁担、草络儿、掼床、连枷、脱粒机、收割机、钩刀、碌碡、扬锨、翻扒、盘篮、筛子、折子、碾子。

（四）积肥施肥

罱泥船、罱泥夹子、㧓锨、粪桶、料杓、簸箕。

（五）运输

小车、船、篙子、箩、笆斗。

（六）渔具

鱼叉、丝网、罾子、拦河网、稠网、耙网、拖网、烊网、挡网、罩网、掼网、鱼鹰、鹰船。

工 具

（一）木工

舞钻、锯子、锉、凿子、刨子、手钻、墨斗、角尺、斧头、大小锤子、丈棍。

（二）瓦工

大小瓦刀、泥桶、钱锤子、泥络子、水平尺。

（三）油漆工

漆刷子、刮刀、漆桶、砂纸。

（四）雕匠

刻刀、各种型号的凿子、锯子、斧子、锤子等。

（五）篾匠

竹刀、弓锯、木尺。

（六）皮匠

榔头、铁墩、鞋钉、鞋模、鞋油、鞋刷子、锤子、手钳、削刀、缝针、鞋线、手摇缝机等。

（七）银匠

吹灯、錾子、锤子、模子等。

（八）铜匠

模具、炭炉子、烧铸熔锅、风箱、火钳、铁墩、各种锉刀、钻等。

（九）锡匠

木槌、模子、铁烙、熔锅等。

（十）白铁匠

铁锤、木槌、剪刀、钳子、圆规、锉刀等。

（十一）铁匠

铁墩子、炭炉、风箱、火钳、铁锤、削刀、锉刀等。

（十二）裱画匠

台板、棕刷、绫绢、宣纸、糨糊、刀、尺等。

（十三）成衣匠（裁缝）

剪刀、软尺、木尺、画粉、缝纫机、案板、针、线、粉线袋、针箍、锤子、镊子。

（十四）篱笆匠（草屋工）

铁钎子、竹片、榔头、丈棍、铁叉、木头扒耙、草钩子等。

（十五）弹花匠

弹弓、木槌、园砧板、棉纱等。

农家日常用具

炊 具

釜冠、锅、灶、汤罐、碗盏筷子、筷子柱笼、瓢、铜勺、煨罐、蒸笼、菜刀、切板、淘箩、铲刀、勺子、碗橱、煤气灶、煤球炉子、电饭锅、电磁炉等。

雨 具

斗篷、蓑衣、钉鞋、雨衣、雨披、雨伞、晴雨服。

防热防寒

蒲扇、烘缸、蒲鞋、汤焐子、铜炉子、电风扇、空调。

家 具

桌子、凳儿、椅子、衣橱、书桌、床、箱子、床头柜、沙发、电视机等。